suhrkamp nova

Rafael Horzon

DAS NEUE BUCH

Suhrkamp

2. Auflage 2020

Erste Auflage 2020
suhrkamp taschenbuch 5094
Originalausgabe
© Suhrkamp Verlag Berlin 2020
Suhrkamp Taschenbuch Verlag
Umschlag: Horzon GmbH
Druck: Memminger MedienCentrum AG
Printed in Germany
ISBN 978-3-518-47094-7

DAS NEUE BUCH

für Carl Jakob Haupt

Ich wohne in meinem eignen Haus
Hab Niemandem nie nichts nachgemacht
Und – lachte noch jeden Meister aus
Der nicht sich selber ausgelacht.

Nietzsche

KAPITEL I

Ein Auftrag!

Tief gekränkt verliess er das Haus ...

Nachdem er diese Worte in sein Notizbuch mit dem Aufdruck »Gedankenblitze« gekritzelt hatte, lehnte sich Rafael Horzon zufrieden zurück. DAS ist mal ein Anfang, dachte er begeistert. Nicht nur für einen Pressetext, nein, auch für ein grösseres Werk, ein grosses Werk – ein Buch! Für ein *neues* Buch!

Seit er vor einigen Jahren mit seinem Erstlingswerk *Das Weisse Buch* einen überragenden Erfolg gefeiert hatte, war es still geworden um den einstigen Liebling der Berliner Intelligenzija. Zu still, wie er fand. Einladungen zu Abendessen bei Schriftstellern, Künstlern oder Galeristen, die früher die Regel gewesen waren – manchmal hatte er gleich zwei oder drei Einladungen für ein und denselben Abend bekommen –, waren erst immer seltener geworden und dann ganz ausgeblieben. Natürlich lag das daran, dass er nichts *Neues* vorzuweisen hatte. Denn wer nichts *Neues* vorzuweisen hatte, wurde eben nicht mehr wahrgenommen.

Aber dann war dieser Anruf gekommen. Ein AUFTRAG! Gregor Hildebrandt hatte ihn persönlich angerufen und um einen Pressetext gebeten. Dieser Auftrag hatte Horzon in höchste Erregung versetzt, denn hier bot sich plötzlich die lang erhoffte Chance, mit einem Paukenschlag auf die gesellschaftliche Agenda zurückzukehren. Die Chance, ein Lebenszeichen von sich zu geben, das die Öffentlichkeit neugierig machen könnte auf MEHR. Es war nicht ausgeschlossen, dass durch diesen Pressetext auch Redakteure grosser Zeitungen wieder auf ihn aufmerksam würden. Es war sogar möglich, dass sein Verlag ihn wieder kontaktieren könnte, um ihn um eine Fortsetzung seines Bestsellers, eine Fortsetzung des *Weissen Buches* zu bitten. Ein Comeback, die Rückkehr auf die ganz grosse Bühne war mit einem Mal in greifbare Nähe gerückt!

Sofort nach Gregor Hildebrandts Anruf hatte Horzon sich das besagte Notizbuch mit dem Aufdruck »Gedankenblitze« gekauft. Beziehungsweise hatte er es sich, da es ein solches Notizbuch nirgends zu kaufen gab, bei einem Buchbinder in Charlottenburg anfertigen lassen. Ein mittelgrosses Büchlein mit leeren Seiten, gebunden in dunkelblaues Leinen, mit goldenem Prägedruck. Die Herstellung sollte eigentlich nur wenige Tage dauern, hatte sich dann aber wegen genereller Überlastung und wohl auch wegen einer schweren Erkrankung des Buchbinders über fünf Wochen hingezogen. Als das Buch dann endlich fertig war, hatte Horzon es von Charlottenburg zu Fuss in die Torstrasse getragen, wo er wohnte.

Dort setzte er sich an seinen Mahagoni-Sekretär und betrachtete das Notizbuch zufrieden von allen Seiten. Er öffnete es langsam, wobei der Buchrücken leise knisterte und knackte, legte es vorsichtig auf den Schreibtisch und strich mit dem Handballen über den Mittelfalz, um das Papier für die erste Eintragung zu glätten. Dann nahm er den seit Tagen bereitliegenden, schon mehrfach nachgespitzten Bleistift zur Hand und schrieb die besagten Worte:

Tief gekränkt verliess er das Haus …

Um einen »Gedankenblitz« handelte es sich dabei allerdings nicht wirklich, denn Horzon hatte fünf Wochen lang Zeit gehabt, in schlaflosen, durchschwitzten Nächten an diesem Satz zu feilen. Ein paar Nächte lang hatte er sich gefragt, ob vielleicht die Formulierung »tief gekränkt trat er vor das Haus« nicht noch ein wenig dramatischer wäre, sich dann aber schliesslich für »tief gekränkt verliess er das Haus« entschieden. Und nun war es endlich geschafft, der Satz stand schwarz auf weiss auf der ersten Seite seines Notizbuches. Ostentativ hingeschludert, wie es sich für den Geistesblitz eines bedeutenden Autors gehörte.

Tief gekränkt verliess er das Haus …

Und jetzt? Wie sollte der Text weitergehen? Wovon sollte er eigentlich handeln?

Von Gregor Hildebrandt natürlich! Aber wovon genau?

Vielleicht sollte er Hildebrandt einmal anrufen und ihn um Details zu der Ausstellung bitten, über die er schreiben sollte.

Umständlich kramte Horzon sein Telefon hervor und wählte die Nummer des bekannten Künstlers.

»Raaafael, grüss dich, bist du endlich fertig?«

»Fertig? Womit?«

»Mit dem Pressetext, Herrgottnochmal!«

»Ach so, ja natürlich, also, ich bin dran, ich bin dran, ich komme gut voran«, sagte Horzon mit schleppender Stimme und inspizierte dabei seine sorgfältig manikürten Fingernägel.

»Na prima, *sehr* gut, denn wir warten hier natürlich

schon sehr lange, genauer gesagt seit fünf Wochen, und wir müssen diesen Pressetext ja eigentlich VORGESTERN schon an die Redaktionen verschickt haben, das habe ich dir ja auch schon ein paarmal erklärt. Also, lies doch bitte mal vor.«

»Was vorlesen?«

»Na, lies doch mal vor, was du bisher geschrieben hast!«

»Ach so, ja gut, warte mal kurz.«

Horzon schlurfte vom Wohnzimmerfenster, aus dem er während des Telefonats gedankenverloren gestarrt hatte, zurück zu seinem Mahagoni-Sekretär und kramte lustlos in den Bergen von Papieren und Büchern herum, die sich in den letzten Jahren darauf angesammelt hatten. Dann nahm er das Telefon, das er währenddessen abgelegt hatte, wieder zur Hand.

»Hallo, Gregor, bist du noch da?«

»Ja, natürlich, was machst du denn?«

»Ich kann es nicht finden.«

»Was kannst du nicht finden?«

»Das Notizbuch.«

»Notizbuch? Welches Notizbuch?«

»Ach so, warte mal, in der Schublade, glaube ich.«

Horzon versuchte, während er mit der rechten Hand sein Telefon ans Ohr presste, mit der linken die Schublade seines Sekretärs herauszuziehen, doch sie liess sich nicht bewegen.

»Gregor, bist du noch da? Die Schublade ist abgeschlossen, ich muss dich mal kurz zur Seite legen, der Schlüssel ist, glaube ich, in dieser Dose mit den Stiften. Moment.«

Hildebrandt sagte nichts, doch sein Schweigen, fand Horzon, wirkte irgendwie bedrohlich.

Er schaltete den Lautsprecher seines Telefons ein, nahm

die Stiftdose und schüttete den gesamten Inhalt auf den Schreibtisch.

Tatsächlich, da war der Schlüssel! Während er nun vergeblich versuchte, den Schlüssel mit der künstlich zitternden rechten Hand in das Schloss zu stecken, überkam ihn ein nagender Hunger. Er schlurfte zum Kühlschrank, holte ein Stück Salami hervor, biss hinein, kaute gedankenverloren darauf herum und fing dann an, wie es seine Gewohnheit war, wenn er sehr entspannt war, den linken Zeigefinger durch seine leicht gewellten Haare kreisen zu lassen.

»Hallooooo, bist du noch da?«, krächzte Hildebrandt aus dem Lautsprecher.

Horzon schreckte aus seinem Halbschlaf auf, schlurfte zum Schreibtisch zurück, rief dabei mit matter Stimme »Immer mit der Ruhe!« in Richtung Lautsprecher, steckte mit einer geschickten Handbewegung den Schlüssel ins Schloss, zog die Schublade auf und holte das Notizbuch hervor.

»So, ich hab's, hier ist das Buch, ich habe es gefunden«, meldete er sich schwer atmend am Telefon zurück.

»Na, da bin ich aber gespannt, dann lies doch mal vor«, grummelte ein merklich gereizter Hildebrandt aus dem Telefon.

»Ja, also, der Text ist natürlich noch nicht fertig, aber ich fange einfach mal an.«

»Nur zu, nur zu«, knurrte Hildebrandt.

»Also gut«, sagte Horzon, »bist du bereit?«

»Ja doch!«

Horzon holte sehr tief Luft, räusperte sich, atmete hörbar ein und wieder aus und sagte dann ganz langsam, wobei er die tiefe, knarzend-nasale Stimme des für seine

Thomas-Mann-Lesungen berühmten Rezitators Gerd Westphal nachahmte:

Tief gekränkt verliess er das Haus …

Atemlose Stille.

Nur ab und zu knirschte und knackte es in der Leitung.

Minutenlang.

Dann flüsterte Hildebrandt fast unhörbar: »Ja … und … weiter …?«

»Was denn? Was weiter?«, flüsterte Horzon zurück.

»Waas? Wie bitte?«, flüsterte Hildebrandt, wobei seine Stimme sich jetzt merkwürdig überschlug. »Das soll ALLES sein?«

Horzon schwieg beleidigt.

»Und darauf habe ich jetzt FÜNF Wochen lang gewartet?«, flüsterte Hildebrandt.

»Na ja, deshalb rufe ich ja an«, sagte Horzon, der fand, dass der Künstler nun doch ein bisschen dick auftrug, mit seiner gespielten Fassungslosigkeit. »Deshalb rufe ich doch an, um zu fragen, worum es eigentlich geht, bei dieser Ausstellung …«

Hildebrandt, das war seiner Stimme deutlich anzuhören, war nun völlig ausser sich. »Sag mal, Rafael, bist du noch bei Sinnen? Das ist doch nun schon das fünfte oder sechste Mal, dass du mich deswegen anrufst, wie oft soll ich es denn jetzt *noch* erklären!«

»Was erklären?«, fragte Horzon.

»Also, zum letzten Mal: Es geht um das Pförtnerhaus unten in meinem Ateliergebäude, da, wo ich bisher immer meine Videokassetten gelagert habe.«

»Ahaaahhh!«, rief Horzon mit gespieltem Interesse.

»Ja, und in diesem Pförtnerhaus … Also, dieses Pförtnerhaus wird jetzt zu einem Ausstellungsraum gemacht.«

»Ach so, ja, stimmt«, sagte Horzon, der absolut keinen
Schimmer hatte, wovon Hildebrandt sprach.

»Der Raum heisst *Grzegorzki Shows*, und die erste
Ausstellung wird Robert Schmitt machen.«

»… wird Ro-bert Schmitt ma-chen«, wiederholte Horzon, wobei er so tat, als würde er mitschreiben.

»Eröffnung am 1. September – also in genau einem Monat.«

»… genau ei-nem Mo-nat«, wiederholte Horzon. Dann
klappte er sein imaginäres Notizbuch zu und holte noch
einmal ganz tief Luft. »Ist gut, Gregor. Ist gut, ist gut, ist
gut. Da werde ich mich jetzt gleich mal daranmachen, diesen Pressetext zu Ende zu schreiben. Und dann melde ich
mich morgen oder übermorgen zurück, sobald der Text
fertig ist.«

»Gut«, krächzte Hildebrandt.

»Und keine Sorge«, schloss Horzon, »das ist ja nun
wirklich nicht der erste Pressetext, den ich schreibe. Du
kannst dich auf mich verlassen.«

Von: Gregor Hildebrandt <hildebrandt.gregor@###.com>
Datum: 30. August 2017 04:58:17 MESZ
An: Rafael Horzon <horzon@###.de>
Betreff: Dein Pressetext

Lieber Rafael,
wir hatten uns hier alle sehr auf Deinen Text zu Robert
Schmitts Ausstellung gefreut, und wir hätten ihn wirklich sehr
gerne als Pressetext verwendet.
Leider können wir nun nicht länger warten, wir müssen heute
unsere Ankündigung an die Presse rausschicken.
Der Text, den Du gestern nach zahllosen Ermahnungen an

Lucile gemailt hast, ist für diesen Zweck leider nicht geeignet. Du wirst sicherlich auch selbst verstehen, dass ein Pressetext, der ausschliesslich aus dem Satz »Tief gekränkt verliess er das Haus …« besteht, komplett unbrauchbar ist.

Robert Schmitt, und auch ich, haben sehr lange und sehr hart für diese Ausstellung gearbeitet. Umso enttäuschter sind wir, dass wir nun sozusagen komplett ohne einen Pressetext dastehen.

Wie Robert mir erzählte, habt Ihr Euch ja sogar zum Essen getroffen, damit er Dir Näheres zur Ausstellung erzählen kann. Laut Robert hast Du bei diesem Treffen aber ausschliesslich über Dich selbst gesprochen, über Deine literarischen Grosstaten, die wohl auch schon etliche Jahre zurückliegen, und es war anscheinend nicht möglich, Dir irgendwelche Details zur Ausstellung zu vermitteln.

Umso trauriger macht es mich, dass wir hier nun einen Berg von Spesenrechnungen von Dir auf dem Tisch liegen haben, für Reisen und Arbeitsessen, die angeblich nötig waren, um diesen Pressetext zustande zu bringen, darunter Reisen nach Paris, Budapest und Acapulco, und alleine sieben Abendessen für mehr als zehn Personen im Grill Royal, insgesamt Spesenrechnungen für über 18 000 Euro.

Ich hoffe, Du verstehst, dass wir allenfalls die Hälfte dieser Kosten übernehmen können. Ich habe den Betrag von 9000 Euro soeben per Express angewiesen.

Liebe Grüsse
Dein Gregor

KAPITEL 2

Keine Fantasie?

»Hmmm …«, machte Jonathan Landgrebe, Geschäftsführer des mächtigen Suhrkamp Verlags, faltete die Papiere zusammen, die er soeben durchgelesen hatte, und legte sie vor sich auf den Schreibtisch. Dann lehnte er sich zurück, nahm seine Lesebrille ab und schaute Horzon an, der vor ihm in einem niedrigen Ledersessel kauerte und verträumt in die Luft starrte.

»Und dieser Pressetext ist das EINZIGE, was du in den letzten zehn Jahren geschrieben hast?«

»Neun Jahren«, verbesserte ihn Horzon, der jetzt aus seinem Halbschlaf erwachte. »Genau gesagt waren es ja sogar nur achteinhalb Jahre, oder warte mal, achteinviertel Jahre. Oder … ich rechne nochmal ganz genau nach, also, ich hatte doch …«

»Ja, ja, egal«, fuhr ihm Landgrebe ungeduldig dazwischen und schaute Thomas Halupczok an, der neben ihm am Tisch stand, »es ist jedenfalls bald zehn Jahre her, dass *Das Weisse Buch* bei uns erschienen ist, und seither hast du nichts mehr publiziert.«

»Ja, also, kein Buch oder so …«, sagte Horzon sehr langsam und versuchte angestrengt, seine Gedanken zu sortieren. »Aber ich habe einen Artikel verfasst, über den Pianisten Malakoff Kowalski. Und ich habe sogar NOCH einen Artikel geschrieben. Über meine Reise nach Aserbaidschan. Aber der wurde leider nirgends gedruckt.«

»Hmmm …«, machte Landgrebe wieder. »Viel ist das natürlich nicht. Eigentlich schade, denn Thomas hatte mir einmal erzählt – das ist allerdings auch schon wieder etliche Jahre her –, dass du einen Plan hattest, den ich ganz interessant fand.«

»Was denn für einen Plan?«, fragte Horzon und schaute hilfesuchend zu Thomas Halupczok hinüber, seinem Lektor, der schon sein *Weisses Buch* betreut hatte.

»Na ja«, antwortete Halupczok, »du wolltest alle Artikel, die du nach deinem Buch geschrieben hast, oder die du zumindest *vorhattest* zu schreiben, in einem neuen Buch zusammentragen.«

»Ach so, jaaa!«, rief Horzon, dem jetzt wieder alles einfiel. »Genau! Und dieses neue Buch sollte heissen: *Horzon über alles.*«

»Horzon über alles?«, fragte Landgrebe gereizt.

»Na ja, also, Horzon über alles, im Sinne von: Horzon *schreibt* über alles. Über alles, was es so gibt. Es sollte so eine Art Enzyklopädie werden.«

»Hmmm …«, sagte Landgrebe, »das wäre dann allerdings eine ziemlich magere Enzyklopädie, mit nur *einem* Artikel.«

»Tja, das stimmt wohl«, erwiderte Horzon.

»Dann müsste man vielleicht mal umdenken«, fuhr Landgrebe fort, »hattest du denn irgendeine *andere* Idee, in den letzten zehn Jahren?«

»Achteinhalb Jahren«, verbesserte Horzon und hielt dabei den Zeigefinger senkrecht vor sein Gesicht.

»Es ist natürlich auch etwas schwierig«, sprang Thomas Halupczok seinem Autor bei, »es ist eben das zweite Buch, und wir alle wissen ja, dass das zweite Buch …«

»Eben!«, rief Horzon. »Thomas hat recht. Es ist nicht

so einfach. Man schreibt nicht einfach mal so eben ein Buch. Besonders, wenn es das zweite ist. Alle grossen Autoren scheitern am zweiten Buch. Meistens wird dann erst das dritte Buch wieder gut. Vielleicht sollten wir das neue Buch ja gleich *Das Dritte Buch* nennen. Moment mal, das wäre doch sogar eine richtig gute Idee.«

»Oder lass uns mal ganz anders an die Sache rangehen«, sagte Halupczok. »Worüber hättest du denn *Lust* zu schreiben, Rafael?«

»Na ja, irgendwas Abenteuerliches, ein Abenteuerbuch, exotisch oder so, das wäre eigentlich …«, stotterte Horzon.

»Gut: exotisch, das ist doch schon mal ein Ansatz«, sagte Halupczok. »*Imperium* von Christian Kracht war ja auch ein grosser Erfolg.«

»Ein grosser Erfolg, den er ausschliesslich MIR zu verdanken hat!«, rief Horzon und tippte sich mit dem Zeigefinger auf die Brust.

Landgrebe winkte entnervt ab. »Was soll denn das jetzt schon wieder?«

»Ja, also, das war so«, fing Horzon an und machte es sich in seinem Sessel bequem, »es muss 2009 gewesen sein. Wir wollten damals ein Auto kaufen. Ein grosses Auto. Eine schwere, dunkle Limousine. Und dann wollten wir vorne zwei kleine Flaggen anschrauben, von irgendeinem Schurkenstaat, sagen wir mal: Monrovia.«

»Monrovia ist kein Staat, sondern eine Stadt«, warf Landgrebe ungeduldig ein.

»Ja gut«, sagte Horzon, »dann eben: Dänemark. Das ist doch ein Staat. Oder ist das vielleicht AUCH eine Stadt?«

»Nein, Dänemark ist ein Staat, das stimmt schon«, sagte Halupczok, »aber was hat das jetzt alles mit *Imperium* zu tun?«

»Ach so, ja, wir waren also an den Bodensee gefahren, nach Konstanz, weil es da einen Autohändler gab, der ausschliesslich diese schönen alten S-Klasse-Limousinen verkauft hat. Er kam dann übrigens kurz danach ins Gefängnis, weil er die Kilometeranzeige bei allen Autos zurückgedreht hatte.«

Landgrebe schaute ostentativ auf seine Armbanduhr und seufzte ein wenig.

»Mir war das aber eigentlich egal«, fuhr Horzon fort, »ich wollte einfach nur eine dunkle, schwere Limousine mit hellen Ledersitzen, der Kilometerstand spielte da keine Rolle.«

»Ja, und dann?«, fragte Halupczok.

»Ja, und dann hatten wir dieses Auto auch sofort gefunden, eine dunkle, schwere Limousine mit hellen Ledersitzen, ich bezahlte in bar und bekam als Quittung einen kleinen, hellgrünen Schmierzettel, auf dem stand *Geld erhallten*, mit Doppel-L, nichts weiter. Und dann machten wir uns auf den Weg. Wir wollten einmal um den ganzen Bodensee herumfahren. Erst einmal an der Schweizer Küste entlang, dann an der österreichischen Küste entlang und dann wieder zurück nach Deutschland. Während der gesamten Reise durfte ausschliesslich Musik von Krachts Lieblingsband U2 gehört werden. Tagsüber besuchten wir Boutiquen, abends machten wir Halt in einem Gasthof, tranken Bier und assen Braten. Und zum Einschlafen musste ich Kracht aus der *Apotheken Umschau* vorlesen. Da gab es nämlich einen grossen Artikel über den Sänger von U2, Bono Vox. Diesen Artikel habe ich wahrscheinlich neun oder zehn Mal vorgelesen. Und dann gab es da einen Artikel über Kanarienvögel. Und einen über Kokovorismus. Und ein Jahr später erschien dann *Imperium*.«

»Hmmm …«, sagte Landgrebe und rieb sich ratlos das Kinn. »Vielleicht habe ich die Zusammenhänge ja nicht vollständig erfasst … Aber zumindest hast du ja, wie man merkt, grossen Spass am Erzählen. Und vielleicht schreibst du ja tatsächlich mal einen fantasievollen Abenteuer-Roman.«

»Nein«, sagte Horzon traurig, »das geht leider nicht!«

Landgrebe und Halupczok schauten sich an. »Warum denn nicht?«

»Ich kann keinen Roman schreiben, weil ich mir nichts ausdenken kann. Ich kann immer nur das aufschreiben, was mir tatsächlich passiert ist. Ich kann mein Leben nacherzählen. Oder ich kann ein Sachbuch schreiben. Aber keinen Roman. Ich habe keine Fantasie.«

»Hmmm …«, machte Landgrebe. »Keine Fantasie?«

»Nein. Leider nicht.«

»Also, *gar* keine Fantasie?«

»Nein. Keine Fantasie. Gar keine Fantasie. Null.«

»Tja, schade«, sagte Halupczok. »Aber dann schreib doch einfach auf, was dir in den letzten zehn Jahren so passiert ist. *Das Weisse Buch* hatte ja viele Leser, gerade weil du da aus deinem Leben erzählt hast. Und diese Leser, die möchten doch jetzt wissen: Was geschah danach?«

»Ja, vielleicht hast du recht«, sagte Horzon nachdenklich.

»Schön«, sagte Halupczok. »Also, was hast du denn gemacht in den letzten zehn Jahren?«

Horzon legte den Zeigefinger an den Mundwinkel und dachte angestrengt nach. Dann zuckte er die Achseln und seufzte. »Eigentlich nichts.«

»Nichts?«, fragte Halupczok.

»Nichts«, sagte Horzon.

»Überhaupt gar nichts?«, fragte Landgrebe. »Aber irgendetwas musst du doch tun, den ganzen Tag!«

»Na ja, viel fällt mir da nicht ein. Ich gehe halt spazieren und mache Kreuzworträtsel.«

»Spannend ist das nicht gerade«, sagte Landgrebe und schaute Halupczok betreten an.

»Nein, spannend ist das nicht«, gab Halupczok ihm recht.

Eine Zeitlang herrschte Schweigen. Dann fiel Landgrebe etwas ein. »Zumindest hast du ja schon einen Titel für das neue Buch gefunden. Also, *Das Dritte Buch* ist natürlich Unsinn, darüber müssen wir nicht weiter reden. Aber Thomas hat mir neulich erzählt, du willst es *Das Schwarze Buch* nennen?«

»Nein, nein«, rief Horzon, »ich habe gestern noch mal darüber nachgedacht, und jetzt weiss ich endlich ganz genau, wie es heissen wird.«

»Und zwar?«

Horzon baute sich breitbeinig vor Landgrebe und Halupczok auf. »Das neue Buch wird heissen ...« Er riss die Arme weit auseinander und verkündete: »DER KORAN!«

»Das ist doch absurd!«, rief Landgrebe und stand auf, um hinauszugehen.

»Was ist denn?«, rief Horzon. »Jetzt wartet doch bitte kurz, ich erkläre es euch.«

»Aber wirklich ganz schnell, Rafael«, sagte Landgrebe und setzte sich missmutig wieder hin.

»Also passt auf«, sagte Horzon, »ihr wollt doch auch, dass sich mein neues Buch gut verkauft, oder?«

»Bitte weiter«, sagte Landgrebe.

»Schön. Und ihr wisst ja sicherlich auch, dass sich der Koran jedes Jahr viele Millionen mal verkauft.«

»Weiter!«

»Also, wenn wir das neue Buch *Der Koran* nennen, dann ist ja klar, dass es sofort ein paar hunderttausend Leute im Internet bestellen werden. Und selbst wenn, sagen wir mal, hunderttausend Käufer dann merken sollten, dass es ein ganz anderes Buch ist und es vielleicht zurückschicken, dann ist es trotzdem längst auf den Bestsellerlisten. Und dann beginnt der bekannte Automatismus: Die Leute kaufen, was auf der Bestsellerliste steht. Und dann geht alles ganz schnell, und *voilà*! Platz eins der Bestsellerliste ist Rafael Horzon mit *Der Koran*.«

An dieser Stelle verliess Jonathan Landgrebe wortlos das Zimmer.

»Was hat er denn?«, rief Horzon und zeigte vorwurfsvoll auf die Tür, die gerade leise ins Schloss fiel.

»Rafael, so geht das nicht«, sagte Halupczok. »Das verbietet sich doch schon aus moralischen Gründen, es ist juristisch fragwürdig, es ist auch gegenüber unseren muslimischen …«

»Ja, ja, schon gut, schon gut«, rief Horzon, »dann nennen wir das Buch eben *Die Bibel*, oder *Die Tora*, ist doch sowieso alles das Gleiche.«

»Nein, nein, das geht alles nicht, Rafael, auch was das Copyright angeht, diese Titel kann nicht jeder einfach so verwenden.«

Horzon verdrehte die Augen. »Herrgott, dann nennen wir es eben *Der Koraan*, mit zwei a. Oder *Die Biebel*, mit ie.«

»Nein, nein, nein! Ich glaube, es wäre das Beste, du gehst nochmal in dich, überlegst dir ein Thema, überlegst dir einen Titel, überlegst dir einen Aufbau, schreibst die ersten zwei, drei Kapitel, und dann kommst du nochmal vorbei und wir sehen mal, ob wir da überhaupt zusammenkommen mit diesem Projekt.«

»Wie, ›ob wir da zusammenkommen‹? Was soll das heissen, ›ob wir da zusammenkommen‹?«, rief Horzon aufgebracht. »Aber gut, wie du meinst. Ganz, wie du meinst, Thomas Halupczok. Ich habe verstanden! Bleibt nur noch *eins*.«

»Und zwar?«

»Der Vorschuss.«

»Ja, was ist denn mit dem Vorschuss?«

»Sechsstellig!«, sagte Horzon forsch.

»Wie ›sechsstellig‹?«

Horzon tippte Halupczok auf die Brust. »Sechsstellig sollte der Vorschuss schon sein.«

»Wie kommst du denn jetzt auf so eine Summe?«, rief Halupczok fassungslos. »So ein Vorschuss steht doch immer im Verhältnis zu den Verkäufen des letzten Buches. Und bei allem Respekt, die Verkaufszahlen des *Weissen Buchs* waren nicht annähernd ...«

»Es wurde in viele Sprachen übersetzt«, rief Horzon dazwischen. »Französisch! Italienisch! Holländisch! Im Moment sitzt April von Stauffenberg an der englischen Übersetzung, und dann wird der amerikanische Markt aufgerollt!«

»Gut, aber es war ja nirgends auf der Bestsellerliste.«

»Ja, aber auch nur, weil ihr meinen ursprünglichen Buchtitel abgelehnt habt.«

»Wieso? Was war denn der ursprüngliche Titel?«

»*Das Meisterwerk von Bestsellerautor Rafael Horzon.*«

»Aber ...«

»Dann hätte nämlich in JEDER Besprechung gestanden: *Das Meisterwerk von Bestsellerautor Rafael Horzon*. Selbst in den Verrissen. Immer und überall hätte gestanden: *Das Meisterwerk von Bestsellerautor Rafael Horzon. Das Meisterwerk von Bestsellerautor Rafael Horzon.* Und das brennt sich dann ein in den Köpfen! Und so wäre das Buch auch in die Bestsellerlisten gekommen!«

»Nein, nein, nein!«, rief Halupczok und schüttelte verzweifelt lächelnd den Kopf.

»Doch, doch, doch!«, rief Horzon aufgebracht. »Und dann, als das *Weisse Buch* erschienen war, da wolltet ihr ja auch nicht, dass wir diesen Aufkleber auf den Umschlag machen, diesen roten Button, den ich schon entworfen hatte: *Nummer 1 Bestseller!*«

»Ja, das KONNTEN wir auch nicht machen, weil es nämlich auch kein *Nummer 1 Bestseller* WAR, Rafael.«

»So, so.«

»Nein, nein, nicht ›so, so‹, sondern: Es – war – kein – *Nummer – 1 – Bestseller!*«

»Aber es wäre ein *Nummer 1 Bestseller* geworden, wenn ihr diesen Aufkleber draufgemacht hättet, verstehst du das denn nicht, Thomas Halupczok? Und dann hätte auch keiner mehr danach gefragt, wann wir den Aufkleber draufgemacht haben – *bevor* oder *nachdem* das Buch auf Platz eins gekommen war.«

»Rafael, tu mir den Gefallen und schreib erstmal dieses neue Buch. Oder fang zumindest an. Und wenn es fertig ist und du auch noch Ideen zur Vermarktung hast – *legale* Ideen –, dann sind wir natürlich offen und interessiert. Deine Premierenparty im Berghain vor zehn Jahren ...«

»Achteinhalb Jahren!«

»... die ist allen hier im Haus immer noch in guter Erinnerung. Da können wir uns dann gerne wieder mit der Marketingabteilung zusammensetzen …«

»Schön, aber ich will diesmal in die Staatsoper.«

»In die *Staatsoper*?«

»Und Angela Merkel soll die Laudatio halten.«

»Rafael, bitte fang doch erst einmal an zu schreiben. Und was den Vorschuss angeht, da muss ich dir leider sagen, ein sechsstelliger Betrag ist wirklich voll-kom-men ausgeschlossen.«

»Herrgott, dann sagen wir eben *niedriger* sechsstelliger Betrag«, rief Horzon.

»Ganz im Ernst, das wird nicht möglich sein«, sagte Halupczok mit gedämpfter Stimme, die Horzon wohl beruhigen sollte, »das wird so nicht passieren. Allenfalls ein fünfstelliger Betrag.«

»HOHER fünfstelliger Betrag!«, rief Horzon, nahm seinen Mantel von der Sessellehne und ging auf die Tür zu.

»Rafael, schreib ein Konzept, schreib die ersten Kapitel, und dann schauen wir nochmal.«

»Das muss ich mir nicht bieten lassen!«, rief Horzon und öffnete die Tür. »Ich bin noch nie in meinem Leben so beleidigt worden!« Dann drehte er sich noch einmal um und kniff die Augen zusammen. »Aber eins sage ich dir, Thomas Halupczok: Man sieht sich immer zwei Mal im Leben!«

Damit stampfte er hinaus und knallte die Tür hinter sich zu.

KAPITEL 3

Wirbelsturm der Zärtlichkeiten

Als Horzon aus dem Verlagsgebäude auf die Strasse kam, blinzelte er vergnügt in die Januarsonne, dann schaute er sich suchend um. Ein paar Häuser weiter sah er Philip Mollenkott vor einem Café stehen, im Gespräch mit zwei jungen Frauen. Mollenkott lehnte mit dem Rücken an der Hauswand, das eine Bein angewinkelt wie James Dean auf dem berühmten Foto, und fingerte gerade eine Zigarette aus einer Schachtel Marlboro. Dann brach er den Filter ab, schnippte ihn routiniert auf die Strasse und rückte lachend seine Pilotenbrille zurecht. Er trug eine Jeans, Wildleder-Schnürstiefel und eine dunkelbraune Pilotenjacke mit hochgeschlagenem Lammfellkragen.

Horzon ging unbemerkt auf die Gruppe zu, bis er nah genug war, um zu verstehen, worüber sie sprachen.

»Essen gehen? Heute Abend? Das wird leider nichts, meine Süssen«, rief Mollenkott und zog hektisch an seiner abgebrochenen Zigarette. »Heute Abend fliege ich nämlich mit meiner Piper Cherokee nach Moskau, um ein paar Goldbarren einzuladen, die ich dann über Honolulu abwerfen muss …«

»Waas?«, fragten die beiden Kellnerinnen ungläubig. »Wirklich?«

»Ja«, sagte Mollenkott und schnippte den Zigarettenstummel auf die Strasse. »Wirklich.«

»Dürfen wir mitkommen?«

»Leider nicht. Zu gefährlich.«

»Ach schade.« Die Kellnerinnen seufzten enttäuscht.

»Aber ihr könnt ja jetzt zum Mittagessen mitkommen, mit dem hier, kennt ihr den eigentlich schon?«, fragte Mollenkott und zeigte auf Horzon, der den Frauen jetzt artig die Hand gab. »Das ist Rafael Horzon, der bekannte Schriftsteller.«

»Hör doch auf, Philip«, warf Horzon ein, »ich bin kein Schriftsteller. Ich bin Sachbuchautor.« Dann drehte er sich wieder zu den beiden Kellnerinnen. »Und eigentlich bin ich Möbelhändler, ich habe eine Möbelhauskette, *Moebel Horzon*, haben Sie vielleicht schon mal gehört.«

»Nein, leider nicht.«

»Sein erstes Buch, *Das Weisse Buch*, war ein Weltbestseller«, erklärte Mollenkott, »und jetzt schreibt er die Fortsetzung.«

»Interessant«, riefen die Kellnerinnen.

»Und wenn das erste Buch *Das WEISSE Buch* hiess«, hier schaute Mollenkott den beiden Frauen direkt in die Augen, »was meint ihr dann wohl, wie die Fortsetzung heisst?«

»Keine Ahnung«, flüsterten die Mädchen gespannt.

»Die Fortsetzung«, schaltete sich Horzon ein und hob den Zeigefinger, »die Fortsetzung heisst: *Das WEISE Buch*!«

»Wie bitte?«, rief Mollenkott. »Wieso denn jetzt *Das WEISE Buch*? Ich denke, es heisst *Das SCHWARZE Buch*?«

»Nein«, winkte Horzon ab, »schwarz ist nicht gut, das klingt zu negativ. Aber weise, das ist gut, das ist positiv, das mögen die Leute, und damit signalisiert man auch: Horzon ist reifer geworden, er ist jetzt weise, und das wird dann natürlich sofort gekauft, so ein Buch.«

»Wie auch immer«, sagte Mollenkott, »wir gehen jetzt jedenfalls in den Grill Royal, Mittag essen.«

»Oh, wie toll«, riefen die Frauen, »ist das nicht sehr teuer?«

»Nicht für uns«, antwortete Mollenkott, »wir bezahlen nämlich nicht mit Geld. Wir bezahlen mit unserem guten Namen.«

»Wir müssen aber leider noch bis um fünf arbeiten«, riefen die Kellnerinnen.

»Schade, schade«, sagte Mollenkott und machte eine Verbeugung vor den kichernden Frauen. »Hat mich auf jeden Fall sehr gefreut. Dann bis zum nächsten Mal, ich bin öfter hier in der Gegend.« Dabei liess er seinen Zeigefinger durch die Luft kreisen wie ein Karussell.

»Ja gerne, bis zum nächsten Mal!«, flöteten die Frauen und winkten den beiden hinterher.

»Was erzählst du denn da?«, raunte Horzon, als sie ein paar Schritte gegangen waren. »Es gibt doch überhaupt keinen Mittagstisch im Grill Royal.«

»Das weiss ich selber.«

»Ausserdem haben wir da noch Hausverbot, bis Ende Januar.«

»Das kommt noch dazu.«

»Und wir müssen unsere Schulden abbezahlen.«

»Ich weiss.«

»Ja, aber warum erzählst du dann sowas? Auch das mit dem Flugzeug, und dass du Pilot bist.«

»Ach, ich hatte einfach Langeweile.«

»Und sie waren natürlich auch sehr hübsch«, sagte Horzon und nickte anerkennend.

Mollenkott blieb stehen. »Ja, hübsch schon, aber hast du nicht gesehen? Die eine hatte Ringelsocken an.«

»Ja, und?«

»Meine Güte, Rafael, ich kenne diesen Typ Frau: Erst lachen sie die ganze Zeit, dann weinen sie die ganze Zeit, und dann wird man sie nicht mehr los.«

»Nur wegen der Ringelsocken? Ich meine …«

»Ist ja auch egal, jetzt erzähl doch lieber mal von deinem Gespräch mit dem Verleger. Wie ist das gelaufen?«

»Gut!«, rief Horzon begeistert. »Sehr gut sogar!«

»Na prima, das freut mich. Auch mit dem Vorschuss alles geklärt?«

»Alles geklärt«, bestätigte Horzon.

»Bravo, mein Lieber.«

»Ja, es hätte gar nicht besser laufen können. Sie haben alles einfach abgenickt. Alle Forderungen akzeptiert.«

»Hahaa, das ist auch besser so«, rief Mollenkott und schlug sich vor Freude auf die Schenkel.

»Zum Abschied hat der Verlagsdirektor sich seine Zigarre in den Mund gesteckt und mit beiden Händen meine Hand genommen und ganz lange festgehalten. Und dann hat er mir in die Augen geschaut und gesagt: ›Mein lieber Horzon, das Schicksal unseres Verlags liegt jetzt in Ihrer Hand. Gehen Sie. Gehen Sie, und schreiben Sie uns ein schönes Buch.‹«

»Das hat er gesagt?«

»Das hat er gesagt.«

»Aber klar«, sagte Mollenkott, »sie haben ja auch keine andere Wahl. Was haben die denn noch für Zugpferde? Hermann Hesse? Tot! Bertolt Brecht? Tot! Adorno? Tot! Und jetzt sollst DU den Karren aus dem Dreck ziehen.«

»So sieht es aus«, rief Horzon, dann hielt er die rechte Hand vors Gesicht und rieb Zeigefinger und Daumen aneinander. »Aber das KOSTET natürlich auch.«

»Völlig richtig«, rief Mollenkott, »das kostet! Aber, was soll denn eigentlich drinstehen, im neuen Buch?«

»Darüber haben wir natürlich auch gesprochen. Ich habe *Carte blanche*!«

»Wie, was soll das heissen, ›*Carte blanche*‹?«

»Na ja, das soll heissen, ich kann schreiben, worüber ich will.«

»Ok, aber du willst ja auch, dass das Buch ein Erfolg wird, oder nicht?«

»Doch, klar. Es soll ein Bestseller werden.«

»Meine Güte, Rafael, jetzt sei doch nicht immer so kleinkariert«, rief Mollenkott wütend und ahmte Horzon nach. »›Es soll ein Bestseller werden! Es soll ein Bestseller werden!‹ Das ist so …« Mollenkott rang angewidert nach Worten. »Kleinbürgerlich! Du musst doch mal in GROSSEN Dimensionen denken, verstehst du?«

»Ja, ok, aber was meinst du denn damit genau?«

Mollenkott blieb wieder stehen. »Rafael, es geht doch hier nicht um Geld, oder um Bestseller oder so was, das ist doch viel zu kurz gedacht!«

»Hmmm …«

»Einen Bestseller schreiben, das kann wirklich jeder Idiot. Schau Dir doch mal an, was in die Bestsellerlisten kommt. Das ist alles billiger, kulturloser Unterhaltungs-Schrott. Fast Food fürs Gehirn! Natürlich verkauft sich das gut, aber möchtest du da wirklich hin? Willst du das wirklich?«

»Na ja, also …«, stotterte Horzon.

»Nein, willst du nicht! Genau! Sondern du willst …«

»Ja, also, ich will …«

»Ganz genau, mein Lieber«, krächzte Mollenkott eindringlich und kam mit beiden Zeigefingern immer näher an Horzons Gesicht. »Du – willst – den – NO – BEL – PREIS!«

»Wow!« Horzon konnte es kaum fassen, dass er selbst noch gar nicht auf diese Idee gekommen war. »Meinst du wirklich?«

»Ja, natürlich, Mann!«

»Aber, wie soll das gehen, wie soll ich das anstellen?«

»Das kann ich dir ganz genau sagen, mein lieber Rafael. Du musst dir nur mal überlegen, dieses Nobelpreis-Komitee, das besteht zu 99 Prozent aus alten, tatterigen Männern. Und die sitzen da in Norwegen oder in Schweden und denken von morgens bis abends nur an – ja, an was denken die wohl?« Mollenkott blieb stehen. Direkt vor Horzons Gesicht formte er mit Daumen und Zeigefinger der linken Hand einen Kreis. Dann steckte er den Zeigefinger der rechten Hand in diesen Kreis und schob ihn langsam hin und her. Dabei schaute er Horzon an und grinste schmierig. »Na, woran denken die wohl?«

Horzon glotzte einfältig auf Mollenkotts Finger. »Hmmm, keine Ahnung.«

»Ganz genau, die denken von morgens bis abends nur an SEX.«

»An Sex?«

»Ja, an Sex. Und zwar nicht an sowas wie bei Felix Krull – *ein Wirbelsturm der Zärtlichkeiten trug mich ins Reich der Wonne* – oder so was. Sondern die denken an richtig derben, dampfenden, dreckigen Sex. So richtig *dirty*! Es kann diesen alten Säcken in Stockholm gar nicht schmutzig genug sein, das muss richtig wabbeln und schwabbeln und Strapse und Ärsche und Peitschen und Masken, verstehst du?«

»Hmmm, meinst du wirklich?«

»NA-TÜR-LICH! Was denkst DU denn? Also, schreib so ein Buch. Und das nennst du natürlich nicht *Das WEISE Buch*! Was ist das eigentlich schon wieder für eine dämliche Idee? Du nennst das Buch *Das HEISSE Buch*, und – BAM! – der Nobelpreis gehört dir.«

Horzon war sprachlos, dann stammelte er: »Ja, aber was soll ich denn da jetzt genau schreiben?«

»Na, du schreibst einfach die *dreckigsten* Bettgeschichten auf, die du so erlebt hast im letzten Jahr!«

»Aber, was denn für Bettgeschichten?«

»Meine Güte, dann eben aus den letzten ZEHN Jahren, da wird doch wohl so einiges zusammenkommen.«

»Also, ehrlich gesagt …« Horzon zuckte hilflos mit den Schultern.

»Rafael, du willst mir doch nicht erzählen, dass da nichts war, die letzten zehn Jahre? Du hast doch Lesereisen gemacht, als *Das Weisse Buch* erschienen ist, oder etwa nicht?«

»Ja, schon …«

»Genau! Und ich weiss doch, wie das abläuft auf solchen Lesereisen, das hab ich doch gelesen bei Bukowski: Jeden Tag in einer anderen Stadt, jeden Tag an einer anderen Uni, und nach der Lesung stehen die Mädchen Schlange.«

»Hmmm«, machte Horzon und dachte ziemlich lange nach. Dann fing er an zu schmunzeln. »Also, die einzige Lesung, an die ich mich wirklich gut erinnern kann, das war in Bremen, in so einer Mehrzweckhalle. Und da kam nur eine einzige Besucherin. Die war auch schon etwas älter. Also, ehrlich gesagt war sie SEHR alt. Und blind. Das war eigentlich auch schon wieder ganz lustig. Eine blinde Oma, das könnte man ja vielleicht auch mal aufschreiben.«

»Wie bitte? Blinde Oma? Bist du irre? Das schreibst du auf keinen Fall!«, schrie Mollenkott.

»Ok, ok«, sagte Horzon und kratzte sich am Kopf, »aber ich weiss nicht, ich habe halt allgemein relativ wenig erlebt die letzten zehn Jahre.«

»Also, das ist doch wirklich zum Verrücktwerden mit dir«, schnaubte Mollenkott, »du willst ein Bestseller-Autor sein, und alles, was du an Frauengeschichten vorzuweisen hast, ist eine *blinde Oma*? Was ist los mit dir, Rafael Horzon? Bist du ein Mann? Oder bist du ein MÄDCHEN?«

»Ich weiss nicht genau«, wisperte Horzon.

»Dann denkst du dir diese Bettgeschichten eben aus. Das merken die Tattergreise in Oslo doch eh nicht. Hauptsache, es dampft und trieft.«

»Aber ich kann mir nichts ausdenken«, rief Horzon verzweifelt. »Wieso wollen immer alle, dass ich mir irgendwelche Abenteuer ausdenke?«

»Herr im Himmel! Nochmal ganz von vorne: Willst du diesen verdammten Nobelpreis, ja oder nein?«

»Ja, schon …«

»Na gut! Das ist doch schon mal ein Ansatz. Damit kann man doch arbeiten. Dann müssen wir jetzt nur noch klären, wie die Bettgeschichten, die wir dafür brauchen, in dein Buch kommen.«

»Ok.«

»Erlebt hast du sie nicht?«

»Nein.«

»Ausdenken kannst du sie dir auch nicht?«

»Nein.«

»Dann musst du jetzt eben anfangen, Bettgeschichten zu ERLEBEN, und zwar am laufenden Band.«

»Ok.«

»Und damit können wir gleich heute Abend anfangen.«

»Ok.«

»Heute Abend ist doch die grosse Party von Jakob.«

»Ok.«

»Da gibt es massenweise Frauen.«

»Ok.«

»Kopf hoch, wir kriegen das alles hin.«

»Ok.«

»Ich muss jetzt zum Kostümverleih, einen Frack ausleihen.«

»Ist das so förmlich heute Abend?«

»Nein, aber es gibt doch diesen Boxkampf, und ich bin der Schiedsrichter.«

»Auf der Party? Ein Boxkampf?«

Mollenkott sprang in eine Strassenbahn, drehte sich zu Horzon um und rief: »Nochmal zum Buch: Ganz wichtig, am Ende, nach diesen ganzen schmuddeligen Sex-Geschichten, da musst du natürlich auch deine grosse Liebe finden, verstehst du? So ein *ganz* anständiges, ehrliches Mädchen.«

»Grosse Liebe, ok«, sagte Horzon und nickte nachdenklich.

»Ansonsten: Ade, du schöner Nobelpreis!«, rief Mollenkott noch, bevor die Türen zugingen. »Den kannst du dir dann sonst wohin schmieren.«

»Ja, ok, alles klar, vielen Dank, Philip«, sagte Horzon. Dann fing er an, der abfahrenden Strassenbahn hinterherzulaufen. »Und diese Party heute Abend, wann fängt die nochmal an? Und wo ist sie überhaupt?«

KAPITEL 4

Drei wohlgenährte Belgierinnen

»Also pass auf«, sagte Timon Karl Kaleyta und beugte sich näher über die Einladungskarte, »hier steht doch alles: *Adresse: Indoor Kinderspielplatz, Ordensmeisterstrasse 3, Berlin-Tempelhof. Dresscode: Kindergeburtstag.*« Dann drehte er sich zu Horzon, der neben ihm auf dem Beifahrersitz sass: »Oha, *Dresscode: Kindergeburtstag.* Meinst du, wir kommen da jetzt überhaupt rein, so wie wir aussehen?«

Kaleyta trug trotz klirrender Kälte wie immer nur ein dünnes hellblaues Hemd, das viel zu weit aufgeknöpft war, eine viel zu kurze enge Baumwollhose und Segelschuhe ohne Socken.

»Na klar«, beruhigte ihn Horzon, »am Einlass steht doch David, den kennst du doch auch, der lässt uns rein, egal wie wir aussehen.«

»Na gut«, rief Kaleyta und hauchte noch einmal in seine blaugefrorenen Hände, dann startete er den Motor seines dunkelgrünen Mini Cooper, schaltete das Licht ein und gab Vollgas.

»Was für ein herrliches Leben!«, schrie Kaleyta begeistert, während er hupend durch die Nacht raste. »Die Sonne scheint, und wir sind schon wieder auf dem Weg zu einer Party. Der TANZ auf dem Vulkan.«

»Ja, ich bin auch schon richtig aufgeregt«, rief Horzon gegen den Motorenlärm an, »denn heute Abend, da werde ich ja vielleicht eine FRAU kennenlernen!«

»Ach ja, wirklich? Eine FRAU? Das ist ja toll!«

»Ja, ich muss doch FRAUEN kennenlernen, weisst du? Wegen dem Nobelpreis!«

»Ahahaa, GUTE Idee!«, schrie Kaleyta, der keine Ahnung hatte, wovon Horzon redete. »Da wünsche ich ja JETZT schon mal viel Erfolg!«

»Danke.«

»Aber erklär mir das nochmal, was soll das mit dem Dresscode? Wieso *Kindergeburtstag*?«

»Na ja, pass auf, die Partys von Jakob und David sind immer die grössten Partys von Berlin, das wirst du gleich sehen.«

»Sehr gut«, rief Kaleyta begeistert.

»Und alles ist immer perfekt organisiert. Also, die letzte Party, bei der ich war, das war genau vor einem Jahr, Mitte Januar. Und das Motto war: *Silvester.*«

»Silvester? Mitte Januar?«

»Ja, genau. Jakob *liebt* Silvester. Und Raketen. Und deshalb wollte er zwei Wochen nach Silvester gleich *nochmal* Silvester feiern.«

»Hahaha, genial! Erzähl weiter!«

»Also, ich wollte vor dieser Party noch was essen und sass in unserem Lieblingsrestaurant Tuans Hütte in der Rochstrasse.«

»Hmmm, lecker!«, schrie Kaleyta.

»Ich wollte gerade zahlen, da war es vielleicht elf Uhr abends, und plötzlich ging ein gigantisches Feuerwerk los.«

»Ahahaha!«

»Und das war natürlich Jakob! Die Party war nämlich gleich um die Ecke, in diesem riesigen Fitness-Club am Alexanderplatz. Und er konnte einfach nicht bis Mitternacht warten und hat schon um elf alle Raketen gezündet.«

»Und dann?«

»Na ja, ich habe gezahlt und bin natürlich schnell hingerannt. Da war das Feuerwerk allerdings schon wieder vorbei. Aber drinnen ging es gleich weiter!«

»Noch ein Feuerwerk?«, schrie Kaleyta.

»Pass auf, die hatten eine riesige silberne Rakete gebaut, drei oder vier Meter lang, und auf dieser Rakete lag ein dicker nackter Mann. Dann kam Jakob und zündete die Lunte an, und diese riesige Rakete raste mit dem nackten Mann drauf einmal quer durch das ganze Fitness-Studio.«

Kaleyta haute vor Begeisterung auf die Hupe. »Das ist so schön. Ich wünschte, ich wäre dabei gewesen.«

»So, und heute ist das Motto eben: *Kindergeburtstag*!«

»Ganz klar!«, schrie Kaleyta. »Weil Jakob natürlich auch Kindergeburtstage liebt!«

»Ganz genau so ist es. Kindergeburtstage sind ja auch das Schönste auf der ganzen Welt. Es gibt eine riesige Torte. Und einen Boxkampf. Und Philip Mollenkott ist der Schiedsrichter.«

Kaleyta raste durch eine düstere Gegend am Tempelhofer Hafen. »So, hier muss es irgendwo sein!« Dann hielt er mit quietschenden Reifen an einer Fabrikhalle. Vor dem hell erleuchteten Eingang, der mit Kordeln abgesperrt war, stand eine unüberschaubare Menschenmenge, alle Männer waren verkleidet als Ronald McDonald oder Pumuckl, die Frauen als Schulmädchen mit Zöpfen und Schulranzen.

Kaleyta stieg aus und schüttelte ungläubig den Kopf. »Wollen diese ganzen Leute zu der Party? Da sind wir doch erfroren, bis wir drin sind.«

»Bist du irre, wir stellen uns doch nicht an«, flüsterte Horzon, dann baute er sich vor der Menschenmasse auf und schrie: »Bitte treten Sie zur Seite, wir sind von der Presse!«

Die Schulkinder musterten die angeblichen Journalisten misstrauisch. »Kann ja jeder sagen«, rief einer. »Hinten anstellen«, rief ein anderer.

»Hast du nicht einen Presseausweis?«, flüsterte Horzon Kaleyta zu. »Du arbeitest doch wirklich bei der FAZ.«

»Nicht mitgenommen«, flüsterte Kaleyta zurück.

Horzon hielt seine Hände wie einen Trichter vor den Mund und schrie in Richtung Menschenmenge: »Wir haben leider unsere Presseausweise vergessen, aber Sie können uns vertrauen, wir sind wirklich Journalisten!«

»Verschwindet, Ihr Armleuchter!«, rief jemand aus der Menge.

Horzon hielt wieder seine Hände an den Mund. »Ausserdem möchte ich gerne Frauen kennenlernen! Ich möchte mit ihnen Bettgeschichten erleben, für mein neues …«

»Mensch, halt endlich die Klappe«, schrie ein sehr muskulöser Mann im Clownskostüm und kam fäusteschwingend auf Horzon zu, »sonst fängst du dir eine!«

In diesem Moment kam zum Glück aber auch schon David Kurt Karl Roth angelaufen. »Rafi, schön, dass du da bist, kommt schnell rein.«

Auch im Innern herrschte ein unfassbares Gedränge. Hunderte von Clowns und Schulmädchen schoben sich an riesigen Hüpfburgen und Rutschen vorbei, dazu dröhnte Musik aus den neunziger Jahren.

»Na, schau mal einer an«, schrie Philip Mollenkott, der plötzlich vor ihnen stand, »seid ihr auch schon da? Jetzt kommt doch gleich der Höhepunkt des Abends. Der Boxkampf!« Dazu knuffte er Horzon und Kaleyta lachend in den Bauch.

»Schick siehst du aus«, rief Horzon bewundernd, »mit Anzug und Fliege, wie so ein richtiger Schiedsrichter.«

»Das hast du gut beobachtet, Casanova junior«, antwortete Mollenkott und nahm Horzon in den Arm. »Und jetzt schau dir mal diese drei Grazien da drüben an.« Er zeigte auf drei wohlgenährte Belgierinnen, die gerade mit bunten Cocktails von der Bar kamen und in ihren viel zu kleinen Schuluniformen kichernd Richtung Boxring stöckelten. Mollenkott stellte sich hinter Horzon und raunte ihm ins Ohr: »Und jetzt gehst du zu ihnen hin und bittest sie um den nächsten Tanz, verstanden?«

»Meinst du wirklich?«, fragte Horzon und drehte sich zögernd zu Mollenkott um.

»Los, mach schon!«, schrie Mollenkott und schubste Horzon mit solcher Wucht gegen die drei Belgierinnen, dass alle vier umfielen wie Bowling-Figuren.

»Entschuldigung, Teuerste«, stammelte Horzon, der auf der stämmigsten Belgierin gelandet war. Diese sprang auf, riss Horzon hoch und verpasste ihm eine so heftige Ohrfeige, dass er nach hinten wegtaumelte.

»Autsch, das hat gesessen!« Mollenkott verzog mitfühlend das Gesicht.

Horzon hielt sich die Wange und stolperte immer noch rückwärts, wurde aber glücklicherweise aufgefangen – von einem Paar wohlgeformter und mit zahlreichen Tätowierungen verzierter Arme.

Es waren die Arme von Carl Jakob Haupt, dem König der Berliner Nacht.

»Na, wen haben wir denn hier?«, rief Jakob begeistert. »Ist das nicht der kleine Rafi? Überall, wo er auftaucht, schlagen sich die Mädchen um ihn.« Auf seinem Kopf balancierte er einen Anglerhut, dazu trug er ein weisses

T-Shirt, auf das in grosser Kinder-Krikel-Krakel-Schrift die Namen bekannter Modefirmen gekritzelt waren: Pra-Da, GuCci, LuiS Viutton. »Aber, was ist denn eigentlich passiert? Ihr könnt doch hier nicht so einen Krawall anzetteln!«

»SIE hat angefangen!«, rief Horzon und zeigte auf die Belgierin.

»ER hat angefangen!«, rief die Belgierin.

Horzon zeigte auf Mollenkott. »Weil ER mich geschubst hat!«

»Stimmt das, Philip?«, fragte Jakob streng.

»Ich wollte ihm doch nur helfen«, verteidigte sich Mollenkott. »Er muss doch jetzt ENDLICH mal ein paar Frauen kennenlernen.«

»Na gut«, rief Jakob, »das hast du prima gemacht, Philip, vielen Dank für deinen Einsatz. Hier habt ihr alle ein paar Bonbons. Und jetzt vertragt ihr euch wieder.« Dann tippte er Mollenkott auf den Bauch. »Und du kannst dich jetzt gleich mal fertig machen, in fünf Minuten fängt der Boxkampf an.«

»Sag mal, kann es eigentlich sein, dass Mollenkott heute tatsächlich Geburtstag hat?«, fragte Kaleyta und hielt Horzon den Einladungsflyer unter die Nase.

»*Ausserdem feiern wir den Geburtstag unseres CEO Philip von Mollenkott, der an diesem Abend unglaubliche einhundert Jahre alt wird*«, las Horzon stockend, dann drehte er sich mit aufgerissenen Augen zu Kaleyta. »EIN-HUNDERT Jahre?«

In diesem Moment ging die Eingangstür auf und drei aussergewöhnlich schöne Frauen kamen herein. Horzon und Kaleyta liessen den Flyer fallen und starrten mit offenen Mündern auf diese Erscheinung.

»Unglaublich«, stammelte Kaleyta, als die drei vorübergegangen waren. »Wer war denn *das*?«

»Na, die in der Mitte, das ist doch Giannina, genannt Gia, die Frau von Jakob.«

»Ach so, klar, die kenne ich von Fotos.«

»Und die links, das ist ihre beste Freundin Alyssa. Und die Dritte ist Kaja, die Frau von Boris, vom Grill Royal.«

»Aahhh ...«

Giannina schwebte auf Jakob zu, und als sich die beiden in die Arme sanken und küssten, fiel für einen Moment die Musik aus, die Party stand still, und alles schaute atemlos und gerührt auf dieses Abbild der absoluten Liebe zwischen zwei wunderschönen Menschen.

Ein Raunen ging durch die Menge, Applaus brandete auf, doch dann riss ein ohrenbetäubendes Knacken und Rauschen die Besucher aus ihrer romantischen Verzückung. Es war Philip Mollenkott, der am DJ-Pult stand und versuchte, sein Mikrophon einzustöpseln. »Check, check – one, two – one, two«, krächzte er, drehte einen primitiven Stampf-Song immer lauter, der in einem völlig absurden Trommelwirbel gipfelte, und schrie dann: »*Ladies and Gentlemen! Let's get ready to ruuuuumble!*«

Auf dieses Kommando hin sprangen zwei leichtbekleidete Frauen mit Boxhandschuhen in die Arena und begannen, aufeinander einzuprügeln. Mollenkott tänzelte schwitzend um sie herum und schrie dabei Wortfetzen einer unbekannten Sprache ins Mikrophon.

»Das sind aber ganz schön kräftige Frauen«, rief Horzon voller Bewunderung.

»Mensch, Rafi, das seh doch sogar ICH, dass das Männer sind«, rief der Galerist Johann König, der neben Horzon stand, und rückte seine sehr dicke Brille zurecht.

»Stimmt das?« Horzon drehte sich zu Kaleyta. »Ich hab meine Brille im Auto vergessen.«

»Schwer zu sagen«, schrie Kaleyta und kniff die Augen zusammen, um besser sehen zu können, »also ich würde sagen, es SIND Frauen.«

In diesem Moment wurde ein grosser Servierwagen in die Arena gerollt, auf dem eine riesige, funkensprühende Sahnetorte stand. Jakob riss Mollenkott das Mikrophon aus der Hand und grölte hinein: »*Happy Birthday to you, happy Birthday to you, happy Birthday lieber Philip ...*« An dieser Stelle öffnete sich die oberste Etage der Torte und eine als Funkenmariechen verkleidete Zwergin hechtete mit einem grossen Tortenstück in der Hand auf Mollenkotts Rücken, drückte ihn zu Boden und fing an, ihn mit Sahne einzuseifen. Jakob nahm den Rest der Torte vom Wagen, stemmte ihn in die Luft und liess ihn auf die beiden herunterplumpsen, dann massierte er die Sahne gewissenhaft in die am Boden liegenden Körper, bis sich ein zappelnder, cremefarbener Kloss gebildet hatte.

»Das ist auf jeden Fall der BESTE Boxkampf, den ich je gesehen habe!«, schrie Horzon begeistert.

Direkt nach der Show kam Jakob auf ihn zugelaufen und breitete seine cremeverschmierten Arme aus. »Komm her, Rafi, und gib der Tante Jakob einen dicken Kuss!«

Horzon, der sich für diese Party seinen neuen dunkelblauen Dufflecoat angezogen hatte, drehte sich panisch um und rannte direkt dem noch viel verschmierteren Mollenkott in die Arme. »BITTE, Philip, fass mich nicht an. Mein neuer Mantel!«

»Keine Angst, Rafi, ich weiss doch, natürlich, dein neuer Mantel«, beruhigte ihn Mollenkott, und dann schaute er ihn ganz ernst und eindringlich an. »Ausserdem wollte ich mich nochmal bei dir entschuldigen, wegen dieser Belgierinnen vorhin, das war wirklich ganz, ganz dumm von mir.«

»Na gut, schon vergessen«, sagte Horzon, der sich freute, dass Mollenkott wenigstens ein Mal einsichtig war.

»Und um das wiedergutzumachen, habe ich jetzt etwas wirklich Tolles für dich, mein Lieber: eine echte persische Prinzessin.«

»Eine echte persische Prinzessin?«

»Ganz genau: eine echte persische Prinzessin. Sherina heisst sie, da vorne steht sie, schau mal.« Mollenkott zeigte auf eine betörend schöne Dame im Chanel-Kostüm, die sich gerade lachend durch ihr langes, schwarzglänzendes Haar fuhr. An ihren Händen glitzerten grosse Juwelen, um ihren Hals lag eine prächtige Perlenkette. »Das ist die Tochter vom Schah von Persien!«

»Prinzessin Sherina, die Tochter vom Schah von Persien ...«, wiederholte Horzon fassungslos stammelnd.

»Sie ist übrigens noch unverheiratet und, sagen wir mal, *begütert*, und sie steht auf Rang vier der persischen Thronfolge.«

»Rang vier der Thronfolge ...«, wiederholte Horzon und gaffte die morgenländische Prinzessin an, die gerade lachend ihren Kopf in den Nacken warf.

»Und jetzt gehst du zu ihr hin und bittest sie um den nächsten Tanz.«

Horzon sprang panisch zur Seite. »Aber nicht wieder schubsen!«

»Sag mal, Rafael«, flötete Mollenkott in einem beruhigenden Singsang, »was HAST du denn, ICH bin es doch, dein Freund Philip. Und jetzt schieb ab. Viel Spass! Und immer an den Nobelpreis denken!« Dabei zwinkerte er

Horzon verschmitzt zu und schob ihn dann betont vorsichtig Richtung Prinzessin.

»PHILIP!« Jakob packte ihn von hinten an der Schulter und drehte ihn zu sich herum. »Ich habe das gerade *ganz genau* beobachtet.«

»Was denn? Was habe ich denn jetzt schon wieder getan?«, fragte Mollenkott und lachte ein unaufrichtiges Gaunerlachen. »Ich habe ihm doch bloss unsere persische Prinzessin vorgestellt.«

»Ja, eben! Ganz genau! Ich kümmere mich gleich darum«, sagte Jakob und drohte Mollenkott mit dem Finger. »Und DU kümmerst dich jetzt mal um unsere Gäste, die wollen nämlich TANZEN!«

Damit schob er Mollenkott durch das Strobo-Gewitter Richtung DJ-Pult, bis beide von der wabernden Masse der Nacht verschluckt waren.

KAPITEL 5

Der nächste Schah von Persien

Als Carl Jakob Haupt am nächsten Morgen an Horzons Tür klingelte, war schon von aussen fröhliches Pfeifen zu hören, offenbar war der Hausherr bester Laune.

»Hereinspaziert«, rief Horzon und hielt ihm die Tür auf.

»Guten Morgen, mein Grosser«, rief Jakob vergnügt, dann schaute er auf eine seiner drei riesigen goldenen Armbanduhren. »Wobei, *Morgen* kann man ja schon fast nicht mehr sagen, es ist ja schon *neunzehn* Uhr! Himmel, wie die Zeit vergeht.«

Jakob zog seine dicke weissglänzende Daunenjacke aus, die dabei einen angenehmen Duft verbreitete, und hielt Horzon eine kleine Schachtel Pralinen unter die Nase. »Schau mal, Bâtons Kirsch, die magst du doch so gerne.«

»Oh, *vielen* Dank«, sagte Horzon im gespreizten Tonfall einer älteren Dame, »das trifft sich gut, ich habe gerade zu Mittag gegessen, und EIN Stäbchen könnte ich ja vielleicht noch zum Nachtisch vertragen.«

»EIN Stäbchen ist KEIN Stäbchen!«

»Aber ganz bestimmt nicht mehr, sonst passe ich am Ende nicht mehr in meinen Frack, heute Abend.«

»In deinen Frack? Was hast du denn schon wieder vor?«

»Ich gehe in die Oper«, sagte Horzon, während er Jakob eine Tasse Kaffee servierte. »*Die Hochzeit des Figaro.*«

»Ach, schön«, rief Jakob begeistert. »Und mit *wem*, wenn ich fragen darf, gehst du heute Abend in die Oper?«

»Mit Prinzessin Sherina«, hauchte Horzon und errötete ein wenig.

»Das habe ich mir fast schon gedacht. Denn von unserem Türsteher weiss ich, dass du heute Morgen mit ihr in ein Taxi gestiegen bist.«

»Ja, das stimmt«, gab Horzon lächelnd zu und rührte verlegen in seiner Kaffeetasse herum, »aber es ist nicht so, wie du denkst. Ich habe sie nur nach Hause gebracht und bin dann sofort zu mir weitergefahren.«

»Gut, das ist schon mal beruhigend zu wissen ...«

»Sie ist keine Frau wie all die anderen, weisst du?«

»Ja, das ist wohl wahr, das ist wohl wahr, sie ist *keine* Frau wie alle anderen«, sagte Jakob mit Nachdruck.

»Sie ist keine Frau für eine Nacht«, sagte Horzon.

»Eher eine Frau für *tausend* und eine Nacht.«

»Ja, das ist sie wirklich«, rief Horzon schwärmerisch. »Sie ist geistreich, sie ist gebildet, sie ist wirklich eine aussergewöhnliche Frau.«

»Also, eine GEWÖHNLICHE Frau ist sie jedenfalls NICHT«, sagte Jakob und schüttelte dabei heftig den Kopf.

Horzon biss verträumt in ein neues Stäbchen Bâtons Kirsch. »Ich habe schon fast ein schlechtes Gewissen, denn eigentlich wollte ich sie ja nur für mein neues Buch kennenlernen – und für den Nobelpreis.«

»Ach, richtig«, sagte Jakob und lächelte vielsagend, »Philip hat mich schon in diesen genialen Plan eingeweiht.«

»Ich hatte gestern Abend sogar schon überlegt, mein neues Buch *Tausend und zwei Nächte* zu nennen.«

»Ein schöner Buchtitel«, sagte Jakob. »Aber vielleicht wäre *Tausend und eine Nacht* 2.0 sogar NOCH etwas schöner.«

»Auch sehr gut. Aber weisst du was? Ich werde GAR kein Buch mehr schreiben.«

»GAR kein Buch mehr? Wieso denn das?«

»Das verträgt sich schlecht mit den Aufgaben, die demnächst wohl auf mich zukommen werden«, sagte Horzon und legte bedeutungsvoll sein Gesicht in Falten, während er vorsichtig seinen Kaffee kostete.

»Aufgaben? Was denn für Aufgaben?«, fragte Jakob neugierig.

»Also, schau mal«, sagte Horzon und legte seine Hände ganz gerade vor sich auf den Tisch, dann schloss er kurz die Augen, um sich besser konzentrieren zu können. »Sherina ist auf Platz vier der persischen Thronfolge ...«

»Ist sie das?«, fragte Jakob.

»Ja, das ist sie, das hat Mollenkott mir doch gesagt.«

»Dann wird es wohl stimmen.«

»Und jetzt nehmen wir mal an, dass die Personen, die vor ihr auf der Rangliste stehen – so genau weiss ich gar nicht, wer das jetzt ist –, aber nehmen wir einfach mal an, diese drei Personen vor ihr unternehmen einen Ausflug, im Auto, und dann haben sie einen fürchterlichen Unfall, und dann sind alle tot.«

»Das wäre natürlich traurig«, sagte Jakob.

»Ja, das wollen wir natürlich niemandem wünschen, aber für uns, also für Sherina und mich, würde es eben bedeuten, dass wir in der Thronfolge dann plötzlich ...«

»Also, Moment mal«, rief Jakob, »wieso denn jetzt für Sherina und DICH? Verheiratet seid ihr doch noch nicht, oder?«

»Nein, aber ich werde sie heute Abend fragen.«

»In der Oper?«

»Ganz genau! Während der Arie des Cherubino.«

»Also, Rafi, da muss ich dir jetzt vielleicht doch mal …«

»Jakob«, rief Horzon und sprang auf, »lass mich bitte ausreden!« Dann legte er seine Hände auf Jakobs Schultern und schaute ihn eindringlich an. »Hör mir jetzt bitte *ganz* genau zu.«

»Also schön.«

»Jakob! Wenn dieser Unfall passiert … dieser Autounfall … oder irgendein anderer Unfall … in Persien passieren ja die ganze Zeit schreckliche Unfälle, das ist ein fremdes Land voller Gefahren … dann ist es nicht ausgeschlossen, dass …« An dieser Stelle übermannten ihn die Gefühle, und Horzon schaute fast schon verzweifelt angesichts der riesigen Verantwortung, die da auf ihn zukam. »Dann ist es nicht ausgeschlossen, dass ich der NÄCHSTE SCHAH VON PERSIEN werde!«

»Rafi, lass mich nur ganz kurz …«

»Schah Horzon I. von Persien«, faselte Horzon weiter. »Ja, ich gelobe, ich werde ein guter Schah sein.«

»Ja, aber …«

»Das Volk wird mich lieben«, fuhr Horzon fort, während er mit abgespreiztem kleinem Finger seine Kaffeetasse zum Mund führte. »Mich, meine Frau, Kaiserin Sherina, und unsere zahlreichen Kinder.«

»Also, jetzt pass mal auf, Rafi: Erstens gibt es Persien nicht mehr, das Land heisst jetzt Iran.«

»Hmmm …«, brummte Horzon und starrte Jakob missmutig an.

»Zweitens ist die Monarchie dort längst abgeschafft. Du hast doch 1979 gelesen, oder? Dann solltest du das eigentlich auch wissen.«

»Weiss ich nicht mehr so genau. Ich kann mich nur noch an die Schläuche erinnern, bei dieser Gartenparty …«

»Du könntest also höchstens Schah werden, wenn Donald Trump in den Iran einmarschiert und die Monarchie wieder einführt. Und dich dann als Schah einsetzt. Das halte ich allerdings für *relativ unwahrscheinlich.*«

»Warum?«, fragte Horzon.

»Drittens wird das iranische Volk weder dich noch Prinzessin Sherina als Herrscher akzeptieren …«

»Sagt WER?«, fragte Horzon.

»Sage ICH!«, sagte Jakob. »Weil sie nämlich erstens keine Prinzessin ist … und zweitens keine FRAU!«

Horzon setzte klirrend seine Kaffeetasse ab. Dann sah er Jakob sehr lange in die Augen.

Minutenlang.

Dann noch einige Minuten lang.

»Woher willst du das wissen?«, fragte er schliesslich.

»Ich weiss es halt. Es ist auch kein grosses Geheimnis.«

»Aber Mollenkott hat gesagt …«

»Mollenkott weiss es auch. Er hat dir einen sogenannten STREICH gespielt. Prinzessin Sherina heisst in Wirklichkeit Yusuf und stammt aus Istanbul.«

Horzon schaute Jakob wortlos an. Kein Muskel seines Gesichtes rührte sich, aber seinen Augen sah man an, dass er intensiv nachdachte.

»Na gut«, sagte er nach einer langen Zeit des Schweigens. »Dann heirate ich sie eben NICHT.«

»Na gut«, sagte Jakob und stand auf, »dann können wir ja jetzt endlich losgehen.«

»Losgehen? Wohin?«

»Zu einer Party natürlich.«

»Wirklich? Schon wieder?«, fragte Horzon entgeistert. »Wir hatten doch gestern schon diese grosse Party, und heute wollte ich …«

»Weisst du, Rafi«, sagte Jakob, während er Horzon in den Mantel half, »ich glaube nicht, dass der liebe Gott es besonders gerne sieht, wenn wir unsere Zeit hier auf Erden völlig tatenlos verbringen.«

»Was ist denn das überhaupt für eine Party?«, fragte Horzon, während er hinter Jakob auf die Strasse stolperte.

»Eine Housewarming-Party, ein Freund von mir weiht seinen Palast ein.«

»Hmmm, na gut. Und ist das weit weg?«

»Nicht weit, Unter den Linden, da können wir zu Fuss hingehen.«

Als sie nach einiger Zeit an der Staatsbibliothek vorbeikamen, blieb Horzon stehen und zeigte auf die Fenster des Lesesaals. »Schau mal, dort oben, hinter diesen Fenstern, da habe ich damals mein *Weisses Buch* geschrieben.«

»Apropos«, rief Jakob. »Jetzt wo du also *doch* nicht der nächste Schah von Persien wirst, kannst du ja auch wieder ein neues Buch schreiben.«

»Da hast du natürlich recht. Aber worüber? Ich habe doch immer noch keine Ahnung, worüber.«

Als sie die Strasse Unter den Linden überquerten und auf die Staatsoper zugingen, beobachteten sie, wie sich im zweiten Stock des Gebäudes ein hell erleuchtetes Fenster öffnete. Eine Person wurde sichtbar, die einen grossen runden Gegenstand hochstemmte und dann mit einem Jubelschrei aus dem Fenster schleuderte. Der Gegenstand knallte auf die Strasse, rollte noch etwas im Kreis und kippte dann um. Als die beiden näher kamen, erkannten sie, um was es sich handelte: Es war ein grosses gelbes Käserad.

Jakob stupste mit dem Fuss dagegen, dann schaute er langsam zum Fenster hinauf und raunte: »Mollenkott?«

»War ER das?«, fragte Horzon.

»Ja, natürlich! Mollenkott arbeitet doch in der Oper. Und er HASST Käse.«

»Was macht Mollenkott eigentlich in der Oper, also generell, meine ich?«, fragte Horzon und schaute noch einmal zum Fenster hoch. Aber es war niemand mehr zu sehen.

»Weiss ich auch nicht so genau«, antwortete Jakob, »ich glaube, er trainiert die Ballettratten.«

»Er trainiert *Ratten*?«

»Ballettratten. Das sagt man so. Die Tänzerinnen. Das sind die Ballettratten. Und irgendwas macht er da mit denen.«

Nachdenklich geworden, setzten die beiden ihren Spaziergang fort.

»Mollenkott sagt, ich soll mein Buch *Casanova Junior* nennen, aber ich weiss nicht so recht«, sagte Horzon.

»*Casanova Junior*, das klingt doch schon mal sehr gut«, sagte Jakob. »Aber *Casanova 2.0* wäre vielleicht NOCH etwas schöner.«

»Ja, auch gut, aber ich weiss ja trotzdem nicht, worüber ich schreiben soll. Ich hab gestern auch nochmal reingeschaut in den Casanova, ob ich da vielleicht einfach die besten Kapitel abschreiben kann – das Buch liest heute ja eh keiner mehr.«

»Stimmt, gute Idee.«

»Aber das Buch ist sterbenslangweilig! Überhaupt keine Bettgeschichten, wie man jetzt denken würde. Die ganze Zeit nur sowas wie: *Ich begab mich zum Grafen von A. und übergab ihm das versiegelte Kuvert.* Ist mir wirklich schleierhaft, wieso man ihm dafür den Nobelpreis verliehen hat.«

»Hat man das?«

»Ja, hat Mollenkott gesagt.«

»Also, man muss vielleicht auch nicht immer ALLES glauben, was Mollenkott so sagt.«

»Warum nicht?«

»Aber in einem Punkt hat Philip natürlich recht: Frauengeschichten müssen rein – ansonsten: Rrrrrrttttsch!« Jakob fuhr sich mit dem Daumen von links nach rechts über die Kehle.

»Ansonsten ade, du schöner Nobelpreis.« Horzon nickte nachdenklich.

»Aber keine Sorge, heute Abend finden wir schon was für dich.«

»Aber bitte keine persische Prinzessin.«

Ein paar Schritte weiter zupfte Jakob Horzon plötzlich am Ärmel und blieb stehen. »Hey, schau dir das mal an.«

»Ja, der Vollmond«, sagte Horzon und blinzelte in den Nachthimmel. »Oder fast jedenfalls. Also, ganz voll ist er noch nicht.«

»Das meine ich nicht«, sagte Jakob. »Schau mal da!«

Jakob zeigte etwas weiter nach rechts, wo sich ein zweiter fast kreisförmiger Mond am Himmel abzeichnete, der sich langsam auf den ersten zubewegte.

Arm in Arm standen die beiden Freunde und verfolgten atemlos dieses äusserst seltene Himmelsphänomen. Der rechte Mond bewegte sich immer weiter auf den linken zu, dann verschmolzen beide zu einem kreisrunden Supermond, der unnatürlich hell aufleuchtete. Gleichzeitig ging, ausgelöst von dieser Kollision, ein Vibrieren durch die Luft, und der Boden begann zu zittern.

»Hey, spürst du das?«, fragte Jakob und zeigte auf seine zitternden Schuhe.

»Jaaa! Haha! Das kribbelt!«

»Na schön, genug gestaunt«, mahnte Jakob nach wenigen Sekunden, »sonst ist die Party gleich vorbei. Aber da vorne ist ja auch schon der Palast.«

Während Jakob auf den polierten Klingelknopf drückte, drehte er sich zu Horzon, riss die Augen auf, schob seine auffallend weissen Schneidezähne über die Unterlippe und sagte mit Bugs-Bunny-Stimme: »Und hier also residiert der grösste Journalist Deutschlands.«

Nach wenigen Augenblicken wurde die Tür geöffnet. »Guten Abend, Jakob«, rief der Hausherr erfreut, breitete die Arme aus und beugte sich zu den Besuchern hinunter. »Herzlich willkommen!«

»Verzeihen Sie, dass wir so spät kommen«, sagte Horzon, »aber der Mond ...«

»Vergessen wir das Sie«, sagte der Hausherr. »Jakobs Freunde sind auch meine Freunde. Ich bin Mathias.«

»Rafael«, sagte Horzon und streckte freudig seine Hand in die Höhe.

»Kommt herein, ich führe euch ein bisschen herum.«

Jakob stiess Horzon in die Seite und zeigte auf den Gastgeber, der vor ihnen herging. »Ich hab dir doch gesagt: der grösste Journalist Deutschlands.«

»Wie bitte?« Der Hausherr drehte sich zu seinen Besuchern um.

»Gross!«, rief Horzon gegen die wummernden Techno-Bässe an und breitete bewundernd die Arme aus. »Alles ist so gross! Ein toller Palast ist das hier! Ich wusste gar nicht, dass man als Journalist so viel Geld verdient!«

»Na ja«, sagte der Hausherr lächelnd und blieb stehen, »angefangen habe ich wie alle anderen auch – mit einem Praktikum ... in der Musikredaktion der FAZ.«

»Imposanter Werdegang«, sagte Horzon und nickte anerkennend.

»Später wurde ich dann Chef von der *Welt*«, fuhr der Hausherr fort.

»Wie bitte?«, fragte Horzon ungläubig nach. »*Chef von der Welt?*«

»Sag ich doch!«, schaltete sich Jakob ein und raunte ihm dann ins Ohr: »Der Mann ist eine absolute Legende.«

Horzon drehte sich wieder zum Hausherrn zurück und hielt seine Hand waagerecht über seinen Kopf. »Also, noch ÜBER Trump, oder wie?«

»Ja, also …« Der Gastgeber beugte sich nachdenklich zu seinen Besuchern hinunter. »Über Trump haben wir damals eigentlich noch nicht geschrieben, er war zu der Zeit ja noch gar nicht auf der politischen Agenda, sozusagen.«

»Könnte es eigentlich sein, dass Trump die Monarchie im Iran bald wieder einführt?«, wollte Horzon jetzt wissen.

»Wie bitte? Es ist so laut hier bei den Boxen«, sagte der Hausherr. »Kommt mal mit, ich stelle euch ein paar Freunden vor.«

»Aber bitte keinen Prinzessinnen!«, rief Horzon.

Doch der Herr des Hauses war schon im Gedränge verschwunden.

Aus dem Augenwinkel erkannte Horzon die hochbegabte Künstlerin Marion Fink, aber er traute sich nicht, sie anzusprechen.

»Hey, schau dir das mal an!«, rief Jakob und zeigte auf ein zehn Quadratmeter grosses Foto-Porträt des Gastgebers.

»Unglaublich!«, rief Horzon und winkte Christian Boros

heran. »Chrisi, kannst du mal bitte ein Foto von uns machen, vor diesem riesigen Passfoto?«

»Natürlich, mein Dickerchen«, sagte der freundliche Kunstsammler, »für euch zwei beiden tu ich doch alles.«

Kurz darauf standen sie vor einem Riesengemälde, auf dem eine nackte Frau im Grünen zu sehen war, daneben ein bekleideter Herr im Anzug.

Horzon ging ganz nah an die Leinwand heran und betrachtete jedes Detail. Dann drehte er sich zu Jakob: »Schau mal, der Mann hier im Anzug, das ist doch eindeutig Billy Joel.«

»Wow, du hast recht!«, rief Jakob aufgeregt. »Stell dich mal davor, ich mach ein paar Erinnerungsfotos.«

Horzon lehnte sich gegen die Leinwand, fasste der unbekleideten Dame auf dem Bild an den Po, hielt sich nachdenklich die rechte Hand ans Kinn, dann schaute er überrascht, dann grinste er dümmlich in die Kamera.

Erst viel später sollte er feststellen, dass die meisten Fotos unscharf geworden waren. Und dass dies die letzten Fotos waren, die Jakob jemals von ihm gemacht hatte.

»Und jetzt?«, fragte Horzon. »Wir müssen doch noch ein paar Frauen kennenlernen. Für den Nobelpreis.«

»Also, ich glaube, ich würde jetzt lieber nach Hause gehen«, sagte Jakob, »irgendwie fühle ich mich plötzlich ein bisschen schwach.«

»Ok, natürlich, wir gehen sofort«, sagte Horzon und schaute seinen Freund besorgt an.

Als sie wieder auf der Strasse waren, atmete Jakob tief ein und aus. »Die kalte Luft, das tut gut.«

»Wieder besser?«, fragte Horzon.

»Ja, alles ok, kein Problem.«

Als sie ins Taxi eingestiegen waren, drehte sich Jakob zu Horzon. »Neue Bekanntschaften haben wir jetzt natürlich nicht gemacht für dich.«

»Ist doch egal.«

»Aber mach dir keine Sorgen, wir kriegen das schon hin mit deinem Nobelpreis. Und mit den Frauen. Und mit der Traumhochzeit. Ich habe da noch ein paar richtig gute Ideen.«

»Oh, das ist nett«, sagte Horzon. »DU musst ja wissen, wie das geht. Denn DU hast ja schon deine Traumfrau. Und deine Traumhochzeit hast du auch schon gehabt.«

KAPITEL 6

Mentale Energie

Einige Monate zuvor, an einem aussergewöhnlich heissen Morgen, in einem aussergewöhnlich heissen Monat August.

Rafael Horzon stand, nur mit Boxershorts bekleidet, in seinem Badezimmer und stellte vor dem grossen Spiegel summend ein paar Bodybuilderposen nach. Selbstzufrieden verfolgte er, wie der Mann im Spiegel seinen rechten Unterarm anwinkelte, die Hand zur Faust ballte und mit der linken Hand begeistert den dünnen Bizeps betastete. Dann winkelte er auch seinen linken Unterarm an, spannte die Muskeln an und stiess einen selbstzufriedenen Grunzlaut aus. Dass sein Bauch in den letzten Jahren deutlich an Umfang gewonnen hatte, übersah er dabei wohlwollend. Lächelnd fuhr er sich mit dem Kamm durch sein dünnes Haar, fixierte einige Sekunden lang sein Gegenüber und sagte dann langsam und voller Bewunderung: »Immer noch eine sehr attraktive Frau.«

In diesem Moment klingelte es an der Tür. Horzon fiel vor Schreck der Kamm aus der Hand.

Es war Philip Mollenkott.

Hastig warf sich Horzon eins seiner dunkelblauen Poloshirts über und schnappte sich ein Stück Papier, auf dem er am Vorabend seinen Einkaufszettel für den nächsten Tag notiert hatte:

Mousse au chocolat
Tiramisu
Profiteroles
Toffifee

»Morgen, Dr. Horzon«, rief Mollenkott beim Hereinkommen, »es ist schon wieder eine Schweinehitze da draussen.«

Er trug ziemlich kurze Jeans-Hotpants, ein enges T-Shirt, das seinen muskulösen Oberkörper betonte, eine pink eingefärbte Sonnenbrille und weisse Socken in Plastik-Badelatschen. Insgesamt wirkte er wie ein sehr durchtrainierter, sehr dominanter Bademeister im Strandbad Wannsee.

»Was treibst du so, bist du schon wieder am Schuften?«, rief er und klatschte Horzon freundschaftlich, aber viel zu heftig auf den Rücken.

»Haha, ja genau«, ächzte Horzon und wedelte mit dem Einkaufszettel herum, »ich habe gerade ein paar Gedankenblitze notiert, wie es weitergehen soll mit der Horzon GmbH. Neue Geschäftsideen, neue Visionen und so weiter.«

»Das hört sich gut an«, rief Mollenkott begeistert. »Das hört sich gut an. Wie es sich für einen anständigen Geschäftsmann gehört.« Dabei stolzierte er durch die geräumige Wohnung, als wäre er der Hausbesitzer, und inspizierte Raum für Raum, bis er im grossen Erkerzimmer angelangt war. »Sieh mal einer an, sogar ein Tischtennis-Zimmer hat der feine Herr.«

»Ja, ja, unsportlich bin ich nicht«, sagte Horzon stolz und nahm einen Tischtennisschläger von der Platte, wobei er eine riesige Staubwolke aufwirbelte.

»Nein, unsportlich ist er nicht, der Herr Horzon ...«,

sagte Mollenkott nachdenklich und strich mit seinen Fingern prüfend über die Platte, wie ein Fernsehkommissar. »Allerdings hast du hier eine regelrechte *Staubzucht*, könnte man sagen.«

Während er seine Finger an der Hose abwischte, betrachtete er über seine Sonnenbrille hinweg ein paar von Horzons Wanddekorationsobjekten, die in der ganzen Wohnung hingen, stelzte zurück ins Wohnzimmer und setzte sich dann breitbeinig an den Esstisch.

»Hast du Hunger?«, fragte Horzon. »Ich habe gerade gefrühstückt, aber ein paar Milchschnitten sind noch übrig.«

»Nee, nee«, sagte Mollenkott und wedelte abwehrend mit dem Zeigefinger, »ich mache gerade Heilfasten.«

»Heilfasten?«

»Ja, genau, Heilfasten. Ich esse einfach eine Woche lang gar nichts.«

»Gar nichts?«, fragte Horzon fassungslos und starrte dabei auf Mollenkotts Bauchmuskulatur, die sich gut sichtbar unter seinem T-Shirt abzeichnete.

»Ja, mein Lieber, richtig gehört. Ich mache das aber nicht, um abzunehmen. Schlank bin ich doch auch so schon.«

»Sondern?«

»Ich mache das, um mich zu *disziplinieren*, und um meinen Körper zu *reinigen*.«

»Aber ist das nicht … gefährlich für die Gesundheit?«

»Das schwächt den Körper. Natürlich. Aber ich gewinne dadurch auch jede Menge Energie, verstehst du? Mentale Energie! Schau mal.«

Mollenkott nahm einen Holz-Kochlöffel vom Tisch und brach ihn einfach in zwei Teile.

»Unfassbar!«, rief Horzon verblüfft und versuchte ergebnislos, die beiden Teile wieder zusammenzustecken. »Wirklich unfassbar.«

»Ja, aber das nur nebenbei«, sagte Mollenkott und trommelte nervös mit den Fingern auf die Tischplatte. »Weswegen ich eigentlich vorbeikomme …«

»Ja, was denn?«

»Also, hör zu, ich komme gerade von Jakob. Ihm geht es natürlich nicht so gut.«

»Hmmm, ach so«, sagte Horzon und schaute auf den Boden.

»Aber die gute Nachricht …«, fuhr Mollenkott fort, »die gute Nachricht ist: Unser Freund Jakob segelt in den Hafen der Ehe.«

»Wie bitte? Das gibt's doch gar nicht!«, rief Horzon begeistert.

»Doch, das gibt's! Jakob und Gia heiraten. Und zwar schon in zwei Wochen.«

»Und wo?«

»In der Nähe von Syrakus. Auf einem Schloss. Auf einem … Chateau. Auf einer HACIENDA.«

»Syrakus? Ist das nicht wahnsinnig weit weg? Arabien oder so?«, fragte Horzon beunruhigt.

»Syrakus ist eine wunderschöne Stadt auf Sizilien«, belehrte ihn Mollenkott. »Und wir fahren da alle hin. Ganz Berlin fährt hin. Wir machen diesen Tag für Gia und Jakob zum schönsten Tag ihres Lebens. Verstehst du?«

»Ja, klar, natürlich fahren wir alle hin«, sagte Horzon, »aber …«

»Aber WAS?«

»Na ja, so richtig gut vorbereiten kann ich die Reise jetzt nicht. Also, erstens weiss ich gar nicht, wie das alles geht, mit Zugtickets und Hotel, und zweitens habe ich doch gerade diese Werkschau in meiner grossen Halle in der Torstrasse, mit meinen ganzen Möbelentwürfen, und nächste Woche kommt der Direktor vom Vitra Design Museum, und dann gibt es eine Zeremonie, wo alle meine Prototypen dem Museum übergeben werden.«

Mollenkott schlug ungeduldig mit der Faust auf den Tisch. »Also, erstens ist das alles jetzt total zweitrangig, Rafael. Hochzeit geht vor, kapiert?«

»Ok, ok.«

»Und zweitens: Habe ich das gerade richtig verstanden? Du gibst deine Sachen ins Museum?«

»Na ja, also …«

»Ernsthaft? Du nervst uns alle seit Jahren, dass du kein Künstler bist, du hast gerade jemanden ANGEZEIGT, nur weil er dich als Künstler bezeichnet hat, und jetzt gibst du deine ganzen Entwürfe ins *Museum*?«

»Philip, es ist ja nicht das Vitra *Kunst* Museum, sondern das Vitra *Design* Museum. Das sind doch zwei völlig unterschiedliche Dinge.«

»Na ja, gut«, knurrte Mollenkott.

»Ja, und dann kommt noch dazu«, fuhr Horzon fort, »dass ich direkt nach dieser Übergabe in der Torstrasse das *Deutsche Zentrum für Dokumentarfotografie* eröffne. Mit riesigen Fotografien vom Sternenhimmel, die werden nächste Woche alle vom Labor geliefert, und dann muss ich sie aufhängen, und dann die Eröffnung vorbereiten, das schaffe ich doch alles gar nicht, wenn ich genau in der Zeit dann auch noch nach Syrien fahren soll.«

»Herrgott, Rafael, du bist wirklich so eine Mimose. Aber weisst du was: Ich springe ein. Ich helfe dir.«

»Wirklich?«

»Ja, klar, ich helfe dir! Ich bin doch froh, dass du überhaupt mal IRGENDWAS tust ausser Süssigkeiten zu futtern. Das muss man doch UNTERSTÜTZEN.«

»Also, das … das wäre wirklich …«

»Pass mal auf, mein lieber Freund«, sagte Mollenkott und lehnte sich zurück wie ein grosszügiger Firmendirektor, »ich übernehme das alles für dich. Ich buche die Flüge nach Catania, ich reserviere einen Mietwagen, und mit dem brettern wir dann zusammen nach Syrakus, und das Hotel buche ich auch noch für uns beide. Du brauchst dich um NICHTS zu kümmern.«

»Ernsthaft?« Horzon war überwältigt.

»Ja, ernsthaft!«, sagte Mollenkott und stand auf. »Dafür sind Freunde schliesslich da.«

»Das ist wirklich eine grosse Hilfe, Philip.«

»Mach ich doch gerne«, rief Mollenkott beim Hinausgehen. Dann drehte er sich noch einmal um und zwinkerte Horzon zu. »Du kannst dich auf mich verlassen.«

Zwei Wochen später.

Horzon hastete durch die grosse Werkschau, die er sich selbst in seiner Ausstellungshalle in der Torstrasse 94 ausgerichtet hatte. Überall standen grosse weisse Podeste, auf denen seine Möbelentwürfe thronten. Dazwischen stand, sichtlich genervt, Professor Dr. Mateo Kries, Direktor des grossen Design Museums, dem Horzon seine Prototypen vermacht hatte.

»Sind wir jetzt endlich fertig?«, fragte Kries.

»Ja, fast«, rief Horzon, »nur noch das Moebel Horzon Ur-Regal und der Redesigndeutschland Stuhl 01.« Dabei schraubte er schwitzend an einem Fotostativ herum, drückte dann auf den Selbstauslöser der Kamera, rannte zu Kries, den er vorher schon neben dem Podest positioniert hatte, nötigte ihn zu einem Handschlag und flüsterte dabei: »Und bitte immer schön lächeln.«

Doch Kries lächelte nicht.

In diesem Moment ging die Tür auf und der bekannte österreichische Heldentenor Yung Hurn kam herein. »Du, Rafael, stör ich? Wir brauchen doch Regale für das Büro. Und auch für mich zu Hause.«

»Ja, also, da hätte ich zum Beispiel dieses schöne Universalregal *Modern*«, sagte Horzon und zeigte auf das Regal auf dem Podest.

»Aber das kommt doch jetzt zu uns ins Museum!«, rief Professor Kries gereizt.

In diesem Moment ging die Tür auf und der bekannte Bestseller-Autor Florian Illies kam herein. »Rafael, grüss dich. Sag nochmal ganz kurz, worüber soll ich eigentlich reden nächste Woche, zur Eröffnung von deiner Galerie?«

»Es ist keine Galerie«, rief Horzon verzweifelt, »es ist das *Deutsche Zentrum für Dokumentarfotografie*, es geht um Dokumentation, Florian, das musst du unbedingt deutlich herausarbeiten in der Eröffnungsrede. Es ist keine Kunst! Es ist *Dokumentarfotografie*!«

In diesem Moment ging die Tür auf, und zwei Männer im Blaumann erschienen, die ein riesiges gerahmtes Sternenbild hereinschleppten. »Sind wir hier richtig bei *Horzons Wanddekorationsobjekte*?«

»Nein!«, rief Horzon. »Oder doch, ja! Aber das heisst jetzt anders, *Horzons Wanddekorationsobjekte* hat doch schon vor Monaten geschlossen. Jetzt eröffnet hier das *Deutsche Zentrum für Dokumentarfotografie*.«

»Also, im System steht aber noch *Horzons Wanddeko-*

rationsobjekte«, sagten die Männer im Blaumann, stellten das Bild ab und schlurften wieder raus. »Wir kommen nochmal, da sind noch mehr davon.«

»Ich geh dann besser auch mal«, sagte Professor Kries und eilte den Trägern hinterher.

»Also, was ist jetzt mit den Regalen«, fragte Yung Hurn, »kann man hier welche kaufen, oder was ist das hier überhaupt?«

»Na ja, hier ist im Moment eine Werkschau des Designers Rafael Horzon, also von mir ... Sein Gesamtwerk wird hier gezeigt, bevor es dann in das bedeutende Design-Museum ...«

»Ja ok«, sagte Yung Hurn, »aber wo sind die Regale?«

»Ach so, die Regale gibt es ein paar Häuser weiter«, sagte Horzon, »im Möbelhaus, bei *Moebel Horzon*, da können wir ja gleich mal hingehen, da gibt es übrigens auch sehr schöne Kleiderschränke.« Aber der nervöse Tenor war schon wieder zur Tür hinaus.

»Also gut, Dokumentarfotografie«, sagte Illies.

»Ja, und du musst ausserdem erwähnen«, sagte Horzon, »dass natürlich nicht ich diese Fotos gemacht habe, sondern dass ich sie von der Sternwarte in Brüssel bekommen habe. Es sind Dokumentarfotografien.«

»Brüssel ... Ok, ist gut.«

»Und dass sie quadratisches Format haben, so wie die Negative ja auch, also, wir zeigen keinen Ausschnitt, sondern wir zeigen alle Sterne.«

»Alle Sterne, ok«, sagte Illies.

»Das gesamte Universum!«

»Schön, dann werde ich da mal was vorbereiten für die Eröffnung, und DU schreibst mir dafür ja wie versprochen den Text für das Grisebach-Magazin.«

»Aber wie soll ich das denn schaffen, Florian? Ich muss jetzt hier die Werkschau abbauen und die Sternenbilder hängen, und morgen muss ich doch ...« Horzon schlug sich mit der flachen Hand an die Stirn. »Morgen muss doch ... NACH SIZILIEN!«

Jetzt fiel Horzon plötzlich auch ein, dass er seit zwei Wochen nichts mehr von Philip Mollenkott gehört hatte. Panisch rannte er nach draussen und wählte seine Nummer.

»*Der Teilnehmer ist vorübergehend nicht zu erreichen.*«

»Oh nein, das kann doch nicht wahr sein«, jammerte Horzon. Dann wählte er zitternd die Nummer von Carl Jakob Haupt.

»Na, mein kleiner Rafi, bist du gelandet?«

»Wieso, wie denn gelandet?«

»Na ja, morgen heiratet doch dein allerbester Freund Carl Jakob Haupt. Hier, im Land, wo die Zitronen blühn.«

»Ja, weiss ich doch!«, rief Horzon verzweifelt. »Aber ich habe doch noch überhaupt kein Ticket. Philip wollte sich ja um alles kümmern, und jetzt ERREICHE ich ihn nicht.«

»Hmmm ...«

»Hast du irgendwas von ihm gehört?«

»Also in den letzten Stunden eher weniger«, sagte Jakob. »Er ist momentan auch ... sagen wir mal: unansprechbar. Aber warte mal, ich mach mal kurz ein Foto und schick dir das, ist nämlich wirklich lustig.«

»Wie bitte? Ist Philip bei dir? Ist er schon auf Sizilien?«

»Na ja, klar! Schon seit vorgestern.«

»Aber er wollte doch Tickets für uns beide besorgen und einen Mietwagen für uns beide buchen und das Hotel für uns beide reservieren. Und wir wollten alles *zusammen* machen.«

»Ach ja? Hat er das gesagt? Na, dann hat er das wohl VERGESSEN, unser lieber Philip. Aber hast du jetzt das Foto bekommen?«

Horzon tippte auf seinem Handy herum, dann starrte er entsetzt auf den Bildschirm. Auf dem Foto war Philip Mollenkott zu sehen. Er lag nackt in einem aufgeklappten Konzertflügel, offenbar in dem Schloss, in dem die Hochzeit stattfinden sollte. Seine Augen waren mit einem schwarzen Spitzen-BH verbunden. In der einen Hand hielt er einen Kochlöffel, in der anderen eine Nuckelflasche.

»Herr im Himmel«, rief Horzon, »was habt ihr denn jetzt schon wieder angestellt?«

»Also, wie es dazu gekommen ist, kann ich dir leider auch nicht so genau sagen.«

»Ist er tot?«

»Nein ... beziehungsweise ... warte mal ... nein, er atmet.«

»Ok, gut! Dann kann er mich ja morgen mit dem Mietwagen abholen. Aber wie soll ich denn jetzt überhaupt nach Sizilien kommen?«

»Ach, Rafi, du bist mir wirklich einer. Warte mal kurz.«

»Ja gut, ich warte.«

»Also, pass auf, du fliegst morgen früh um 9.25 Uhr von Tegel ab, dann landest du um 12.05 Uhr in Catania. Auf Sizilien.«

»Na gut, ok, dann packe ich jetzt schon mal meine Sachen.«

»Genau! Gute Idee, Rafi. Das schaffst du!«

»Ach so, und wenn Philip wieder aufgewacht ist, dann sag ihm doch bitte, dass er mich morgen um zwölf mit dem Mietwagen am Flughafen abholen soll ... bitte ...«

»Alles klar, sag ich ihm.«

»Und dass er sein Handy aufladen soll. Er soll *immer* erreichbar sein. Damit wir uns am Flughafen finden.«

»Alles klar, sag ich ihm, Rafi. Und vergiss bitte das GESCHENK für mich nicht!«

»Ist gut. Bis morgen.«

KAPITEL 7

Der Prinz von Positano

Als Horzon am nächsten Tag gegen Mittag aus dem Flugzeug auf die Landebahn stolperte, schlug ihm die Hitze wie eine Feuerwalze entgegen. Es war der heisseste Tag auf Sizilien seit Beginn der Wetteraufzeichnungen.

In seinem schwarzen, doppelt gefütterten Hochzeitsanzug hastete Horzon über die Landebahn in das Flughafengebäude, um sich abzukühlen. Aber hier war es noch heisser, die Klimaanlage war anscheinend ausgefallen. Die Empfangshalle war menschenleer, die Eingangstür klapperte im Wüstenwind. Sand wehte von draussen herein. Die Anzeigetafel war mitten im Umschalten stehengeblieben und zeigte nur noch unverständliche Zeichenreihen aus halben Buchstaben und Zahlen.

»Bin ich doch in Arabien gelandet?«, flüsterte Horzon verängstigt. Dann entdeckte er in einer Ecke der ausgestorbenen Halle eine schwarz verschleierte Gestalt, die am Boden kauerte.

»Mollenkott!«, rief Horzon erleichtert und rannte auf die Gestalt zu. »Gut, dass du da bist!«

Doch die Gestalt bewegte sich nicht.

»Mollenkott?«, fragte Horzon leise, als er direkt vor ihr stand. Dann tippte er ihr vorsichtig auf die Schulter.

In diesem Moment riss die Gestalt sich den Schleier vom Gesicht und grinste Horzon an. In ihrem Mund glänzte nur ein einziger Zahn. Ein Eisenzahn. Es war …

SIGNORA SARASATE!

»Herr im Himmel!«, schrie Horzon, schnappte sich seinen kleinen Aluminium-Rollkoffer und rannte auf den Ausgang zu.

»Warrrrte doch! Warrrrte!«, kreischte die Nomadin ihm hinterher. »Du kannst mir nicht entkommen! Niemand kann mir entkommen!«

Doch Horzon war schon zur Tür hinaus.

Draussen war die Temperatur noch einmal um fünf Grad angestiegen, die Sonne stand im Zenit und brannte unbarmherzig herab. Horzon hetzte hechelnd über die Schotterpiste vor dem verlassenen Flughafengebäude und versuchte dabei, sein Handy aus der Hosentasche zu fingern. Als es ihm endlich gelungen war, blieb er stehen und tippte schwer atmend Mollenkotts Nummer ein. Ängstlich schaute er sich nach dem Flughafengebäude um und presste dabei das Handy ans Ohr. Es knackte in der Leitung, dann kam eine Ansage: »*Il numero da Lei chiamato non è al momento raggiungibile.*«

»Oh nein«, röchelte Horzon, »sein Handy ist ausgeschaltet.«

Er stolperte mit seinem Rollkoffer weiter über den steinigen Weg, der sich mehr und mehr zu einer wüstenartigen Ebene ausweitete. Eine befestigte Strasse war nicht mehr zu erkennen. Nach einigen Kilometern blieb Horzon stehen und drehte sich einmal um sich selbst. Er befand sich in einem Meer aus staubigen Felsbrocken. Und wohin er sich auch drehte, dieses Meer reichte bis zum Horizont. Verzweifelt wählte er die Nummer von Carl Jakob Haupt.

»Na, mein Grosser, bist du endlich da?«

»Ich weiss nicht, wo ich bin«, schnaufte Horzon, »und Mollenkott ist auch nicht da. Hilf mir!«

»Würde ich ja gerne, aber mir wird gerade mein Hochzeitsanzug angepasst, und in drei Stunden beginnt doch
die Zeremonie.«

»Wo ist Mollenkott?«

»Ich weiss es leider nicht, Rafi.«

»Vielleicht ist er ja gerade auf dem Weg zum Flugplatz,
um mich abzuholen.«

»Ja, vielleicht«, sagte Jakob und fügte dann noch hinzu:
»SEHR vielleicht.«

»Ich gehe ihm schon mal entgegen, er müsste ja aus
Richtung Westen kommen, oder?«

»Eher aus Richtung Süden, aber ich muss jetzt leider
auflegen, bis später, Rafi.«

»Bis später«, krächzte Horzon.

Schwitzend zog er sein wattiertes Jackett aus und kno-
tete es um den Griff seines Rollkoffers. Danach zog er
auch sein weisses Hemd aus und band es sich wie einen
Turban um den Kopf. Dann griff er nach dem Koffer und
stapfte weiter durch die rötliche Wüstenlandschaft. Die
Sonne brannte erbarmungslos, ein Sirren und Flirren lag
in der Luft, der Rollkoffer schleifte und polterte über die
Felsbrocken. Horzon verspürte starken Durst. »Wasser«,
krächzte er. »Wasser …« Zitternd machte er sich daran,
den Koffer zu öffnen. Darin befanden sich neben einigen
Kaschmirpullovern und Pudelmützen zwei Tüten Meer
salz-Chips, zwei Tüten Salzstangen, zwei Pakete Fleur de
Sel aus den Salinen von Casablanca und fünf oder sechs
mit Salz bestäubte, extra salzige Minisalamis. Horzon
stopfte wie besinnungslos die Würstchen in sich hinein,
dann die Chips, dann riss er eine Tüte Salzstangen auf.
Sein Durst wurde immer grösser. »Wasser!«, krächzte er
wieder und schaute hilfesuchend zum Himmel. Doch dort

kreisten nur drei Aasgeier. Horzon legte sich neben seinen Koffer und schloss die Augen.

Als er wieder zu sich kam und um sich schaute, erkannte er am Horizont eine kleine Staubwolke. Er sprang auf und kniff die Augen zusammen. Ja, es war tatsächlich eine Staubwolke. Eine Staubwolke, die langsam grösser wurde. Vielleicht ein Kamel? Oder ein Dromedar? Nein, es war ein Auto. Horzon spürte sein Herz im Hals klopfen. Er begann zu springen und zu winken. Er wollte auch schreien, aber er brachte keinen Laut über seine salzverkrusteten Lippen, seine Stimmbänder waren eingetrocknet.

Dann war das Auto plötzlich wieder verschwunden. Horzon erstarrte. Das war sein Ende.

Dann war das Auto wieder da! Viel näher als zuvor. »Eine Luftspiegelung«, flüsterte Horzon wie irre kichernd und begann wieder zu winken. Dann hielt er plötzlich inne, nahm hektisch seinen Turban ab, zog das Hemd an, steckte es in seine schwarze Hose, warf das Jackett über, klappte den Koffer zu und strich sein Haar glatt. Das Auto bremste scharf und blieb direkt neben ihm stehen. Als der aufgewirbelte Staub sich gelegt hatte, kurbelte der Fahrer, der eine sogenannte Pornobrille trug, die Scheibe herunter. Es war Holger Liebs, der bekannte Journalist.

»Da sind ja die Anhalter von gestern. Wie schön, im Ausland Landsleute zu treffen«, rief er.

Horzon warf seinen Koffer auf die Rückbank und zwängte sich auf den Beifahrersitz. »Gross ist es nicht, dieses Auto. Ist das von Rento y Caron?«

»Es ist kleiner als der Garten meines Onkels, aber es ist grösser als der Helm meines Neffen«, antwortete Liebs. Dann musterte er Horzon von der Seite. »Was machst du hier eigentlich, Rafi? Ganz allein, mitten in der Wüste?«

»Ich dachte mir, ich gehe die Strecke nach Syrakus einfach mal zu Fuss«, sagte Horzon und schaute gelangweilt aus dem Fenster.

»Zu Fuss?«, krächzte Liebs fassungslos. »Aber bis Syrakus sind es doch fast hundert Kilometer.«

»Pfff, ist doch schönes Wetter«, sagte Horzon und zuckte die Achseln.

»Hast du Hunger?«, fragte Liebs nach einiger Zeit und reichte Horzon eine Banane. »Du siehst irgendwie ausgemergelt aus.«

»Nein, danke«, sagte Horzon und legte die Banane vor sich auf die Ablage, »ich mache gerade Heilfasten.«

»Heilfasten?«

»Richtig gehört, Heilfasten. Ich esse eine Woche lang gar nichts.«

»Gar nichts?«, fragte Liebs und starrte entgeistert durch die Frontscheibe.

»Ich mache das, um mich zu *disziplinieren* und um meinen Körper zu *reinigen*«, sagte Horzon betont gelassen. »Ich gewinne dadurch jede Menge Energie. Und zwar mentale Energie. Schau mal.«

Er griff nach der braun gesprenkelten Banane, um sie zu zerbrechen, aber in diesem Moment tauchte am Ende einer Palmenallee vor ihnen ein herrschaftliches Anwesen auf.

»Da ist es!«, schrie Liebs. »Das ist das Schloss!«

Sie parkten das Auto unter einer Korkeiche neben dem Eingangstor. Horzon klappte den Sitz nach vorne, um seinen Koffer von der Rückbank zu nehmen. Zu seiner Überraschung stieg in diesem Moment die betörend schöne Gesellschaftsdame Aino Laberenz in Abendgarderobe aus dem Wagen.

»Aino, na sowas …«, stammelte Horzon. »Warst du

die ganze Zeit auf der Rückbank? Ich hatte dich gar nicht bemerkt. Wie geht es dir?«

»Gut«, antwortete Laberenz und ging lächelnd an den beiden vorbei auf das Schloss zu.

»Immer noch schön, aber geschwätzig wie eine Elster«, sagte Liebs zu Horzon und schaute ihr voller Bewunderung hinterher.

»Band 20, Seite 18«, antwortete Horzon. Dann stiegen sie über den knirschenden Kiesweg in den Garten hinab. Die festlich gekleideten Hochzeitsgäste standen in Grüppchen unter Palmen und Magnolienbäumen und tranken bunte Cocktails. Im Hintergrund entdeckte Horzon einen blau schimmernden Pool, am Beckenrand stand Philip Mollenkott im Wasser, flankiert von zwei kichernden Bikini-Models, die die Tätowierungen auf seiner Brust bewunderten. Mollenkott zog an seiner Zigarre, dann schenkte er den Mädchen lachend Champagner nach. Als er Horzon bemerkte, fiel ihm vor Schreck der Zigarrenstummel aus dem Mund.

»Rafi … Gott sei Dank! Da bist du ja endlich!«

»Wo warst du?«, zischte Horzon ihn an.

»Wie, wo war ich?«, stammelte Mollenkott. »Wo soll ich denn gewesen sein? Hier natürlich.«

»Du wolltest mich doch am Flughafen abholen, mit einem Mietwagen.«

»Also, jetzt pass mal auf«, sagte Mollenkott, stieg aus dem Wasser und zog sich einen weissen Bademantel an. Dann nahm er Horzon freundschaftlich in den Arm. »Jetzt pass mal auf, mein lieber Rafael: WIE hätte ich dich denn abholen sollen, ich HABE doch gar keinen Mietwagen.«

»Aber wir hatten doch alles besprochen. Du wolltest einen Mietwagen besorgen und mich abholen.«

»Ja, aber diese blöden Italiener wollten mir keinen Wagen vermieten. Nur, weil ich keinen FÜHRERSCHEIN habe.«

»Du hast keinen Führerschein?«

»Nein.«

»Aber du hast doch letztes Jahr als Fahrer für *Moebel Horzon* gearbeitet. Du hast doch sogar einen ganzen LKW voller Regale nach London gefahren, zur König Galerie.«

»Ja und? Das war ja auch DEIN Wagen, den musste ich nicht extra MIETEN.«

»Ja, aber …«

»Herrgott, Rafael, sei doch nicht immer so kleinkariert. Ich bin ein SEHR guter Autofahrer, oder etwa nicht?«

»Doch, schon …«

»Na siehst du, dann ist ja alles gut. Und nun komm mal mit, wir ziehen uns um und helfen Jakob. Der ist doch schon total aufgeregt. Er braucht uns jetzt. Und du denkst die ganze Zeit nur an dich und deinen blöden Führerschein.«

Mollenkott zog Horzon am Arm durch eine Seitentür ins Innere des Schlosses. In einem der zahllosen Prunkräume fanden sie schliesslich Jakob. Er war gerade damit beschäftigt, sich die Fingernägel weiss zu lackieren, während Boris Radczun versuchte, ihm gleichzeitig eine Krawatte umzubinden.

»Ah, Rafi, da bist du ja!«, rief Jakob vergnügt und wedelte mit seinen Händen, um den Nagellack zu trocknen. »Dann können wir jetzt ja *endlich* anfangen mit der Hochzeit.«

»Ja, genau, *endlich*«, sekundierte Mollenkott. »Und jetzt wissen wir auch, warum der gute Rafael so lang gebraucht hat: Weil er ZU FUSS nach Syrakus wandern wollte. Das muss man sich mal VORSTELLEN. Zu Fuss durch die Wüste, völlig irre, wirklich!«

»Oder war es vielleicht doch so, dass sein Freund Mollenkott ihn nicht abgeholt hat, am Flughafen? So wie versprochen?«, fragte Jakob und drohte Mollenkott mit dem Zeigefinger. »Und wie läufst du hier eigentlich rum, Philip? Willst du im Bademantel zu meiner Zeremonie kommen?«

Jakob sah heute noch ein bisschen besser aus als sonst. Die Haut war noch etwas braungebrannter, die Zähne schimmerten noch etwas weisser, und die Haare waren zu einer mächtigen Fussballer-Frisur aus den achtziger Jahren auftoupiert, aber auch das sah einfach fantastisch aus, dachte Horzon. Dazu kamen der massgeschneiderte hellblaue Anzug und die dunkelblaue Krawatte mit winzigen aufgesetzten Perlen, an der Boris Radczun immer noch herumzupfte. Darunter trug er ein weisses Hemd. Insgesamt sah er aus wie der junge Prinz von Positano. Falls es diesen jemals gegeben haben sollte. Und vor allem sah er glücklich aus. So glücklich wie ein Prinz eben aussieht, wenn er seine Braut endlich vor den Altar führen darf.

»Hör auf zu gaffen und komm«, knurrte Mollenkott und stiess Horzon in die Seite. »Wir müssen uns umziehen, los jetzt!«

Horzon stapfte Mollenkott durch Gänge und Treppenstiegen hinterher, bis sie in seinem Zimmer angekommen waren. »Findest du nicht auch, dass Jakob heute wahnsinnig gut aussieht?«, fragte Horzon, als er den roten Wüstenstaub von seiner Anzughose abbürstete. »Viel besser als je zuvor. Ich kenne ihn natürlich noch nicht so lang wie du, erst vier oder fünf Jahre. Aber ich habe ihn noch nie so gesehen. So glücklich … und so … also, gar nicht krank oder so …«

»Ich will dir jetzt mal was sagen, Rafael.« Mollenkott
packte Horzon am Handgelenk und drückte seinen Arm
so fest, dass Horzon Tränen in die Augen schossen. »Hör
mir jetzt mal ganz genau zu: Jakob ist nicht der Typ, der
hier einfach so wegstirbt, hast du verstanden? Jakob ist
stark. Sehr stark. Er ist vielleicht nicht unsterblich, aber
das ist keiner von uns!« Damit stiess er Horzons Arm weg
und band sich die Schuhe zu. »Und jetzt zieh dir bitte dein
Sakko an und komm. In zehn Minuten fängt die Zeremonie an.«

Im Schlossgarten gab es neben Palmen, Lorbeerbäumen
und Magnolien auch einen gigantischen Feigenbaum, unter dem der Altar und die Stühle für die Festgesellschaft
aufgestellt waren.

»Das ist der grösste Baum, den ich je gesehen habe«,
staunte Horzon.

»Und auch der älteste«, belehrte ihn Mollenkott. »Dieser Baum ist tausend Jahre alt, und er hat magische Kräfte.
Siehst du diese Lianen, die von oben runterkommen? Das
sind Luftwurzeln. Denn dieser Baum braucht nicht nur
Wasser. Er braucht auch Luft. Weil er keine Pflanze ist,
sondern ein Tier.« Damit nahm er einem Kellner, der zwischen den Gästen umherging, ein Glas Champagner vom
Tablett. »Was meinst du wohl, warum Jakob und Gia bis
hierher gefahren sind, um zu heiraten? Weil dies ein MA-
GISCHER Ort ist. Weil dieser Ort MAGISCHE Kräfte
verleiht, deshalb!«

»Was erzählt Molle hier schon wieder für tolle Geschichten?«, fragte Moritz von Uslar, der gerade dazukam.

»Er sagt, dass dieser Baum ein Tier ist und magische
Kräfte besitzt«, sagte Horzon und zeigte auf den Lianen-
baum. Dann zeigte er auf Mollenkott, der dem Kellner

gerade die Champagnerflasche abnahm und sie an den Mund setzte.

»Weisst du was, Raf, ich glaube, wir brauchen jetzt auch einen Drink«, sagte Uslar und liess sich vom Kellner zwei Gläser geben, »ich habe nämlich panische Angst vor dieser Hochzeit.«

»Panische Angst?«

»Höllische Angst! Vor dieser ganzen Zeremonie. Und vor den Reden. Rührseligkeit und so weiter«, sagte Uslar und schüttete den Champagner runter.

»Ja, stimmt«, sagte Horzon, »und dass dann alle weinen …«

»Ganz genau, Raf, das geht einem doch alles viel zu nahe. Deshalb ist Mollenkott ja auch schon so am bechern. Völlig normal.« Dann schaute er sich im Garten um. »Aber mit dem Baum und dem Schloss hier hat er natürlich recht. Das ist wirklich ein magischer Ort.«

In diesem Moment ging ein Raunen durch die Menge. Das Schlosstor hatte sich geöffnet, und das Brautpaar stieg Hand in Hand in den Garten hinab. Der Prinz und die Prinzessin von Capri durchschritten lächelnd das Spalier der Gäste.

»Bravo!«, schrie jemand Horzon direkt ins Ohr. Es war der sehr begeisterte Amédée Till, der soeben eingetroffen war – gerade noch rechtzeitig, nachdem er ungefähr 27 Stunden in diversen Zügen verbracht hatte, wie er Horzon jetzt lautstark erklärte. »Neunmal musste ich umsteigen, und in jedem Zug habe ich eine neue Flasche Champagner geöffnet und auf Jakob und Gia angestossen.«

»Hattest du auch solche Angst vor der Zeremonie?«, fragte Horzon.

»Bravo!«, schrie Amédée.

Als das Brautpaar an Horzon, Uslar und Amédée vorbeischritt, fielen die drei fast in Ohnmacht vor Begeisterung. Giannina, die sowieso schon als schönste Frau Berlins galt, war heute noch ein bisschen schöner. Sie leuchtete irgendwie von innen, fand Horzon, und sie trug ein Kleid, das den Gästen die Sprache verschlug.

»Ganz schön eng, dieses Kleid«, sagte Horzon bewundernd.

»Das schönste Brautpaar der Welt!«, rief Uslar.

»Bravo!«, schrie Amédée.

Als sich Jakob und Gia dann endlich die Ringe angesteckt hatten, weinten natürlich doch alle, genauso wie Horzon es vorausgesehen hatte, aber es waren Freudentränen. David Baum sang »That's Amore« von Dean Martin, Paul Ronzheimer spielte dazu auf der Orgel. Alle weinten, alle freuten sich, und alle waren glücklich, ganz besonders Gia und Jakob. Und es war exakt so, wie Mollenkott es vorausgesehen hatte: Es war der schönste Tag in ihrem Leben.

KAPITEL 8

Die Quallenfischer

Seit den ereignisreichen Tagen in Berlin und auf Sizilien waren nun schon fünf oder sechs Monate vergangen. Und Horzon war zurück in tiefe Tatenlosigkeit versunken.

Die von ihm gross inszenierte Übergabe seiner Möbelentwürfe an das Designmuseum war weitgehend wirkungslos verpufft. Es hatte zwar einige Artikel gegeben, es hatte sogar mehrere Interviews mit dem Direktor des Museums gegeben, in denen dieser ihn – zumindest nach Horzons Lesart – in eine Reihe mit den bedeutendsten Designern der Welt gestellt hatte. Aber all das hatte nicht die Umsatzexplosion ausgelöst, die Horzon sich für seine Firma *Moebel Horzon* erhofft hatte.

Auch die Eröffnung des *Deutschen Zentrums für Dokumentarfotografie* hatte nicht den gewünschten Erfolg gebracht. Es hatte eine grosse Eröffnungsgala gegeben, zu der viele hundert Menschen gekommen waren. Es hatte Eröffnungsreden von Florian Illies und von Professor Thomas Girst aus München gegeben, in denen diese – zumindest nach Horzons Verständnis – ihre tiefe Bewunderung für das Schaffen Horzons zum Ausdruck gebracht hatten. Es hatte auch einige Anfragen zu den riesigen Sternenbildern gegeben. Aber letztlich hatte niemand eines gekauft.

Horzon hatte durch diese Fehlschläge viel Geld verloren. Und als das Finanzamt dann auch noch hohe Nachzahlungen von ihm verlangte, war seine Horzon GmbH mit einem Mal ernsthaft ins Schlingern geraten. Innerhalb weniger Monate war das Geschäftskonto dreimal gepfändet worden. Die Reserven seiner Firma waren verbraucht und Horzon praktisch mittellos.

Doch anstatt die Probleme seiner Firma anzugehen, war Horzon immer phlegmatischer geworden. Er liess sich noch seltener als sonst in seiner Möbelfabrik in der Prinzenallee sehen. Er verliess kaum noch das Haus. Er verliess sogar kaum noch das Wohnzimmer, während die anderen Räume seiner grossen Wohnung auf der Torstrasse abgedunkelt vor sich hin dämmerten und langsam verstaubten.

Eigentlich beschränkte sich sein Aktionsradius auf den grossen Diwan, auf dem er die Tage hauptsächlich im Liegen verbrachte. Um nicht mehr ins Kino gehen zu müssen, hatte sich Horzon bei einem Versandhandel eine grosse Leinwand und einen Projektor bestellt, den er direkt nach dem Aufwachen gegen 13 oder 14 Uhr einschaltete, um Witzfilme zu schauen. Er hatte im Internet eine Liste der einhundert lustigsten Filme aller Zeiten gefunden, die er sich nacheinander ansehen wollte. Er brach das Projekt allerdings ab, als er bei *Frankenstein Junior* angelangt war, der ihn intellektuell überfordert hatte. Stattdessen war er dazu übergegangen, alle 262 Folgen der Zeichentrick-Serie *Spongebob* anzuschauen.

Um seinen Diwan herum, der ihm auch als Bett diente, stapelten sich Pizzakartons und Verpackungen von den Süssigkeiten, die er den ganzen Tag über in sich hineinstopfte. Durch seine völlig bewegungsfreie Lebensweise und die kalorienreiche Ernährung hatte Horzon innerhalb weniger Monate über zwanzig Kilo zugenommen.

Da ihm seine Kleidung nun nicht mehr passte, lag er meist nur in Unterhose auf seinem Diwan.

Für das aktuelle Tagesgeschehen interessierte sich Horzon kaum noch. Sein Interesse an Frauen war jedoch noch nicht vollständig erloschen: Von Zeit zu Zeit schaute er sich amerikanische Yoga-Lehrvideos an und bewunderte die sportliche Figur und vor allem den langen Pferdeschwanz der Yogalehrerin, während er sich eine Praline nach der anderen in den Mund schob.

Dann und wann erinnerte er sich an sein grosses Vorhaben: das neue Buch. Aber sobald er an die vielen Seiten dachte, die er für dieses Buch füllen musste, wurde ihm schwarz vor Augen, und er wandte sich wieder seinen Witzfilmen zu.

Einmal, kurz nach der ersten Kontopfändung, hatte er sich zumindest aufgerafft und einen wütenden Brief an den Suhrkamp Verlag geschrieben. Darin hatte er sich wortreich darüber beschwert, dass er immer noch keinen Vorschuss bekommen hatte. Auch einen Vertrag hatte er angemahnt.

Doch der Brief blieb unbeantwortet.

Zwei Wochen lang hatte Horzon missgelaunt auf Antwort gewartet, dann war ihm eingefallen, dass sein Verbindungsmann bei Suhrkamp, Thomas Halupczok, ihm bei ihrem letzten Gespräch recht deutlich zu verstehen gegeben hatte, dass zunächst er, Horzon, liefern musste. Und zwar ein Konzept, einen Buchtitel und einige Probekapitel. Aber wann sollte er dieses Konzept entwerfen? Und wann sollte er diese Kapitel schreiben? Er wusste doch nicht einmal, wovon das Buch handeln sollte! Und vor allem: Erst einmal musste seine Firma wieder in Schwung gebracht werden. Es war wichtiger, die Horzon GmbH zu retten als den Suhrkamp Verlag! Der Suhrkamp Verlag musste jetzt erst einmal ohne das neue Meisterwerk von Bestsellerautor Rafael Horzon auskommen! Und damit wandte er sich wieder dem Projektor und den Pralinen zu.

Eines Tages, Horzon war gerade damit beschäftigt, seine *Spongebob*-Lieblingsfolge »Die Quallenfischer« zu schauen, klingelte es an der Haustür. Horzon fiel vor Schreck der Nougat-Lolli aus der Hand, den er sich gerade in den Mund schieben wollte. Dann kämpfte er sich leise schimpfend aus den weichen Kissen seines Diwans, zupfte die Unterhose zurecht und schlurfte zur Tür. Es war der Postbote mit einem gelben Briefumschlag. »Einschreiben vom Finanzamt! Kontopfändung!«, rief der Bote vergnügt und hielt Horzon einen Zettel zum Unterschreiben hin. »Ein Autogramm bitte hier.«

»Kontopfändung? Schon wieder?«, murmelte Horzon und kratzte sich den Vollbart, der ihm mittlerweile gewachsen war.

»Das ist doch jetzt schon die vierte Pfändung in zwei Monaten«, rief der Postbote, der wirklich ausgezeichnete Laune hatte. »Respekt! Und weiterhin viel Erfolg!«

»Ja, danke, ebenso …«, murmelte Horzon, besah sich den Brief von allen Seiten und legte ihn dann ungeöffnet in die unterste Schublade seines Mahagoni-Sekretärs, zu den anderen ungeöffneten gelben Briefen.

Dann schlurfte er zurück zu seinem Diwan, liess sich in die Kissen sinken und fiel mit einem unglücklichen Seufzer in den Mittagsschlaf.

Als er wieder aufwachte, war es draussen schon dunkel geworden. Horzon streckte ächzend die Hand nach der Lampe aus, die neben seinem Diwan auf einem Beistelltisch stand, schaffte es nach mehreren Anläufen auch, diese anzuknipsen, und setzte sich dann umständlich auf.

»Na gut, genug gefaulenzt …«, sagte er mit matter Stimme zu sich selbst, gähnte sehr lange und kratzte sich ausgiebig den Bauch. Es half alles nichts, er musste aktiv werden. Er musste irgendwie Geld auftreiben. Am einfachsten war es doch wahrscheinlich, das neue Buch anzufangen, den Vorschuss einzustreichen und mit diesem Geld die Schulden beim Finanzamt zu bezahlen.

Aber wo war denn eigentlich sein Laptop? Ach so, natürlich hier, an den Beamer angeschlossen.

»So, und bevor ich loslege mit dem neuen Buch«, murmelte Horzon, »muss ich erstmal meine Mails beantworten.«

Umständlich putzte er seine schwarze Hornbrille, setzte sie auf und öffnete das Mailprogramm. Zu seinem Entsetzen befanden sich über dreissigtausend unbeantwortete Nachrichten in seinem Posteingang. Zuerst markierte Horzon alle, um sie zu löschen. Dann legte er aber doch ein neues Postfach namens *Unbeantwortete Mails* an und legte die Nachrichten darin ab.

Der Anblick eines völlig leeren Posteingangs befriedigte ihn tief.

In diesem Moment kam eine neue Nachricht an. Absender: *Dr. Helmut Kohl.*

»Donnerwetter«, staunte Horzon, »ist der nicht längst tot?«

Der Betreff lautete: *FERNROHR-ÜBERWÄLTIGUNG: Erblicke alles gut mit nagelneuem Fernrohr.*

Neugierig öffnete Horzon die Mail. Sie enthielt das Foto eines Fernrohrs auf einem Stativ, daneben eine Familie,

Vater, Mutter und zwei kleine Kinder. Alle sahen sehr zufrieden aus, wie Horzon fand. Zufrieden mit ihrem neuen Fernrohr. Unter dem Bild stand: *Vielseitiges Fernrohr, guter Preis: reise, wandere, treibe Sport, konzertiere damit!*
»*Konzertiere damit?*«, murmelte Horzon überrascht. Dann las er weiter.
Magest du die Natur, die Tieren? Entdecke alles hautnah mit diesem neuen Teleskop.
Ja, doch, er mochte die Natur, dachte Horzon. Vielleicht wäre dieses Teleskop also wirklich das Richtige für ihn. Vom Erker seines Tischtennis-Zimmers aus hatte er doch einen schönen Blick auf den Koppenplatz. Und in diesem kleinen Park gab es ja bestimmt auch Tiere. Es wäre herrlich, so stellte Horzon sich vor, von seinem Tischtennis-Zimmer aus ganz bequem Eichhörnchen oder Maulwürfe zu betrachten. Und abends könnte er das Teleskop dann auf den Mond richten, und auf den Sternenhimmel über dem Koppenplatz. Über seine Beobachtungen könnte er Tagebuch führen. Und dieses Tagebuch könnte er dann dem Suhrkamp Verlag verkaufen. Horzon klickte auf den Bestell-Button, doch der Bezahlvorgang wurde unterbrochen. Er versuchte es noch einmal. Wieder ohne Erfolg. Dann fiel ihm ein: Natürlich, die Kontopfändung!
Seufzend schlurfte Horzon mit dem Laptop zum Drucker, der in seinem Arbeitszimmer stand, um die Mail für später auszudrucken.
Als er es sich wieder auf seinem Diwan bequem gemacht hatte, erschien schon die nächste Nachricht. Absender: Dr. med. Albert Einstein.
»Donnerwetter!«, staunte Horzon.
Der Betreff lautete: *Befolge diesen kanadischen Bauchfett Hormon.*

Interessiert öffnete Horzon die Mail und las.

Lieber Glückspilz, dieses Hormon ist das Geheimnis der Hollywood-Stars! Wissenschaftler bezeichnen dieses Hormon als DAS Nr. 1 »Bauchfett-Hormon« (der Grund dafür wird dich überraschen). Gib diesem Trick eine Chance und du wirst dein Bauchfett im Schlaf verlieren …
Ich wünsche Ihnen viel Erfolg!
Dr. med. Michael Albert Einstein

»Michael Albert Einstein? Wieso denn jetzt Michael?«, murmelte Horzon argwöhnisch. Die Adresse der Hormon-Firma kam ihm allerdings seriös vor.

Albert Einstein Bauchfett Hormon GmbH
Lanzberger Allee 6361
Munchen Freistaat Germany

Ausserdem wollte er doch tatsächlich Bauchfett verlieren. Und am liebsten natürlich im Schlaf. Dann würde er attraktiver auf Frauen wirken und erotische Abenteuer erleben. Und darüber könnte er dann endlich auch sein neues Buch schreiben!

Horzon kicherte über diesen brillanten Einfall, schlurfte zum Drucker und druckte auch diese Mail aus.

Kaum war er zurück auf seinem Diwan, erschienen schon wieder zwei neue Nachrichten im Posteingang. Gespannt öffnete Horzon die Mail mit dem Betreff *Guten Tag ;-) Mein lieber Herr* und las.

Mein lieber Freund. Ich bin eine angemessen Frau:-) Ich suche einen sorgfältig Deutsche Mann:) Meine email: we.iss.k.af.f.e.e87@mail.ru.

»Seltsame E-Mail-Adresse«, dachte Horzon. Aber da ihm der Ton der Mail freundlich vorkam, beschloss er, auch sie auszudrucken.

Die zweite Mail hatte den Betreff: *Vernünftig Mann.*
Der Inhalt: *Mein geheimnisvoller Freund. Ich bin eine heutig Frau;) Ich suche einen erstaunlich Deutche Mann:-) Meine email: au.ss.en.mini.st.er@kanzler.ru.*
Kaum hatte er diese Mail ausgedruckt, erschien auch schon wieder die nächste. Der Betreff lautete: *Mein standardisiert Herr.*
Der Inhalt: *Guten Morgen, mein grösster Mann. Ich bin eine gesellig Frau. Ich suche einen genormt Deutche Mann:).*
Horzon überlegte kurz, ob er sich als »genormt« einstufen würde, und beschloss dann, für alle Fälle auch diese Mail auszudrucken. Als er vom Drucker zurückkehrte, waren drei neue Nachrichten eingegangen:
Ich bin eine deutlich Frau. Ich suche einen real Deutche Mann.
Ich bin eine auffällig Frau. Ich suche einen schmackhaft Deutche Mann.
Ich bin eine unschätzbar Frau. Ich suche einen günstig Deutche Mann!
Dann ging es Schlag auf Schlag, Horzon kam kaum noch hinterher mit dem Ausdrucken.
Ich suche einen gegenwärtig Deutche Mann.
Ich suche einen fähig Deutche Mann:)
Ich suche einen begabt Deutche Mann:)
Ich suche einen volljährig Deutche Mann.
Ich suche einen sittlich Deutche Mann:)
Ich suche einen optimal Deutche Mann.
Ich suche einen unschätzbar Deutche Mann)
Schweissüberströmt schlurfte Horzon zwischen dem Drucker und seinem Diwan hin und her, auf dem er sich immer wieder mit Pralinen und Energy-Drinks erfrischte.

Jedes Mal, wenn er mit einem Stapel voller Ausdrucke zurückkehrte, waren schon wieder neue Mails eingegangen.

Ich suche einen korrekt Deutche Mann
Ich suche einen scharfsinnig Deutche Mann:-)
Ich suche einen witzig Deutche Mann;)
Ich suche einen einwandfrei Deutche Mann:-)
Ich suche einen stark Deutche Mann;)
Ich suche einen zurückhaltend Deutche Mann:)
Ich suche einen vorzüglich Deutche Mann;)

Dann kam plötzlich aber eine Mail, die ganz anders klang.

Mein lieber Schlingel! Ich heisse Yulia. Ich bin ein Model. Ich bin zu einem Dessous-Wettbewerb in deine Stadt gekommen. Wenn Sie schöne Dessous sehen und mich kennenlernen möchten, kommen Sie, wir werden uns sehr freuen!

»Oh, là, là!«, frohlockte Horzon, während er zum Drucker eilte. »Das wird ja immer interessanter.«

Als Nächstes kam eine Mail von Safia Gaddafi, der Witwe des Diktators Muammar al-Gaddafi, die Horzon in blumenreicher Sprache mitteilte, dass sie gewillt sei, ihm 50 Millionen Dollar zu schenken. Allerdings müsste er, Horzon, ihr zunächst zehntausend Euro überweisen. Den Grund dafür verstand Horzon nicht auf Anhieb. Also beschloss er, auch diese Mail erst einmal auszudrucken.

Mittlerweile war es tiefe Nacht geworden. Auf dem Beistelltisch neben Horzons Diwan stapelten sich die Ausdrucke der zahllosen Mails. Es war ein ereignisreicher und sehr produktiver Tag gewesen. Langsam war es Zeit, schlafen zu gehen, fand Horzon und gähnte. Nur eine Mail wollte er noch abarbeiten. Sie erschien auch prompt, und diese Mail war eine ganz besondere. Sie zeigte eine dunkelhaarige Schönheit, die in einem roten Abendkleid am Kaminfeuer sass. Unter dem Foto stand:

Hallo lieber Fremder, du machst einen positiven Eindruck auf mich.

Ein Mann wie Sie braucht eine besondere Frau.

Fürsorglich, liebevoll, verständnisvoll.

»Das stimmt!«, rief Horzon. Dann las er weiter.

Ich habe keine Angst vor Schwierigkeiten und bin bereit, sie mit Ihnen zu teilen.

Und ich bin eine wundervolle Gastgeberin:

Kaffee im Bett? – Einfach!

Zehn-Gänge-Dinnerparty? – Gerne!

Ich bin sehr gebildet und belesen, und wir werden immer etwas zu besprechen haben.

Doch manchmal schweigen wir, und nur unsere Augen, Lippen, Hände sprechen ...

An dieser Stelle wurde Horzon sehr warm. Er räusperte sich und schaute sich um, ob er auch wirklich nicht beobachtet wurde. Dann las er schwitzend weiter.

Ich stelle mir vor, wie wir zu zweit zu Abend essen und uns gegenseitig erzählen, wie der Tag verlaufen ist.

Ich sehe dich in Liebe an und segne den Himmel für dieses Glück – mit dir zu sein.

Wir sind zum Glück verurteilt. Es kann nicht anders sein. Dies ist unser Schicksal, das unbestreitbare Gesetz des Seins.

Achten Sie darauf, mein Profil zu finden. Ich möchte eine Freundschaft mit dir beginnen. Bitte klicken Sie hier ...

Horzon klickte, ohne zu zögern, auf den blinkenden Button. Der Bildschirm färbte sich vollständig rot und begann zu flackern. Ein paar russische Schriftzeichen flimmerten auf, dann erschien ein winziges, sich drehendes Symbol in der Mitte des Monitors. Horzon rückte seine Brille zurecht und kam immer näher an den Bildschirm heran, bis er es erkennen konnte.

Es war ein Wort, das sich um sich selbst drehte. Das Wort lautete *Goodbye*.

Ein Countdown erschien.

Drei ... zwei ... eins.

Dann wurde der Bildschirm schwarz.

KAPITEL 9

Einer der begehrtesten Junggesellen Europas

Als um zwölf Uhr mittags sein Wecker klingelte, fiel Horzon zuerst sein Laptop ein, das sich letzte Nacht von selbst zerstört hatte. Ja, das war ärgerlich. Wirklich ärgerlich – andererseits war er aber auch sehr fleissig gewesen. Er hatte viel geschafft! Zufrieden ruhte sein Blick auf den grossen Papierstapeln, die er gestern Abend ausgedruckt hatte. So viel hatte er in den letzten fünf Monaten zusammengenommen nicht gearbeitet. Jetzt hatte er sich eine kleine Ruhepause verdient. »Heute wird mal nicht gearbeitet«, murmelte er, drehte sich um, zog sich die Decke über beide Ohren und schlief glücklich grunzend wieder ein.

Doch sein Glück war nur von kurzer Dauer.

»Aufmachen!«, schrie jemand im Treppenhaus, dabei wurde wie wild gegen Horzons Wohnungstür gehämmert.

»Aufmachen! Steuerfahndung!«

Horzon riss die Augen auf und starrte entsetzt an die Decke.

»Steuerfahndung!«, wurde draussen wieder geschrien. »Öffnen Sie die Tür, oder wir müssen sie aufbrechen!«

Ängstlich schnaufend wälzte sich Horzon vom Diwan und schlich ganz leise zur Wohnungstür. Dann schob er vorsichtig die Klappe seines Türspions zur Seite und linste durch das Guckloch.

Vor der Tür stand ... Philip Mollenkott.

»Naaa, da hast du dir wohl richtig ins Hemd gemacht!«, schrie Mollenkott vor Vergnügen, als Horzon ihm die Tür aufmachte. »Da hat er RICHTIG Bammel gehabt, unser Herr Unternehmer.«

Als Mollenkott ins Wohnzimmer kam, blieb er stehen und hielt die Nase in die Luft. »Sag mal, wonach riecht es denn hier?«

»Also ich rieche nichts«, sagte Horzon.

»Doch natürlich!«, rief Mollenkott. »Es riecht nicht nur, es STINKT sogar.« Dabei bahnte er sich einen Weg zum Wohnzimmerfenster, durch Berge von Müll und alten Pizzakartons, aus denen Fliegenschwärme aufstiegen. »Herrgott, ist das ekelhaft!«, schrie er, als er das Fenster geöffnet hatte und sich frische Luft zufächelte. »Was ist denn los mit dir?«, herrschte er Horzon an. »Und wie siehst du eigentlich aus?«

Horzon wischte sich den schokoladenverschmierten Mund mit dem Handrücken ab und versuchte, seinen nackten Bauch einzuziehen.

»Draussen ist herrliches Wetter, und du liegst hier faul auf deinem Sofa herum? WÄLZT dich im Müll wie ein grunzendes Walross! Was ist nur aus dir geworden?«

»Wieso, was meinst du denn?«, fragte Horzon und zeigte auf die Stapel von Ausdrucken. »Ich habe die ganze Nacht durchgearbeitet.«

»Na gut, immerhin …«, grummelte Mollenkott und schnappte sich einen der Stapel. »Dein neues Buch? Endlich angefangen? Na, dann lass mal sehen.«

Mollenkott überflog die erste Seite, dann die zweite, dann die dritte, dann blätterte er hektisch den ganzen Stapel durch. »Deutche Mann … Deutche Mann … Deutche Mann … Was ist das für eine Scheisse, verdammt nochmal?«, presste er fassungslos hervor. »Bist du irre geworden? Was soll dieser Quatsch? Das ist ja schlimmer als THE SHINING!«

»Na ja, also, eigentlich wollte ich ja nur diese Mail hier mit dem Fernrohr ausdrucken«, sagte Horzon und reichte Mollenkott den Ausdruck.

»Warum druckst du so eine WERBEMAIL aus?«, fragte Mollenkott und hob verzweifelt die Hände.

»Ich wollte das Fernrohr bestellen, aber das ging nicht, weil mein Konto gepfändet wurde.«

»Konto gepfändet?«

»Ja, Finanzamt …«, sagte Horzon verlegen. »Und dann kam diese Mail mit dem Bauchfett-Hormon, und die hab ich dann auch ausgedruckt, und dann kamen plötzlich immer mehr Mails.«

»Ich kann einfach nicht glauben, was du da erzählst, Rafael. Das ist wirklich das DÜMMSTE, was ich je gehört habe. Und was ist das hier?«, rief Mollenkott und hielt die grosse *Spongebob*-DVD-Sammelbox in Form einer Schatzkiste in die Höhe.

»Na ja, Spongebob, kennst du doch, dieser kleine Schwamm, der in einer Ananas wohnt …«

»Und das neue Buch?«, fragte Mollenkott. »Es ist doch schon sechs oder sieben Wochen her, dass du bei deinem Verleger warst.«

»Ja, das wollte ich eigentlich auch gestern Abend anfangen, aber dann ging das Laptop kaputt.«

»Wieso kaputt?«

»Ich hatte eine Mail bekommen, von einer sehr interessanten, *sehr gebildeten* Frau«, erklärte Horzon. »Und als ich auf den Button geklickt habe, hat sich das Laptop selbst zerstört.«

Jetzt platzte Mollenkott endgültig der Kragen. »Das kann doch nicht dein Ernst sein, Rafael! Mich macht das alles richtig wütend! Nein, TRAURIG macht mich das. Ja, traurig. Wirklich traurig, was aus dir geworden ist.«

»Was denn? Was meinst du denn?«, stotterte Horzon.

»Weisst du, im *Weissen Buch*, da gab es einen Satz, der hat mich damals richtig beeindruckt«, sagte Mollenkott. »Jakob übrigens auch. Wir waren beide ja richtig grosse Fans von deinem Buch, damals.«

»Welcher Satz?«

»Da beschreibst du, wie du mit Christian Kracht Regale auslieferst, und dann schreibst du so ungefähr: *Ich erzählte ihm von meinem Plan, zur wichtigsten intellektuellen Figur des 21. Jahrhunderts aufzusteigen!* Oder so ähnlich.«

»Ja, gut, na ja, gut …«, stammelte Horzon.

»Ja, das fanden wir damals richtig beeindruckend. Und jetzt komme ich hier bei dir an und sehe einen Mann, einen verfetteten Mann, der sich nur noch von Pizza und Toffifee ernährt. Und der sich dabei Witzfilme für Kleinkinder anschaut. Und der Werbemails AUSDRUCKT!«

»Hmmm …«, machte Horzon und schaute betreten aus dem Fenster.

»Schau dich an, Rafael. Findest du, dass du aussiehst wie ein Mann, über den man später einmal sagen wird: Das war der wichtigste Intellektuelle des 21. Jahrhunderts?«

»Keine Ahnung, weiss ich nicht genau«, nuschelte Horzon und kratzte sich den Bauch.

»Weisst du nicht genau? ICH weiss es aber, Rafael! NEIN! So siehst du nicht aus. Du siehst aus wie ein … ja, doch, man muss es leider so sagen: Du siehst aus wie ein gottverdammter Penner.«

Mollenkott bahnte sich den Weg zum Beistelltisch und nahm das einzige Buch in die Hand, das im Wohnzimmer zu entdecken war. »Was ist das hier? Gontscharow, *O-B-L-O-M-O-W*«, buchstabierte er. »Was ist das für ein Buch?«

»Keine Ahnung, irgendwas Russisches«, antwortete Horzon. »Jakob hat mir das neulich geschenkt. Aber ich habe es noch nicht gelesen. Wann soll ich denn auch lesen, Philip? *Wann* habe ich denn mal Zeit, ein Buch zu lesen?«

»Hat er den Nobelpreis bekommen?«, fragte Mollenkott und schwenkte das Buch hin und her.

»Ich weiss es nicht.«

»Sex drin?«

»Ich weiss es nicht.«

»Dann verschwende deine Zeit auch nicht damit! Du liest ab jetzt nur noch Bücher, die vor Sex triefen. Ja, genau, wo der Sex so richtig *raustrieft*: Henry Miller! Marquis de Sade! Jean-Paul de Sartre! Hast du mich verstanden?«

»Ok, ok.«

»Und hör in Gottes Namen auf, WERBEMAILS auszudrucken!«

»Ok.«

»Oder Links von russischen Frauen anzuklicken.«

»Ok.«

»Und dann fängst du verdammt nochmal an, dein neues Buch zu schreiben.«

»Mein Laptop ist aber kaputt.«

»Dann kauf dir ein neues.«

»Mein Konto ist aber gepfändet.«

»Himmel Herrgott, Rafael! Das ist ja zum Verrücktwerden mit dir.« Mollenkott rannte aufgebracht zwischen den Müllbergen in Horzons Wohnzimmer hin und her und raufte sich die Haare. Dann fingerte er eine Zigarette aus der Schachtel, schnippte den Filter aus dem Fenster und fing hektisch an zu rauchen.

»Also gut, pass auf, so geht das nicht weiter. Wir machen jetzt einen Plan.«

»Ok.«

»Erstens brauchst du Geld, um deine GmbH wieder auf Vordermann zu bringen.«

»Genau!«

»Zweitens musst du Frauen kennenlernen, damit du endlich Stoff für dein Buch bekommst.«

»Richtig!«

»Drittens verbinden wir beides miteinander, indem wir REICHE Frauen finden. Sehr reiche und vor allem sehr ALTE Frauen. Und zwar über eine Kontaktanzeige.«

»Kontaktanzeige? Sehr alte Frauen? Warum denn sehr alte Frauen?«

»Rafael, schau dich doch bitte mal an. Glaubst du, dass eine JUNGE reiche Frau oder, noch besser: eine ATTRAKTIVE junge reiche Frau, also glaubst du im Ernst, dass die sich für dich interessiert? Für einen übergewichtigen, alternden, mittellosen Geschäftsmann, der es seit Monaten oder eigentlich seit ZEHN JAHREN nicht schafft, ein neues Buch zu schreiben? Seine Hobbys: Toffifee und *Spongebob*. Und für den soll sich diese junge reiche Frau interessieren? Also, ich glaube eher NICHT!«

»Hmmm …«, Horzon kratzte sich den Vollbart.

»Und deshalb brauchen wir jetzt eine Anzeige. Denn uralte Damen lesen keine E-Mails, die lesen Kontaktanzeigen. Und GENAU so eine Anzeige geben wir auf, in einer Diplomaten-Postille oder Yacht-Zeitschrift oder Golf-Zeitschrift oder sowas, die haben alle hinten so eine Rubrik: *Er sucht sie – Sie sucht ihn.*«

»Ja, ok, aber ...«

»Nix ›aber‹! Schnapp dir den Stift da und einen von deinen AUSDRUCKEN, und dann schreibst du los.«

»Na gut, also«, sagte Horzon und setzte sich auf seinen Diwan, »was soll ich schreiben? *Sympathischer Unternehmer sucht* ...«

»Quatsch, du schreibst: Überschrift: *Elite-Traummann* ...«

»Wirklich? Na gut, *Elite-Traummann* ... Hab ich.«

»Nein, streich das durch, du schreibst: *Einer der begehrtesten Junggesellen Europas.*«

»... *Junggesellen Europas* ... Hab ich.«

»Sehr gut, nächste Zeile: *Anfang 80.*«

»Waaas? Wieso denn Anfang 80?«, rief Horzon empört.

»Na gut, dann schreib: *Anfang 90.*«

»Aber wieso denn Anfang 90? So alt bin ich doch gar nicht.«

»Weil wir keine Zwanzigjährige suchen, sondern eine uralte Dame, die glücklich ist, ihre letzten Lebenstage mit dir zu verbringen, und die dir MÖGLICHST BALD ihr riesiges Vermögen vererbt.«

»Na schön«, seufzte Horzon.

»Und dann machen wir halbe-halbe«, fügte Mollenkott ganz beiläufig hinzu. »Also, lies mal vor, was wir bis jetzt haben.«

»*Einer der begehrtesten Junggesellen Europas, Anfang 90.*«

»Sehr gut! Du kannst ja von mir aus noch dazuschreiben: *jünger wirkend.*«

»*Jünger wirkend* ... Hab ich.«

»*Adlig*«, fuhr Mollenkott fort.

»*Adlig*«, wiederholte Horzon.

»*Inhaber eines Weltkonzerns.*«

»*... Weltkonzerns*«, wiederholte Horzon

»*Mit traumhaften Feriendomizilen auf der ganzen Welt ...*«

»*... ganzen Welt*«, wiederholte Horzon.

»*Sucht reife SIE* – *Sie* natürlich in Grossbuchstaben.«

»Hab ich.«

»Und damit sich jetzt nicht irgendwelche mittellosen alten Omas melden, sondern am besten eine Gräfin oder sowas, schreibst du noch: *parkettsicher, niveauvoll, weltgewandt.*«

»*... weltgewandt*«, wiederholte Horzon.

»Oder nein, schreib besser: *Sucht reife SIE, die ihm auf Augenhöhe begegnen kann.*«

»Verstehe ich nicht, was soll das bedeuten, *auf Augenhöhe?*«

»Na ja, auf Augenhöhe. Das bedeutet, dass sie auf dem gleichen Level sein soll wie wir. Dass sie genauso viel GELD haben soll wie wir.«

»Aber wir haben doch gar kein Geld.«

»Herrgott, Rafael, schreib das jetzt einfach! Und dann schreibst du noch: *für den gemeinsamen Lebensausklang.*«

»*Le-bens-aus-klang ...* Hab ich.«

»Und damit klar ist, dass sogenannte *Golddigger* bei uns an der falschen Adresse sind, schreib noch: *Damen mit Finanzinteressen UNERWÜNSCHT.* Und *unerwünscht* schreibst du in GROSSBUCHSTABEN!«

»Was sind Golddigger?«, fragte Horzon beim Schreiben.

»Das sind Frauen, die glauben, sie könnten sich an uns bereichern. Uns das Geld aus der Tasche ziehen. Sich an uns eine goldene Nase verdienen. Solche Frauen gibt es

nämlich, leider, leider. Richtig traurig ist das«, sagte Mollenkott seufzend.

»Ja, da muss man aufpassen, mit solchen Frauen.« Horzon nickte und gab Mollenkott das vollgekritzelte Blatt.

»Was soll ich damit?«, fragte Mollenkott. »Das nimmst
du an dich und gibst es morgen ab, in der Redaktion von
Golf Heute, oder *Pferderennen Aktuell*, oder wie diese
Zeitschriften alle heissen.«

»Na gut«, sagte Horzon und faltete das Blatt zusammen.

»So, das mit dem Geld hätten wir also geregelt«, rief
Mollenkott und stolzierte zufrieden in der Schneise zwischen den Müllbergen hin und her. »Und jetzt kümmern
wir uns mal um deine Firmen. Die werden jetzt alle mal
umgekrempelt. Was ist mit *Moebel Horzon*?«

»Oh nein, *Moebel Horzon* lieber nicht, da habe ich sowieso nicht so viel zu melden, das machen meine Mitarbeiter ja sozusagen in Eigenregie, und das läuft eigentlich
auch ganz gut so«, sagte Horzon.

»Na ja, ich habe da ja letztes Jahr als Fahrer gearbeitet«,
sagte Mollenkott. »Und ich muss sagen, wir haben eine
Menge Möbel geliefert in der Zeit. Also, eigentlich müss-
test du doch im Geld SCHWIMMEN ...«

»Ja, aber das Finanzamt«, stöhnte Horzon. »Und dann
habe ich ja auch noch diese ganzen anderen Firmen, die
nur Geld schlucken.«

»Was ist mit den Wanddekorationsobjekten?«, rief Mollenkott und zeigte auf zwei Bilder, die über dem Klavier
hingen, quadratische Bilder aus bunten Plexiglas-Streifen.
»Mit denen waren wir doch sogar auf der Dekorationsmesse in Aserbaidschan vor drei Jahren. Mit Jakob. Da
muss sich doch irgendwas draus entwickelt haben.«

»Leider nicht«, sagte Horzon. »Wir haben immer noch kein einziges Objekt verkauft.«

»Vielleicht solltest du doch etwas runtergehen mit dem Preis«, schlug Mollenkott vor. »600 000 Euro pro Stück ist halt ziemlich happig.«

»Auf keinen Fall«, sagte Horzon. »Das ist der Preis, und dabei bleibt es auch.«

»Vielleicht jetzt zum Frühlingsbeginn mal einen Schnupperpreis oder sowas?«, versuchte Mollenkott es noch einmal.

»Hatten wir doch schon«, winkte Horzon ab. »Wir hatten doch vor zwei Jahren schon einen Winterschlussverkauf. Alles zum halben Preis.«

»Na ja, 300 000 Euro sind halt immer noch eine Menge Geld«, sagte Mollenkott.

»Ja, aber wie weit sollen wir denn noch runtergehen?«, rief Horzon. »Wir müssen jetzt einfach abwarten. Und irgendwann werden 600 000 Euro dafür gezahlt werden. Irgendwann sogar noch viel mehr.«

»Na gut, wie du meinst, Rafael. Und was ist mit der zweiten Generation?«, fragte Mollenkott und zeigte auf ein grellgrün leuchtendes Bild, das neben Horzons Diwan hing. »Wie heissen die nochmal? *Wanddekorationsobjekt 2.0?*«

»Einfach *WDO 2.0*«, korrigierte ihn Horzon.

»Genau! *WDO 2.0*«, rief Mollenkott. »Dafür haben wir doch sogar Werbefilme gedreht. Mit mir in der Hauptrolle.«

»Ja, die *WDO* haben sich auch wirklich ganz gut verkauft, wir sind über zwanzig Stück losgeworden«, sagte Horzon und wischte geschäftsmässig mit einem Staubtuch über die leuchtende Oberfläche. »Aber wie du dich erinnerst, hatten wir eine Preisstaffel eingebaut. Im ersten Monat haben die Objekte nur eintausend Euro gekostet, im zweiten Monat zweitausend, im dritten Monat viertausend und so weiter. Jeden Monat hat sich der Preis verdoppelt. Und nach zehn Monaten lag der Preis dann schon bei 512 000 Euro. Nach elf Monaten bei über einer Million. Die kauft JETZT natürlich keiner mehr!«

»Verstehe … Was würde denn so ein Ding mittlerweile kosten? Also, was ist der Listenpreis heute?«, fragte Mollenkott.

»Warte mal, das interessiert mich jetzt auch.« Horzon schlurfte in sein Arbeitszimmer und kam mit einem Taschenrechner zurück. Er tippte eine Zeitlang darauf herum, dann nahm er seine Hornbrille ab, schaute Mollenkott an und sagte: »Vier Milliarden einhundertvierundneunzig Millionen dreihundertviertausend Euro.«

»NICHT schlecht!«, schrie Mollenkott begeistert.

»Ja, und nächsten Monat schon wieder doppelt so viel, also über acht Milliarden.«

»Eine schöne Stange Geld.«

»Ja, nur leider haben wir alle Objekte schon im ersten Monat verkauft – für jeweils tausend Euro. Und damit hatten wir gerade mal die Produktionskosten wieder drin.«

»Zu dumm«, sagte Mollenkott und schüttelte verärgert den Kopf. »Dann müsste man jetzt eben schnell die dritte Generation von Wanddekorationsobjekten auf den Markt bringen.«

»Ja, das wollten wir ja sowieso machen, das war doch Jakobs Idee. WDO 3D sollten die heissen«, sagte Horzon. »Dreidimensionale Wanddekorationsobjekte! Und mit denen wollten wir zur Dekorationsmesse nach Nigeria fahren. Aber dann wurde Jakob ja wieder krank, und es ist nichts mehr daraus geworden ...«

»Ja, Scheisse«, murmelte Mollenkott.

»Ja, wirklich«, sagte Horzon und schaute trübsinnig aus dem Fenster.

Mollenkott ging in Horzons Arbeitszimmer hinüber und betrachtete ein riesiges Sternenbild, das über Horzons Schreibtisch hing. »Und, sag mal, diese Sternenbilder, wie gehen die eigentlich so?«

Horzon kam jetzt auch ins Arbeitszimmer, er hatte sich in der Zwischenzeit eines seiner blauen Poloshirts angezogen, das kaum noch über seinen Bauch passte. »Also, eigentlich laufen die ganz gut, wir sind jetzt schon vier Stück losgeworden. Die müssten wir übrigens mal ausliefern.«

»Schon vier Stück? An wen denn?«, fragte Mollenkott interessiert.

»Na ja, eins an Jakob, zur Hochzeit.«

»Ok.«

»Und eins an Florian Illies, für seine Rede zur Einweihung des *Deutschen Zentrums für Dokumentarfotografie*.«

»Ok.«

»Und eins an Thomas Girst, für seine Rede zur Einweihung des *Deutschen Zentrums für Dokumentarfotografie*.«

»Ok.«

»Und eins an Alicja Kwade, das schenke ich ihr zur Einweihung von ihrem neuen Atelier. Und das wäre dann also auch schon Numero vier«, sagte Horzon stolz.

»Na ja, schön und gut«, sagte Mollenkott, »aber fällt dir da was auf, Rafael?«

»Was denn?«

»Das sind doch alles nur Geschenke. Kein einziger Kunde, der ein Sternenbild GEKAUFT hat.«

»Ja, das stimmt natürlich«, gab Horzon zu.

»Na gut, pass auf«, sagte Mollenkott. »Wir liefern diese Bilder morgen alle aus. Ich bin früh um neun wieder hier. Ich mach den Termin mit Jakob aus, du mit den anderen. Dann haben wir das hinter uns, und dann ist es vorbei mit den Geschenken. Ab dann wird GELD VERDIENT! Verstanden?«

KAPITEL 10

P. M. K. Paradise

Wie vereinbart erschien Mollenkott am nächsten Morgen pünktlich um neun Uhr. Horzon war noch damit beschäftigt, sich in seine viel zu enge Kleidung zu zwängen, als er plötzlich in der Tür stand – rauchend, mit einem Pappbecher Kaffee in der Hand.

»Rafael, ich habe nochmal nachgedacht heute Nacht. Das ist alles Blödsinn mit diesen Sternenbildern.«

»Wieso denn das jetzt plötzlich?«, fragte Horzon entgeistert.

»Ach weisst du«, sagte Mollenkott, »das ist doch alles so viel Arbeit, wir fahren da jetzt mit diesen Bildern im LKW durch die Gegend. Also, ich meine noch nicht mal die Bilder jetzt, das sind ja eh alles Geschenke. Sondern ich rede vom Geschäft DANACH.«

»Wieso, was meinst du eigentlich«, fragte Horzon.

»Das ist doch alles so …«, Mollenkott verzog mitleidig das Gesicht, »alles so klein-klein, irgendwie.«

»›Klein-klein‹?«, rief Horzon. »Die grössten Sternenbilder sind über vier Quadratmeter gross, und das nennst du ›klein-klein‹?«

»Und dann schleppen wir diese Bilder durch die Gegend«, stöhnte Mollenkott übertrieben laut, »und dann müssen wir sie auch noch aufhängen, und dann bleiben da pro Bild vielleicht ein paar tausend Euro hängen. Rafael, DAS IST ES DOCH NICHT!«

»Ein paar tausend Euro pro Bild sind doch ok«, rief Horzon aufgebracht.

»Weisst du, wie lange das dauert, bis du auf diese Art deine erste Million gemacht hast?«, fragte Mollenkott. »Wie lange willst du dafür brauchen, TAUSEND Jahre?«

»Ich habe das ganze *Deutsche Zentrum für Dokumentarfotografie* vollhängen mit diesen Sternenbildern«, rief Horzon aufgebracht. »Und bezahlt sind die Abzüge auch schon alle. Und jetzt würde ich sie auch gerne loswerden, ich brauche nämlich dringend Geld, wie du dich vielleicht erinnerst. Und zwar schnell.«

»Ja, ja, ist gut. Aber immer nur so GANZ kleine Brötchen backen, das ist doch irgendwie nichts, auf Dauer«, sagte Mollenkott mitleidig.

»Das sind keine kleinen Brötchen. Und ausserdem: Hast du vielleicht eine bessere Idee?«

»Ja, das möchte ich meinen«, sagte Mollenkott. »Aber jetzt setz dich erstmal hin. Nicht dass du mir gleich umfällst vor Begeisterung.«

Horzon setzte sich an den Esstisch. »Na, da bin ich aber mal gespannt.«

»Also, pass auf«, sagte Mollenkott, »wir eröffnen ein … Bor… dell.«

»Wir eröffnen ein BORDELL?«

»Ja, genau.«

Horzon sprang von seinem Stuhl auf. »Nein, das machen wir ganz bestimmt NICHT.«

»Herrgott, Rafael, natürlich nicht so ein normales, schmuddeliges Bordell, sondern ein richtig modernes, sauberes Bordell – für die ganze Familie.«

»Ein Bordell für die ganze Familie? Was soll dieser Blödsinn?«, rief Horzon fassungslos.

»Hör doch erstmal zu, Rafael, ich habe mir schon alles genau überlegt letzte Nacht. Das Ganze nennt sich *P. M. K. Paradise.*«

»*P.M.K. Paradise*«, wiederholte Horzon gereizt, »das steht vermutlich für *Philip Mollen Kott Paradise?*«

»Nein, das steht für: *Papa Mama Kids Paradise*. Die ganze Familie eben.«

»Philip, das ist … das geht wirklich zu weit.«

»NATÜRLICH haben normale Bordelle ein komisches Image«, rief Mollenkott und verdrehte die Augen, »das weiss ich doch selber. Die haben, wie der Hesse sagt, so ein *Geschmäckle*!«

»Philip, lass uns jetzt lieber mal den LKW holen.«

»Aber wir machen es besser. Denn bei uns kommt jeder auf seine Kosten«, redete Mollenkott einfach weiter, »nicht nur der Familienvater, sondern auch die Mama. UND die Kids.«

»Wie, was soll das eigentlich heissen, ›die Kids‹?«, fragte Horzon.

»Du musst dir das Ganze vorstellen wie so eine grosse Villa, vielleicht am Wannsee. Die erste Etage ist für die Papas, die zweite Etage ist für die Mamas, das ist also richtig gleichgestellt und so, gleichberechtigt, verstehst du? Und ganz oben gibt es Nintendo-Konsolen für die Kids. Damit die Eltern mal eine Pause von den Bälgern haben und sich ein bisschen entspannen können. So wie im Hotel Heiligendamm, da haben alle Kinder, die im Hotel wohnen, eine gemeinsame Villa im Garten, von oben bis unten voll mit Konsolen und Bildschirmen, so eine richtige SPIEL-HÖLLE für Kids. Und so machen wir das auch. Und dann kann da am Sonntag die *ganze* Familie hinfahren, und alle haben Spass.«

»Können wir jetzt bitte los?«

»Wir brauchen nur noch jemanden, der uns ein bisschen Geld vorschiesst, Rafael. Drei oder vier Millionen reichen erstmal, und dann ziehen wir das richtig seriös auf.«

»Jakob wartet doch bestimmt schon«, sagte Horzon, »wann sollen wir bei ihm sein, was hast du mit ihm ausgemacht?«

»Ach so, wegen Jakob«, sagte Mollenkott und wurde plötzlich ganz ernst, »das habe ich dir noch gar nicht gesagt ...«

»Wieso, was denn?«

»Also, zu Jakob können wir heute nicht fahren.«

»Wieso nicht?«

»Ich habe gestern Abend noch mit ihm telefoniert. Er hat gestern wieder seine Infusion bekommen, wie alle vier Wochen. Und danach ist er doch immer ein paar Tage ausser Gefecht.«

»Oh nein.«

»Ja, alles beschissen. Gia ist jetzt bei ihm, aber ansonsten kann er jetzt niemanden sehen, die nächsten Tage.«

»Na gut«, sagte Horzon, ging ans Fenster und starrte auf die verregnete Torstrasse. Er dachte daran, wie er mit Jakob vor ein paar Monaten die ersten Sternenbilder ausgepackt hatte, die vom Fotolabor gekommen waren. Und wie begeistert sie beide gewesen waren. Und wie er sich schon damals vorgenommen hatte, Jakob ein Sternenbild zu seiner Hochzeit zu schenken.

Mollenkott stellte sich neben ihn, legte seine Hand auf Horzons Schulter und sagte: »Wird schon alles wieder werden. Wir werden unseren Jakob schon wieder auf den Damm bekommen.«

»Meinst du?«, fragte Horzon.

»Ja, na klar«, sagte Mollenkott leise. Und dann noch leiser: »Jakob ist stark.«

Sie schauten noch eine Weile wortlos aus dem Fenster. Menschen mit Regenschirmen gingen über die Kreuzung. Ein paar Krähen kamen die Torstrasse entlanggeflogen und setzten sich auf die Strassenlaternen vor dem Haus. Ein nasser Hund trottete alleine die Ackerstrasse herunter und bog in die Torstrasse ein.

Irgendwann drehte Horzon sich um. »Na gut, hört bestimmt gleich auf zu regnen, dann holen wir erst mal den LKW, laden die Bilder ein, und dann fahren wir zu Florian Illies.«

»Ok, Chef.«

»Und das Bild für Thomas Girst können wir natürlich auch nicht liefern heute, der wohnt ja in München. Das nehmen meine Mitarbeiter einfach mit, bei der nächsten Möbellieferung nach München.«

»Ok, Chef.«

»Das heisst, wir liefern heute nur an Florian Illies und an Alicja Kwade, und dann ist Feierabend. Ist ja auch dein erster Arbeitstag, da wollen wir uns mal nicht übernehmen.«

»Ok, Chef.«

Als sie eine halbe Stunde später den LKW des *Deutschen Zentrums für Dokumentarfotografie* vor Illies' Haus geparkt hatten, zog Horzon den Zündschlüssel ab und wandte sich noch einmal an seinen neuen Mitarbeiter. »Hör nochmal kurz zu, Philip. Der Florian Illies ist ein hochgebildeter, hochsensibler Mann. Also lass am besten *mich* mit ihm reden und stell keine komischen Fragen, ja?«

»Hm? Ach so, ja, ja, schon klar, Rafael«, sagte Mollen-kott, während er auf seinem Handy herumtippte und of-fensichtlich überhaupt nicht zuhörte.

»Und auch dein *P.M.K. Paradise* erwähnst du am bes-ten gar nicht, ok?«

»Ja, ja, ja.«

»Was machst du denn da eigentlich, was tippst du da die ganze Zeit auf dem Handy?«

»Du, nichts Grosses«, sagte Mollenkott und tippte wei-ter, »ich kaufe und verkaufe Öl-Aktien.«

»Du kaufst ÖL-AKTIEN?«, fragte Horzon fassungslos.

»Ich kaufe … und ich verkaufe«, sagte Mollenkott sehr geschäftsmässig, ohne aufzublicken. »Daytrading nennt das der Fachmann.«

»Und warum machst du das?«

Mollenkott schaute kurz von seinem Handy auf. »Rafael, bei aller Liebe: Ich habe nicht vor, mein GANZES Leben lang für dich Sternenbilder zu schleppen.«

»Wieso dein ganzes Leben? Du hast doch noch nicht mal angefangen. Wir sind doch gerade mal zehn Minuten dabei.«

»Rafael, jetzt lass mich mal bitte.«

»Ja, aber, wir wollten doch das Bild jetzt zusammen hochtragen und aufhängen. Florian wartet doch schon.«

»Pass auf, ich erklär dir das kurz«, sagte Mollenkott in einem sehr sachlichen Ton. »Ich habe gestern Abend für hundert Euro Öl-Aktien gekauft. Die liegen jetzt schon bei circa tausend Euro. Jetzt verkaufe ich sie gerade wie-der, dann werde ich das Geld sofort re-investieren, dann verkaufe ich wieder … und mit ein bisschen Glück ha-be ich am Nachmittag aus einhundert Euro ZEHNTAU-SEND Euro gemacht. Also stör mich jetzt bitte nicht.«

Horzon wusste nicht, was er sagen sollte. Er kratzte sich ein bisschen an der Wade und schaute dabei aus dem Seitenfenster. Auf der anderen Strassenseite sah er im dritten Stock Florian Illies auf dem Balkon stehen und zu ihm hinunterwinken. Horzon seufzte, dann stieg er aus und holte den Werkzeugkasten aus dem Laderaum.

»Ich bringe schon mal das Werkzeug nach oben, ok?«, rief er Mollenkott durch die halb geöffnete Wagentür zu.

»Lass mich! Das ist jetzt wichtig hier«, fuhr Mollenkott ihn an und tippte weiter in sein Handy.

Nach fünf Minuten kam Horzon wieder hinunter. »Könnten wir jetzt das Bild vielleicht zusammen hochtragen? Bitte?«

»Nicht jetzt«, fauchte Mollenkott und wischte auf dem Display hin und her.

»Na gut, ich versuche es mal selbst, wird schon irgendwie gehen.«

Ächzend stieg Horzon in seinem Daunenmantel die drei Stockwerke mit dem über dreissig Kilo schweren Sternenbild hinauf, bis er schliesslich schweissüberströmt in Illies' Wohnung stand.

»Puh, ganz schön schwer, so ein Universum«, rief er, nahm die Pudelmütze ab und wischte sich den Schweiss von der Stirn.

»Und wer ist das da?«, fragte Illies und zeigte auf Mollenkott, der gerade gutgelaunt zur Tür hereinschlenderte.

»Philip Mollenkott«, sagte Mollenkott und schüttelte Illies die Hand.

»Mein Mitarbeiter Philip«, sagte Horzon schwer atmend und klopfte Mollenkott lächelnd auf die Schulter. »Ein ganz toller Junge. Hat heute seinen ersten Arbeitstag.«

»Aha, na gut«, sagte Illies, »also, vielen Dank, dass es heute geklappt hat, ich bin schon sehr gespannt auf das schöne Sternenbild.« Dann zeigte er auf ein Wandstück im Wohnzimmer. »Und hier soll es hinkommen, bitte.«

Während Mollenkott summend sämtliche Zimmer der Wohnung inspizierte, hier und da ein Buch aus dem Regal nahm und interessiert darin herumblätterte oder ein Gemälde geraderückte, das ihm schief aufgehängt vorkam, öffnete Horzon schwitzend den Werkzeugkoffer und begann mit einer riesigen Schlagbohrmaschine Löcher in die Wand zu bohren. Als er damit fertig war, drückte er grosse Dübel in die Löcher und drehte dann ächzend mit einer Ratsche dicke Schrauben hinein. »So, und auf diese Schrauben können wir jetzt das Sternenbild hängen«, sagte er stolz zu Florian Illies, als er fertig war. Doch Illies war gar nicht mehr anwesend.

Horzon schaute zuerst im Arbeitszimmer nach ihm, dann in der Bibliothek, dann im Schlafzimmer. Schliesslich fand er ihn in der Küche, wo er mit Philip Mollenkott plaudernd am Tisch sass.

»Und das Ganze nennt sich also *P.M.K. Paradise*?«, fragte Illies gerade und goss Mollenkott ein wenig Milch in den Kaffee.

»Ganz genau, und zwar steht *P.M.K. Paradise* für *Papa Mama Kids Paradise*«, antwortete Mollenkott. »Das muss man sich folgendermassen vorstellen …«

Weiter kam er nicht, weil Horzon ihm wortlos die Tasse aus der Hand riss, sie klirrend auf den Tisch stellte und ihn am Arm aus der Küche herauszog.

»Du bleibst jetzt hier draussen und wartest auf mich«, zischte er Mollenkott an und ging wieder in die Küche zurück.

»Was hattet ihr gerade besprochen?«, fragte er Illies lächelnd, während er die Tür fest hinter sich zuzog. »Dieser Philip erzählt nämlich manchmal so komische Sachen, weisst du?«

»Ach nein, gar nicht«, sagte Illies, »er hatte mir nur gesagt, dass er da eine interessante Geschäftsidee für mich hätte, aber ich weiss noch gar nicht, worum es eigentlich geht.«

»Das ist auch besser so«, antwortete Horzon.

Während er sich an den Küchentisch setzte, fiel ihm plötzlich ein, dass Illies vor kurzem Chef des Rowohlt Verlags geworden war. »Sag mal, wusstest du eigentlich, dass ich an einem neuen Buch arbeite?«

»Nein! Bravo! Das sind ja tolle Neuigkeiten«, rief Illies.

»Ja, und ich komme wirklich gut voran«, sagte Horzon stolz. »Bei mir zu Hause stapeln sich schon die Seiten auf dem Schreibtisch, das solltest du mal sehen. Ja, ja, es geht voran, es geht voran.«

»GUTER WITZ«, rief Mollenkott durch die geschlossene Küchentür.

»Philip, könntest du bitte im Wohnzimmer warten, wir müssen hier was besprechen«, rief Horzon über die Schulter in Richtung Küchentür.

»Du kommst also gut voran, das freut mich zu hören«, sagte Illies nickend. »Und ganz besonders freut das natürlich den Suhrkamp Verlag, nehme ich an?«

»Ja, das kannst du dir ja denken«, sagte Horzon. »Denn für die geht es jetzt natürlich um Sein oder Nichtsein.«

»Ach so?«, fragte Illies verwundert.

»Nur leider haben die das noch nicht so richtig kapiert, denn was den Vorschuss angeht … Na ja, ich erspare dir die Details«, sagte Horzon. »Aber wenn die sich nicht langsam mal einen Ruck geben, komme ich gerne auf dich zurück.«

»Wieso auf mich zurück?«, fragte Illies verwundert.

»Na ja, denk einfach mal drüber nach«, sagte Horzon mit gedämpfter Stimme und zog vielsagend die Augenbrauen nach oben.

»Also, nein, nein«, sagte Illies, »das ist doch schon eine tolle Kombination, Horzon und Suhrkamp. Das sollte auch so bleiben. Und vor allem, mit Verlaub, bist du natürlich auch sehr sprunghaft. Gut möglich, dass du heute Buchautor bist und morgen schon wieder einen ganz anderen Beruf haben willst.«

»GENAU WIE ICH«, rief Mollenkott durch die Küchentür.

»Philip, geh doch jetzt bitte mal nach hinten und warte da auf uns«, rief Horzon verärgert.

»Das sollte jetzt auch gar nicht abwertend klingen«, fuhr Illies fort, »du bist eben nicht auf einen Beruf festgelegt. Du bist sehr vielseitig. Erst machst du Möbel, dann Wanddekorationsobjekte, Sternenbilder, Bücher. Bewundernswert!«

»Ach, das ist doch völlig normal«, sagte Horzon und lehnte sich selbstzufrieden lächelnd zurück.

»Wie soll das neue Buch denn heissen?«, fragte Illies. »Vielleicht *Der talentierte Mr. Horzon*?«

»Oh, das ist gut, das ist gut, das muss ich mir gleich mal aufschreiben«, sagte Horzon und holte einen Kugelschreiber und sein blaues Notizbuch mit der goldgeprägten Aufschrift »Gedankenblitze« heraus. »*Der talentierte Mr. Ripley* ist nämlich mein Lieblingsfilm, mit Matt Damon.«

»Ist auch MEIN Lieblingsfilm«, rief Mollenkott durch die Küchentür.

»Oder wie wäre es mit *Mr. Horzon, wie haben Sie das gemacht?*«, fuhr Illies fort.

»Ah, so wie das Buch von Truffaut! Auch gut. Bravo!«, rief Horzon.

»Oder vielleicht, à la Fitzgerald *Der grosse Horzon?*«, lachte Illies.

»Oder vielleicht *Der KLEINE Horzon?*«, rief Mollenkott von draussen.

»Beachte ihn bitte einfach nicht.« Horzon zeigte mit dem Daumen auf die Küchentür. »Übrigens, wenn du auch mal wieder ein Buch schreibst, hätte ich auch ein paar gute Titel für dich.«

»Ach wirklich? Schiess los«, sagte Illies erwartungsvoll.

»Na ja, ist nichts Tolles«, sagte Horzon und blätterte in seinem Notizbuch, »aber wie wäre *1914*?«

»Ach so, ja prima, vielen Dank«, sagte Illies und lachte freundlich.

»Oder *1915*?«, sagte Horzon.

»Ja, ja, genau …«, sagte Illies lächelnd.

»Oder wie fändest du *1916*?«

»Ja, ha, ha, ich habe schon verstanden, Rafael …«

»Oder *1917*?«

»Ja, hmmm …«

»Oder *1918*?«

»Hmmm …« Illies lächelte gequält.

»Oder *1919*?«

»Du, sag mal, Rafael, ich müsste auch demnächst mal los …« Illies schaute auf seine Armbanduhr. »Wie wäre es denn, wenn ihr noch schnell das Bild aufhängt, bevor ihr geht?«

»Oder *1920*?«, sagte Horzon.

Illies stand auf und ging zur Küchentür hinaus.

»Oder *1921*?«, rief Horzon, während er ihm folgte.

Philip Mollenkott hatte sich im Wohnzimmer auf dem Sofa ausgestreckt und tippte schon wieder auf dem Handy herum.

»So, Philip, auf auf!«, rief Horzon und klatschte dabei ganz chefmässig in die Hände. »Genug ausgeruht, jetzt wollen wir mal das Bild aufhängen.«

Mollenkott blieb liegen und tippte wortlos weiter.

»Der Florian Illies muss nämlich auch gleich los, weisst du?«, versuchte es Horzon noch einmal.

Keine Reaktion.

Horzon ging zum Sofa, blieb direkt vor Mollenkott stehen und presste mit gedämpfter Stimme hervor: »Philip ... bitte ...«

Mollenkott fasste sich ganz langsam an die Brille, zog sie ein paar Millimeter herunter und schaute Horzon über die Gläser hinweg an. Dann sagte er sehr laut: »ICH WARTE HIER IM WOHNZIMMER, BIS IHR FERTIG SEID! SO WIE DU ES MIR BEFOHLEN HAST, RAFAEL!« Dann schob er die Brille mit seinem Mittelfinger wieder nach oben und tippte weiter in sein Handy. »Ich muss hier nämlich noch ein bisschen Geld verdienen, und zwar bedeutend mehr als du, Rafael Horzon.«

Horzon stupste ihn noch einmal mit dem Zeigefinger an. Als er merkte, dass auch das nichts half, drehte er sich zu Illies um. »Na ja, dann hängen wir das Bild eben selber auf, oder? Ein bisschen Bewegung kann uns ja nicht schaden.« Dabei lachte er gekünstelt und klopfte mit der flachen Hand auf seinen Bauch.

»Also, ich wollte ja eigentlich nichts sagen, aber du hast wirklich kräftig zugelegt, seit wir uns im September gesehen haben«, sagte Illies.

»Weil er sich nur von Pralinen und Pizza ernährt«, rief Mollenkott vom Sofa aus. »Und den ganzen Tag auf seinem Diwan liegt und Kinderfilme glotzt.«

»Na ja, so ein Buch zu schreiben, das ist halt leider, leider eine vorwiegend sitzende Tätigkeit«, sagte Horzon zu Illies. »Das muss ich dir als Schriftsteller ja nicht gross erklären.« Dann taxierte er bewundernd den durchtrainierten Körper des Bestsellerautors. »Aber du, wie machst du das nur? Man könnte ja fast neidisch werden: Kein Gramm zu viel!«

Nachdem Horzon und Illies das Bild schliesslich an die Wand bekommen hatten, verabschiedete Illies die beiden freundlich und schloss eilig die Tür.

»So, jetzt erstmal Mittag machen, was?«, rief Horzon kumpelhaft, als er mit Mollenkott ins Auto gestiegen war.

»Danke, nein. Ich faste gerade«, antwortete Mollenkott sehr knapp.

»Heilfasten?«, fragte Horzon ängstlich.

Mollenkott sah nicht von seinem Handy auf. »Ja, genau. Heilfasten. Würde dir übrigens auch mal ganz guttun.«

»Und, wie stehen die Aktien? Die Öl-Aktien?«, fragte Horzon, der sich mit seinem Mitarbeiter gerne wieder gutstellen wollte.

»Ganz ok«, antwortete Mollenkott betont sachlich. »Ich stehe momentan bei 4500 Euro.«

Horzon startete seufzend den Motor und fuhr den Lieferwagen zum Atelier von Alicja Kwade. Nachdem er mit ihr zusammen zwei Stunden lang das Sternenbild montiert hatte, was wegen der Atelierwände aus besonders hartem Stahlbeton sehr anstrengend gewesen war, öffnete er erschöpft und mit knurrendem Magen den Lieferwagen. Mollenkott lag auf der Sitzbank und streckte sich gähnend.

»Endlich Feierabend«, sagte Horzon matt. »Ich bin wirklich erledigt.«

»Kannst du mich im Soho House absetzen, bitte?«, fragte Mollenkott und reckte sich noch ein wenig. »Ich gehe noch eine Stunde ins Gym, irgendwie habe ich zu wenig Bewegung gehabt heute.«

Als sie vor dem Soho House angekommen waren, versuchte Horzon noch einmal, eine Unterhaltung in Gang zu bringen. »Und wie viel hast du am Ende gemacht aus deinen hundert Euro?«

»Ach, ich bin ein bisschen enttäuscht von meiner Performance«, sagte Mollenkott und stöhnte übertrieben laut. »Zehntausend sind es nicht geworden. Leider nur neuntausendfünfhundert.« Damit knöpfte er seine Pilotenjacke zu und sprang aus dem Wagen.

Traurig beobachtete Horzon durch das Seitenfenster, wie Mollenkott auf das Soho House zuschlenderte.

Dann startete er den Motor.

Gerade wollte er losfahren, als Mollenkott plötzlich zurückgelaufen kam und in den Wagen sprang. »Reingelegt!«

»Was, reingelegt?«, fragte Horzon.

»Ich habe gar nicht neuntausendfünfhundert Euro gemacht.«

»Nein?«

»Nein, sondern leider nur … SECHSTAUSENDFÜNF-HUNDERT!«, schrie Mollenkott. »Stell dir das mal vor. Sechstausendfünfhundert Euro an einem Tag. Mit EIN-HUNDERT Euro Startkapital!«

»Unglaublich! Das ist wirklich nicht schlecht«, musste

Horzon zugeben. »Aber du hättest mir trotzdem ein bisschen helfen können, mit den Sternenbildern.«

»Ach, ich wollte mich nur rächen für dein ständiges: *Philip, warte im Wohnzimmer auf uns, bis wir unser WICHTIGES Gespräch beendet haben.* Solche Ansagen kannst du dir in Zukunft verkneifen, mein lieber Rafael. Damit bist du bei mir an der falschen Adresse.«

»Na gut«, sagte Horzon, »es war aber auch wirklich ein wichtiges Gespräch. Übrigens ist Florian Illies SEHR daran interessiert, mein neues Buch zu verlegen.«

»Trotzdem, so läuft das nicht. Aber ich verzeihe dir.« Mollenkott reichte Horzon die Hand zur Versöhnung. Dann schlug er mit der Faust gegen das Handschuhfach. »Und jetzt fahren wir zu Boris in den Grill Royal und essen ein riesiges Steak. Irgendwie muss ich doch diese SECHSTAUSENDFÜNFHUNDERT Euro ausgeben.«

»Aber ich dachte, du machst Heilfasten und gehst ins Gym?«, fragte Horzon.

»Sehe ich so aus, als hätte ich das nötig?«, rief Mollenkott und zeigte mit beiden Händen auf seinen gestählten Oberkörper. »Und Heilfasten habe ich jetzt lange genug gemacht. Ab in den Grill. Und zwar mit Vollgas!«

KAPITEL 11

Strahlungen

Im Grill Royal hatte Philip Mollenkott seinem Arbeitgeber Horzon erklärt, dass weitere anstrengende Liefertouren für ihn nicht mehr in Frage kämen. »Ich mag dich, Rafael, aber ich bin für diese harte körperliche Arbeit nicht geschaffen.« Ausserdem habe er es jetzt ja sowieso nicht mehr nötig zu arbeiten. »Wenn ich Geld brauche, dann gehe ich einfach einen Tag an die Börse«, hatte er gerufen und noch eine Flasche Champagner bestellt.

Auf Horzons Frage, ob er nicht auch ihn in die Geheimnisse der Börsenspekulation einführen könnte, hatte Mollenkott geantwortet: »Natürlich! Ein andermal.«

Horzon sah sich also gezwungen, nach einem neuen Mitarbeiter zu suchen. Glücklicherweise rief ihn schon ein paar Tage später Nicolas Wenz an. Ihn hatte Horzon bei einem seiner Vorträge an der Zeppelin-Universität am Bodensee kennengelernt. Inzwischen hatte er sein Studium beendet und war nach Berlin gezogen, um hier ein neues Leben zu beginnen. »Du kannst morgen bei mir anfangen«, hatte Horzon ihm am Telefon gesagt, »vorausgesetzt, du scheust keine körperliche Arbeit.«

Als sein neuer Mitarbeiter am nächsten Morgen im *Deutschen Zentrum für Dokumentarfotografie* erschien, wollte Horzon dann aber doch auf Nummer sicher gehen. »Interessierst du dich für Börsenspekulationen, Öl-Aktien, Daytrading oder so was?«, fragte er misstrauisch.

»Daytrading? Was ist das?«, fragte Nicolas Wenz.

»Du hast den Job!«, rief Horzon erleichtert und schüttelte Wenz die Hand. »Als Erstes liefern wir heute ein Sternenbild an meinen Freund Carl Jakob Haupt. Es ist sein Hochzeitsgeschenk.«

»Ach, Carl Jakob, den kenne ich doch«, sagte Wenz. »Ich war nämlich bei der Eröffnung von seinem Restaurant dabei. Vor drei Jahren.«

»Ach so? Vom Dandy Diner?«

»Genau, da war ich noch gar nicht nach Berlin gezogen. Das war die grösste Party, die ich je erlebt habe«, erzählte Nicolas mit leuchtenden Augen. »Yung Hurn ist aufgetreten. Und an dem Tag habe ich auch Philip Mollenkott kennengelernt.«

»Ach wirklich? Den kennst du auch?«, sagte Horzon und verzog das Gesicht. »Also, von dem halt dich mal lieber fern. Da muss man nämlich aufpassen, dass er einen nicht auf dumme Gedanken bringt.«

Als sie eine halbe Stunde später den LKW des *Deutschen Zentrums für Dokumentarfotografie* vor Jakobs Haus geparkt hatten, zog Horzon den Zündschlüssel ab und drehte sich noch einmal zu seinem neuen Mitarbeiter. »Du hast ja wahrscheinlich schon gehört, dass Jakob krank ist ...«

»Ja«, sagte Nicolas Wenz leise, »ich weiss. Sehr traurig.«

»Also«, sagte Horzon mit gedämpfter Stimme, »wenn wir jetzt bei ihm ankommen und er vielleicht nicht so wahnsinnig gut aussieht, dann lassen wir uns einfach nichts anmerken, ok?«

»Ok.«

Jakob sah dann aber gar nicht so schlecht aus, als er die Tür aufmachte. Was vielleicht daran lag, dass er eine Sonnenbrille aufhatte.

»Wie geht's dir, mein Dickerchen?«, fragte Horzon, als er hereinkam.

»Seeeehr gut«, antwortete Jakob. »Weisst du, Rafi, das war doch eins der ersten Dinge, die du mir beigebracht hast, als wir uns kennengelernt haben, dass man einfach immer ›Sehr gut‹ sagt, egal, wie es einem geht.«

»Ganz genau, mein Lieber, da hast du gut aufgepasst.«

»Ja, natürlich«, sagte Jakob, »dein bester Schüler. Schon immer!«

Dass es ihm natürlich nicht so gut ging, sah man, als er die Sonnenbrille abnahm, um das Sternenbild zu betrachten. Er kam Horzon jetzt sehr schmal und sehr müde vor.

»Schau mal«, sagte Horzon, »dieses Sternenbild ist ja eigentlich ein Gruppenbild.« Er zeigte auf den grössten und hellsten Stern auf dem Foto. »Das hier unten rechts bist du, und der Stern direkt daneben, das ist Gia.«

»Stimmt«, sagte Jakob, »ist ja auch unser Hochzeitsbild.«

»Genau! Und das hier ist Philip, und hier ist Paul«, sagte Horzon und zeigte auf zwei andere Sterne. »Und das da ist Tim, und das ist natürlich David, und hier bin ich, und da sind Peter und Korky und Quid und Niels und alle anderen. Alle sind drauf.«

»Und ich?«, fragte Nicolas Wenz.

»Du bist natürlich auch drauf. Hier«, sagte Horzon.

Jakob betrachtete die Sterne sehr genau und fuhr mit dem Finger über den schönen Holzrahmen, dann sagte er matt lächelnd: »Toll, also, viiiieeeelen Dank, Rafi, das ist wirklich das schönste Hochzeitsgeschenk, das ich jemals von dir bekommen habe. Ich würde sagen, wir machen jetzt noch ein Erinnerungsfoto, und dann muss ich euch leider gleich wieder rauswerfen. Ich habe letzte Nacht nämlich wahnsinnig schlecht geschlafen aus irgendeinem Grund.«

Jakob stellte sich neben das Hochzeitsbild, Horzon stellte sich an die andere Seite, und dann machte Nicolas Wenz ein paar Fotos, auf denen Jakob und Horzon sich lachend die Hände schüttelten.

Als sie wieder auf der Strasse waren, drehte sich Nicolas zu Horzon. »Ich finde ja leider nicht, dass Jakob jetzt einen besonders guten Eindruck gemacht hat.«

»Ich weiss«, sagte Horzon bedrückt. »Ich habe ihn letzte Woche gesehen, da hat er auf jeden Fall noch besser ausgesehen. Hör mal zu: Ich bringe dich jetzt nach Hause, und dann rufe ich Philip an, der hat ihn ja gestern auch getroffen, der weiss bestimmt mehr.«

Nachdem er seinen Mitarbeiter abgesetzt hatte, parkte Horzon den LKW, dann rief er Mollenkott an, und weil der nicht ans Telefon ging, sprach er ihm auf die Mailbox. »Hör mal, Philip, ich war gerade mit Nicolas Wenz, den kennst du ja auch, also mit dem war ich gerade bei Jakob und habe ihm sein Hochzeitsgeschenk vorbeigebracht, das Sternenbild. Und Jakob ... also ich finde, er sah nicht gut aus. Sehr erschöpft ... Er hatte wohl auch kaum geschlafen. Ruf mich doch mal zurück, bitte!«

Horzon beschloss, noch etwas zu essen einzukaufen, und als er eine halbe Stunde später mit zwei schweren Einkaufstüten durch den Nieselregen nach Hause ging, klingelte sein Handy. Es war Philip Mollenkott.

»Rafi? Also, pass mal auf, ich war ja gestern bei Jakob, und es sieht alles nicht so gut aus.«

»Hmmm ...«, sagte Horzon. »Was meinst du jetzt genau?«

»Also, Gia ist ja gerade in London und muss da arbeiten. Und ich würde vorschlagen, dass wir uns morgen alle mal treffen und dann gemeinsam überlegen, wie wir Jakob helfen können. Er muss ja jetzt dauernd zum Arzt, aber er kann da eigentlich nicht mehr alleine hingehen.«

Horzon blieb stehen und stellte seine Einkaufstüten ab.

»Philip?«

»Ja?«

»Sag mir jetzt mal bitte: Was bedeutet das alles?«

»Na ja …«

»Du hast doch mit ihm über alles gesprochen, was sagen denn die Ärzte? Also … was ist denn da jetzt eigentlich die Prognose?«

»Ehrlich gesagt«, antwortete Mollenkott, »man kann es wohl schlecht sagen. Es geht vielleicht um ein paar Monate, vielleicht aber auch nur noch um ein paar Wochen.«

Horzon spürte, wie ihm das Blut in den Kopf schoss und sein ganzer Körper sich plötzlich anfühlte, als hätte er in die Steckdose gefasst. Er wollte irgendetwas sagen, aber sein Hals wurde ganz dick, er bekam kein Wort heraus. Seine Nase tat ihm weh, dann füllten sich seine Augen mit Wasser. Um nicht als weinender Mann auf der Torstrasse zu stehen, tat Horzon so, als würde er nach den Regenwolken sehen. Aber es half nichts, die Augen liefen über. Horzon nahm seine Brille ab und wischte sich mit seinen Lederhandschuhen über die Augen. Dabei stiess er aus Versehen mit dem Fuss eine der Einkaufstüten um. Orangen rollten aus der Tüte über den verregneten Bürgersteig. Horzon lehnte sich an einen Stromkasten und schaute mit leeren Augen auf den vorbeibrausenden Verkehr.

»Rafi? Bist du noch da?«, fragte Mollenkott.

Horzon wollte antworten, aber es ging nicht.

»Es könnte natürlich auch sein, dass die Ärzte sich irren«, sagte Mollenkott. »Und es könnte natürlich auch sein, dass jetzt ein Wunder passiert. Denn wenn irgendjemand Wunder vollbringen kann, dann natürlich Jakob. Aber ein Wunder müsste es schon sein.«

Horzon schaute immer noch bewegungslos auf den Verkehr. Die Reifen der Autos machten auf der nassen Strasse ein zischendes Geräusch. Aber dieses Zischen kam bei Horzon nur ganz leise an. Das Dröhnen in seinem Kopf war viel lauter.

»Also, ich würde sagen, wir treffen uns morgen alle im Hackbarths, um 18 Uhr«, hörte er Mollenkott sagen. »Moritz hatte das vorgeschlagen. Da gibt es so einen abgeteilten Raum, da können wir alle ungestört reden.«

»Ok«, sagte Horzon.

»Gut, dann bis morgen, Rafi.«

»Bis morgen.«

Als Horzon am nächsten Abend zur Versammlung kam, waren die anderen schon da. Alle sassen um einen grossen Holztisch herum, und jeder hatte ein grosses Glas Bier vor sich stehen. Es waren elf oder zwölf Freunde versammelt. Elf oder zwölf gutaussehende, traurige Freunde, die stumm auf ihr Bier starrten. Genauso traurig mussten vor zweitausend Jahren die Jünger gewesen sein, dachte Horzon, wenn sie alleine in einer Schänke in Jerusalem zusammenkamen, weil ihr angebeteter Anführer mal wieder in den Kerker geworfen worden war. Alle liebten Jakob, alle wollten helfen, aber keiner wusste, wie. Reden wollte auch niemand so wirklich, deswegen waren alle froh, als Tim Peters, der zum Glück auch die angenehmste Stimme von allen hatte, irgendwann das Wort ergriff.

»Liebe Freunde, schön, dass ihr alle gekommen seid, auch wenn es ein trauriger Anlass ist, der uns zusammengeführt hat.« So, oder so ähnlich, begann seine Rede. Tim konnte wirklich schön reden, das fanden alle in der Runde, und deshalb hielt er von nun an immer die Ansprachen, wenn sich Jakobs Freunde versammelten. Jetzt erklärte er noch einmal, was Mollenkott am Tag zuvor Horzon schon erzählt hatte: Dass Gia in London war und dass man ihr das Gefühl geben sollte, dass in Berlin alles halbwegs glattlief, damit sie sich nicht noch mehr Sorgen machte als sowieso schon.

Alle liebten nämlich auch Gia. Sie war nicht nur sehr schön, sondern auch sehr lustig, und sehr unerschrocken, und vor allem war sie ja die Frau von Jakob. Und deswegen machten sich alle auch um sie grosse Sorgen.

Genauso traurig mussten vor siebenhundert Jahren die sieben Zwerge gewesen sein, dachte Horzon, wenn sie sich alleine in ihrer Küche versammelten, weil Schneewittchen schon wieder vergiftet worden war.

»Und deshalb würde ich vorschlagen«, sagte Tim Peters zum Abschluss seiner Rede, »dass wir einen Plan aufstellen, damit zu jedem Arzttermin einer von uns dabei ist, und damit jede Nacht einer von uns bei Jakob Wache hält. Also, wer könnte morgen bei ihm übernachten?«

Alle meldeten sich.

»Na gut, also, Philip macht die erste Nacht. Und wer könnte am Donnerstag mit Jakob zur Bestrahlung fahren?«

Alle meldeten sich.

»Ich glaube, Rafis Auto hat die weichsten Sitze«, gab Moritz von Uslar zu bedenken.

»Das stimmt«, sagte Horzon.

Und keine zehn Minuten später war die lückenlose Betreuung des Lieblingspatienten Jakob organisiert.

»Ein trauriger Abend, aber auch ein schöner Abend«, sagte Horzon zu Mollenkott, als sie nach dem Treffen über die Auguststrasse spazierten.

»Ja, da hast du recht«, sagte Mollenkott. »Und ist dir eigentlich schon mal aufgefallen, dass jeder von uns Jakob für seinen besten Freund hält? Was heisst ›hält‹, Jakob *ist* für jeden von uns der beste Freund. Aber am schönsten ist, dass niemand von uns der *aller*beste Freund sein will.«

»Na ja, ich wäre schon gerne der allerbeste Freund …«, sagte Horzon.

»Ja klar, ich auch«, sagte Mollenkott. »Alle sind die allerbesten Freunde. Aber niemand ist der *alleraller*beste Freund. Das ist nur Jakob.«

»Ja, das stimmt.«

Das Strahlenzentrum, zu dem Horzon seinen besten Freund Jakob zwei Tage später kutschierte, war eine Mischung aus Führerbunker und Atomkraftwerk. Mit dem Fahrstuhl fuhr man ein paar Stockwerke nach unten, dann musste man durch endlose neonbeleuchtete Betontunnel gehen, die von einem strahlenverseuchten Bunker zum nächsten führten.

»Also, wenn die Nazis die Atombombe gehabt hätten, und wenn sie den Krieg gewonnen hätten, dann sähe unser Leben vermutlich so aus«, sagte Jakob mit matter Stimme.

»Hmmm, ja, schön ist es hier wirklich nicht«, musste Horzon zugeben. »Und warum muss diese Behandlung ausgerechnet in so einem unterirdischen Bunker stattfinden?«

DOKUMENTARFOTOS – TEIL I

Seit er vor einigen Jahren mit seinem Erstlingswerk *Das Weisse Buch* einen überragenden Erfolg gefeiert hatte, war es still geworden um den einstigen Liebling der Berliner Intelligenzija. Zu still, wie er fand.

Horzon mit einem Modell des von ihm entworfenen *Horzon Tower*

Dieser Auftrag hatte Horzon in höchste Erregung versetzt, denn hier bot sich plötzlich die lang erhoffte Chance, mit einem Pauken-schlag auf die gesellschaftliche Agenda zurückzukehren.

Horzon mit dem ersten Exemplar des *Weissen Buches*

»Ja, also, das war so«, fing Horzon an und machte es sich in seinem Sessel bequem, »es muss 2009 gewesen sein. Wir wollten damals ein Auto kaufen. Ein grosses Auto. Eine schwere, dunkle Limousine. Und dann wollten wir vorne zwei kleine Flaggen anschrauben, von irgendeinem Schurkenstaat, sagen wir mal: Monrovia.«

Mit Christian Kracht vor Schloss Neuschwanstein

»Tagsüber besuchten wir Boutiquen, abends machten wir Halt in einem Gasthof, tranken Bier und assen Braten. Und zum Einschlafen musste ich Kracht aus der *Apotheken Umschau* vorlesen.«

Während der grossen Bodensee-Umrundung mit Christian Kracht

Kaleyta stieg aus und schüttelte ungläubig den Kopf. »Wollen diese ganzen Leute zu der Party? Da sind wir doch erfroren, bis wir
drin sind.«

Journalist und Romancier Timon Karl Kaleyta, Berlin, Januar
2019

Giannina schwebte auf Jakob zu, und als sich die beiden in die Arme sanken und küssten, fiel für einen Moment die Musik aus, die Party stand still, und alles schaute atemlos und gerührt auf dieses Abbild der absoluten Liebe zwischen zwei wunderschönen Menschen.

Carl Jakob Haupt mit seiner Frau Gia, Januar 2019

Auf dieses Kommando hin sprangen zwei leichtbekleidete Frauen mit Boxhandschuhen in die Arena und begannen, aufeinander einzuprügeln. Mollenkott tänzelte schwitzend um sie herum und schrie dabei Wortfetzen einer unbekannten Sprache ins Mikrophon.

Philip Mollenkott als Schiedsrichter, Januar 2019

»Das ist auf jeden Fall der BESTE Boxkampf, den ich je gesehen habe!«, schrie Horzon begeistert.

Das Ende des Wettkampfes mit David Roth und Philip Mollen-kott

Arm in Arm standen die beiden Freunde und verfolgten atemlos dieses äusserst seltene Himmelsphänomen. Der rechte Mond bewegte sich immer weiter auf den linken zu, dann verschmolzen beide zu einem kreisrunden Supermond, der unnatürlich hell auf-leuchtete.

Supermond über Berlin-Mitte

Erst viel später sollte er feststellen, dass die meisten Fotos unscharf geworden waren. Und dass dies die letzten Fotos waren, die
Jakob jemals von ihm gemacht hatte.

Horzon vor einem Gemälde von Christian Jankowski

Dabei schraubte er schwitzend an einem Fotostativ herum, drückte dann auf den Selbstauslöser der Kamera, rannte zu Kries, den er
schon vorher neben dem Podest positioniert hatte, nötigte ihn zu
einem Handschlag und flüsterte dabei: »Und bitte immer schön
lächeln.« Doch Kries lächelte nicht.

Mit Professor Kries vor Horzons Stuhl 01, September 2018

In diesem Moment ging ein Raunen durch die Menge. Das Schlosstor hatte sich geöffnet, und das Brautpaar stieg Hand in Hand in
den Garten hinab. Der Prinz und die Prinzessin von Capri durchschritten lächelnd das Spalier der Gäste.

Hochzeit von Jakob und Gia in Syrakus, September 2018

»Bin ich doch in Arabien gelandet?«, flüsterte Horzon verängstigt.

Auf dem Flug nach Sizilien, September 2018

In diesem Moment riss die Gestalt sich den Schleier vom Gesicht und grinste Horzon an. In ihrem Mund glänzte nur ein einziger Zahn. Ein Eisenzahn. Es war ... SIGNORA SARASATE!

Signora Sarasate

Auch die Eröffnung des *Deutschen Zentrums für Dokumentar-fotografie* hatte nicht den gewünschten Erfolg gebracht.

Massenandrang von Freunden der Dokumentarfotografie

»Schau dich an, Rafael. Findest du, dass du aussiehst wie ein Mann, über den man später einmal sagen wird: Das war der wichtigste Intellektuelle des 21. Jahrhunderts?«

»Keine Ahnung, weiss ich nicht genau«, nuschelte Horzon und kratzte sich den Bauch.

Horzon beim Betrachten von Witzfilmen

»Es gibt zwei Kategorien von Produkten: Günstige Produkte für den Massenmarkt, wie zum Beispiel Plastik-Kugelschreiber oder -Feuerzeuge, und sehr teure Produkte für einen kleinen Zirkel wohlhabender Kunden. Horzons Wanddekorationsobjekte gehören mit einem Stückpreis von 600 000 Euro zur zweiten Kategorie.«

Horzon mit Wanddekorationsobjekten, 2015

Horzon schlurfte in sein Arbeitszimmer und kam mit einem Taschenrechner zurück. Er tippte eine Zeitlang darauf herum, dann nahm er seine Hornbrille ab, schaute Mollenkott an und sagte: »Vier Milliarden einhundertvierundneunzig Millionen dreihundertviertausend Euro.«

WDO 2.0, ein Wanddekorationsobjekt der 2. Generation, 2017

»Ja, das wollten wir ja sowieso machen, das war doch Jakobs Idee. *WDO 3D* sollten die heissen«, sagte Horzon. »Dreidimensionale Wanddekorationsobjekte! Und mit denen wollten wir zur Dekorationsmesse nach Nigeria fahren.«

Eröffnung einer Filiale von *Horzons Wanddekorationsobjekte*, 2015

Ein paar Krähen kamen die Torstrasse entlanggeflogen und setzten sich auf die Strassenlaternen vor dem Haus. Ein nasser Hund trottete alleine die Ackerstrasse herunter und bog in die Torstrasse ein.

Berlin, an einem tristen Tag im März 2019

»Wann genau waren wir eigentlich in Aserbaidschan?«, fragte Horzon, als er Jakob die Dose zurückgab. »Im April oder Mai 2016, oder? Also vor drei Jahren ungefähr?«
»Ja, das könnte hinkommen«, sagte Jakob.

Auf dem Flug nach Baku, Aserbaidschan, 2016

»*Horzons Wanddekorationsobjekte ist ein mittelständisches Unternehmen in Berlin, das farbenfrohe Wanddekorationsobjekte herstellt und vertreibt. Gegründet Anfang 2014, ist das junge Unternehmen stets darauf bedacht, neue Märkte zu erschliessen, etwa in Aserbaidschan.*«

Auf der grössten Dekorationsmesse der Welt, der DecorExpo, Baku

Bildnachweis:
Alle Fotos Rafael Horzon, bis auf:
1: Franziska Sinn, 2: Peter Langer, 6 bis 8: Gadi Sahar, 10: Carl Jakob Haupt, 15: Verena Gillmeier, 17: Verena Eidel, 19: André C. Hercher

»Wegen der Strahlungen«, sagte Jakob.

Im Wartezimmer, einem ziemlich grossen, aber sehr niedrigen Raum mit Betonwänden, Betonboden und Betondecke, sass ausser Horzon und Jakob nur noch ein Besucher. Jakob setzte sich ihm gegenüber. Links und rechts neben dem Besucher waren schmale, sehr massive Metalltüren in die Bunkerwand eingelassen. Auf der einen stand *Raum 3*, auf der anderen *Raum 4*, darunter prangte auf beiden Türen das gelb-schwarze Warnsymbol für Radioaktivität.

Horzon sah jetzt, dass der andere Besucher ein seltsam zweigeteiltes Gesicht hatte. Die linke Hälfte sah ganz normal aus, ein Männergesicht mit längeren grauen Haaren und grauem Stoppelbart. Die andere Hälfte war nicht mehr als Gesicht zu erkennen, es war eine hautfarbene formlose Masse, die ganz langsam von oben nach unten zu fliessen schien.

»Auf dem Kraftwerk-Cover war einem das Zeichen ja irgendwie immer cool vorgekommen«, sagte Jakob und zeigte auf das gelbe Warnsymbol. »Aber hier wirkt es irgendwie … *nicht* so cool …«

Die nächsten zehn Minuten waren sie damit beschäftigt, Jakob die weisse Daunenjacke auszuziehen. Richtig beweglich war er nicht mehr.

»Kannst du mir eine Milchschnitte aus dem Automaten da drüben holen?«, fragte er, als sie es endlich geschafft hatten.

»Ja, natürlich.«

»Weisst du«, sagte Jakob, als er die Schnitte in der Hand hielt, die Horzon ihm hatte auspacken müssen, »früher, als Kind, da wollte ich am liebsten immer nur Milchschnitte essen, sonst gar nichts. Und heute *kann* ich eigentlich nur noch Milchschnitte essen. Alles andere krieg ich nicht mehr runter. Also esse ich jetzt eben nur noch Milchschnitte. Der Traum meiner Kindheit ist wahr geworden. Ich kann mich nicht beklagen.«

Die Bunkertür 3 öffnete sich. Eine Krankenschwester im weissen Kittel erschien und rief viel zu laut: »Herr Haupt!« Sie hätte es auch leiser sagen können, oder freundlicher, fand Horzon. Aber irgendwie war an diesem Ort sowieso alles egal.

Um sich die Wartezeit zu vertreiben, spazierte Horzon unter flackerndem Neonlicht durch die Betonkorridore. Irgendwann kam er an eine Tür, auf der *Cyberknife No- valis* stand. Horzon konnte es nicht fassen. Novalis war doch sein Lieblingsdichter. Das ganze letzte Kapitel seines *Weissen Buches* hatte er ja so gut wie abgeschrieben aus dem *Heinrich von Ofterdingen*. Und jetzt stand er also hier, in diesem Strahlen-Bunker, vor einer Tür mit der Aufschrift *Novalis*. Horzon kam sich vor wie in einem Anselm-Kiefer-Gemälde. Mit klopfendem Herzen streckte er die Hand nach der Klinke aus und drückte sie hinunter. Aber die Tür war verschlossen.

In diesem Moment ging Bunkertür 3 wieder auf, und Jakob tappte heraus.

»Weisst du eigentlich, dass ich heute nicht nur dein Fahrer bin?«, fragte Horzon, als sie wieder im Auto sassen. »Heute bin ich auch zur Nachtwache bei dir eingeteilt.«

»Ach, das ist doch schön«, sagte Jakob, »dann machen wir heute eine lange Filmnacht. Oder, warte mal, du wolltest mir doch noch den Artikel vorlesen, der nirgends veröffentlicht wurde. Über unsere Reise nach Aserbaidschan.«

»Ah, stimmt«, sagte Horzon. »Dann fahre ich nochmal

kurz bei mir zu Hause vorbei und hole mein Laptop. Und
dann fahren wir zu dir. Und dann beginnt die lange Nacht
der Reisereportage.«

»Ja. Genau so machen wir das.«

KAPITEL 12

Aserbaidschan – Eine Geschäftsreise

Als sie bei Jakob angekommen waren und den Aufstieg in den dritten Stock geschafft hatten, legte sich Jakob auf das grosse Sofa im Wohnzimmer. Draussen war es schon dunkel geworden. Horzon setzte sich auf den Sessel neben dem Sofa und klappte sein Laptop auf. »Also, pass auf, ich hatte diesen Text ja direkt nach unserer Reise geschrieben.« Er schaute Jakob an. »Soll ich uns eigentlich noch einen Tee machen?«

»Nein, bloss nicht! Ich habe hier doch meine italienische Lieblingslimonade, kannst du mir die mal aufmachen?«, sagte Jakob und reichte Horzon eine Dose.

»Wann genau waren wir eigentlich in Aserbaidschan?«, fragte Horzon, als er Jakob die Dose zurückgab. »Im April oder Mai 2016, oder? Also vor drei Jahren ungefähr?«

»Ja, das könnte hinkommen«, sagte Jakob. »Direkt nach Aserbaidschan hatte ich nämlich meine Diagnose bekommen, und das ist jetzt bald drei Jahre her.«

Horzon drehte das Laptop um und zeigte Jakob das Foto, auf dem sie beide mit Mollenkott vor dem Messegebäude in Baku posierten. »Und dieses Foto sollte ganz gross abgebildet werden mit dem Artikel.«

»Wirklich schön, das Foto«, sagte Jakob. »Wir drei im Anzug. Aber ich verstehe bis heute nicht, wieso du nicht auch einen weissen Anzug angezogen hast, das war doch so abgesprochen.«

»Und ich verstehe bis heute nicht, warum niemand diesen Artikel gebracht hat«, rief Horzon. »*Manager Magazin*, *Wirtschaftswoche*, *Financial Times* – niemand wollte den Report haben. Die haben sich noch nicht einmal zurückgemeldet!«

»Rafi, es gibt Dinge, die sind einfach nicht zu verstehen – und das ist ja auch das Schöne daran. Das ist übrigens auch eine der Weisheiten, die ich von dir habe.«

»Ach ja? Keine Ahnung … Pass auf, ich fange jetzt mal an mit dem Artikel.«

»Ich bin ganz Ohr.«

»Also, die Überschrift lautet: *Aserbaidschan – Eine Geschäftsreise.*«

»Das klingt doch schon mal sehr professionell«, sagte Jakob zufrieden.

»Finde ich ja auch«, sagte Horzon. »Und dann kommt der Vorspann: *Horzons Wanddekorationsobjekte ist ein mittelständisches Unternehmen in Berlin, das farbenfrohe Wanddekorationsobjekte herstellt und vertreibt. Gegründet Anfang 2014, ist das junge Unternehmen stets darauf bedacht, neue Märkte zu erschliessen, etwa in Aserbaidschan. Ein Report von Geschäftsführer Rafael Horzon.*«

»Also, wenn ich ein junger Unternehmer wäre, hätte ich genau jetzt, an dieser Stelle, schon ein Abonnement bestellt«, sagte Jakob.

»Wieso wäre?«, rief Horzon. »Du *bist* doch ein junger Unternehmer!«

»Stimmt natürlich«, sagte Jakob, »aber ob ein Abonnement jetzt noch lohnt, ich weiss ja nicht …«

»So, und jetzt geht der eigentliche Artikel los«, sagte Horzon, »hör zu. *Es gibt zwei Kategorien von Produkten:*

Günstige Produkte für den Massenmarkt, wie zum Beispiel Plastik-Kugelschreiber oder -Feuerzeuge, und sehr teure Produkte für einen kleinen Zirkel wohlhabender Kunden. Horzons Wanddekorationsobjekte gehören mit einem Stückpreis von 600 000 Euro zur zweiten Kategorie.«

»Wirkt alles sehr schlüssig«, sagte Jakob.

Horzon fuhr fort: *» Da die Verkäufe in Deutschland auch ein Jahr nach Geschäftsgründung sehr schleppend verliefen ...«*

»Mit anderen Worten: null verkaufte Objekte«, ergänzte Jakob.

»... entschied sich die Geschäftsführung von Horzons Wanddekorationsobjekte *im September 2015, den amerikanischen Markt zu testen. Doch auch der war für dieses neuartige Produkt noch nicht bereit.«*

»Ach ja, stimmt«, sagte Jakob lächelnd. »Magnus Resch hat für uns doch zwei Wochen lang einen Pop-up-Shop in Manhattan gesucht. Und keiner hat dir gefallen. Jedes Mal hattest du was auszusetzen.«

»War das wirklich so?«, fragte Horzon.

»Ja, natürlich! Zuerst ist Magnus alleine mit seiner pinken Vespa durch Manhattan gefahren und hat uns Fotos von Läden geschickt, die man mieten könnte. Und immer hiess es: Rafi findet den Laden zu klein, Rafi findet den Laden zu gross, Rafi findet den Laden zu bunt ...«

»Der war aber auch wirklich zu bunt«, sagte Horzon. »Der Laden musste schon grau sein, damit sich die bunten Wanddekorationsobjekte davon schön absetzen konnten.«

»Und dann bin ich ja mit Philip und David zur Fashion Week nach New York gefahren«, erzählte Jakob weiter. »Und da habe ICH eine Woche lang gesucht. Zusammen mit Magnus. Auf der Vespa. Und wir haben auch jede Menge Läden gefunden. Einer war schöner als der andere.«

»Aber richtig perfekt waren sie nie«, sagte Horzon.

»Du hast uns wirklich gequält, Rafi. Am Ende hast du sogar gesagt: ›Ich will, dass vor dem Laden ein Hydrant steht!‹«

»Na ja, ich wollte eben, dass man auf den Fotos sofort sieht: Wow, jetzt gibt es Horzons Wanddekorationsobjekte auch schon in New York! Und das sieht man nur, wenn vor dem Laden so ein Hydrant steht.«

»Ja, aber genau so einen Laden *hatten* wir dann doch sogar gefunden«, sagte Jakob. »Mitten in Manhattan. Alles war perfekt: Man konnte den Laden für ein paar Wochen mieten, vor dem Laden stand ein riesiger silberner Hydrant. Und dann?«

»Ja, und dann?«

»Und dann hat sich Herr Rafael einfach gar nicht mehr gemeldet.«

»Jakob, der Laden war eine Galerie!«

»Na ja, und? Er war wirklich optimal, alle Wände waren weiss, man hätte die Objekte sofort aufhängen können, und ein grosses Schild – *Horzons Wanddekorationsobjekte* – und fertig.«

»Ja, aber ich gehe doch nicht in eine Galerie! Dann hätten sofort alle gesagt: Aha, jetzt hängen Horzons Wanddekorationsobjekte also in einer Galerie. Dann sind sie also DOCH Kunst. Und Horzon ist also DOCH ein Künstler.«

»Apropos Künstler«, sagte Jakob, »ich habe letzte Woche bei Wikipedia nachgeschaut, da steht schon wieder *Rafael Horzon ist ein deutscher Künstler und Schriftsteller*!«

»Ich weiss«, sagte Horzon und verdrehte die Augen.

»Ich habe das aber schon wieder korrigiert, jetzt steht da wieder: *Rafael Horzon ist ein deutscher Unternehmer und Sachbuchautor*!«

»Wieso machen die das eigentlich? Wer ändert das denn dauernd?«

»Ich habe keine Ahnung, Jakob. Das ist ja nicht nur einer, das sind mehrere Leute, die da ständig an dem Eintrag über mich herumschreiben. Und ihr einziger Lebensinhalt besteht anscheinend darin, zu behaupten, dass ich Künstler bin.«

»Schon seltsam«, sagte Jakob. »Und leider ist Wikipedia ja auch wirklich wichtig: Du gibst ein: *Rafael Horzon*, und als Erstes erscheint dein Eintrag bei Wikipedia.«

»Ich weiss«, sagte Horzon. »Und wenn dann da steht: *Rafael Horzon ist ein deutscher Künstler*, dann halten das die Leute auch für die wirklich wahre Wahrheit.«

»Schwierig«, sagte Jakob.

»Es ist doch auch wirklich verrückt«, sagte Horzon, »früher haben die Künstler dafür gekämpft, als Künstler anerkannt zu werden. Heute muss ich dafür kämpfen, *nicht* als Künstler bezeichnet zu werden!«

»Da dürftest du allerdings auch der Einzige sein, der das tut«, sagte Jakob müde lächelnd.

»Weil ich auch kein Künstler bin, sondern Unternehmer! Und wenn diese Leute mich weiter zum Künstler machen wollen, werde ich zum letzten Mittel greifen.«

»Was willst du denn machen?«, fragte Jakob.

»Ich werde Wikipedia verklagen. Es ist das Einzige, was man noch tun kann.«

»Ja, dann musst du das wohl tun«, sagte Jakob nachdenklich. »Vielleicht könntest du damit sogar noch einen schönen Skandal provozieren.«

»Ich möchte ja gar keinen Skandal, ich möchte einfach nur Unternehmer sein.«

»Ach, so ein Skandal, das ist doch das Einzige, was wirklich Spass macht«, sagte Jakob. »Wir haben ja mit *Dandy Diary* auch immer überlegt, was man noch machen kann, wie man die Leute noch aufwecken kann.«

»Oh ja, das ist in der Modewelt natürlich auch dringend nötig«, sagte Horzon.

»Deshalb haben wir ja auch vor ein paar Jahren in Mailand diesen Flitzer über den Laufsteg gejagt«, erzählte Jakob weiter. »Das war der einzig mögliche Kommentar zu diesem ganzen Schwachsinn. Dass da bei Dolce & Gabbana ein nackter Mann über den Laufsteg rennt und allen seinen Willi zeigt.«

Jakob lachte ein bisschen und verzog dann sofort sein Gesicht. »Ich darf nicht lachen, das tut wahnsinnig weh.«

»Willst du vielleicht ein Süppchen?«, fragte Horzon. »Da ist doch noch was in dem Topf auf dem Herd, von deiner Mama, ich mach das mal warm.«

»Ach, danke, aber ich esse lieber noch etwas Opium«, sagte Jakob und nahm eine Tablette vom Couchtisch. »Und zum Nachtisch noch etwas Valium.«

Als Horzon aus der Küche zurückkam, war Jakob eingeschlafen. Er stellte den Topf auf den Couchtisch, setzte sich in den Sessel und betrachtete seinen schlafenden Freund. Dann weinte er ein bisschen. Dann schlief auch er ein.

Es war die letzte Nacht, die Horzon bei Jakob verbrachte. Und es war auch eine der letzten Nächte, die Jakob in seinem geliebten *Haupt-Wohnsitz* verbrachte. Bald nachdem Gia wieder aus London zurückgekommen war, wurde er ins Krankenhaus verlegt. Zum Strahlenzentrum wurde er nicht mehr in Horzons Wagen, sondern mit einem Krankentransporter gefahren. Aber auch für diese Fahrten liessen sich seine Freunde als Begleiter einteilen, wenn Gia einmal nicht mitfahren konnte.

Als Horzon eine Woche später zu seiner Begleitfahrt in Jakobs Krankenzimmer kam, sah Jakob nicht auf. Er sass ganz matt in dem hochgeklappten Bett und schaute einfach weiter aus dem Fenster. Er lächelte nicht. Auch nicht, als Horzon ihn mit *mein Dickerchen* anredete. Er sagte nur irgendwann ganz leise: »Kannst du mir das Kissen mal anders hinlegen, das ist zu tief so, das tut wahnsinnig weh.«

Kurze Zeit später kamen zwei Sanitäter ins Zimmer, sie legten Jakob auf eine Trage mit Rollen, die dann einfach in den Transporter geschoben wurde. Horzon durfte sich neben ihn setzen. Dann fuhr der Transporter an. Die untere Hälfte der Fenster war mit Milchglasfolie abgeklebt, damit man von draussen nicht hineinschauen konnte. Der obere Teil war freigelassen worden, und Horzon sah Fassaden, Bäume und Laternen vorbeiziehen. Es war schönes Wetter. Die Sonne ging gerade unter.

»Rafi«, hörte er plötzlich Jakob flüstern.

Horzon beugte sich zu ihm hinunter. »Ja, was denn?«

»Was ist mit dem Rest vom Artikel?«

»Rest vom Artikel?«, fragte Horzon.

»Ja«, flüsterte Jakob, »vom Aserbaidschan-Artikel. Du hast doch nur den Anfang vorgelesen. Wie geht es weiter? Und wie geht es zu Ende?«

»Ich habe den Artikel aber heute nicht dabei«, sagte Horzon und legte entschuldigend eine Hand auf Jakobs Arm.

»Ach so, schade«, flüsterte Jakob.

»Aber ich kann dir ja einfach erzählen, wie es weiterging«, sagte Horzon.

»Ja, das ist doch auch gut«, flüsterte Jakob.

»Also«, sagte Horzon und versuchte, sich auf seinem Notsitz irgendwie bequemer hinzusetzen, »kannst du dich noch daran erinnern, wie wir am Flughafen ankamen und Mollenkott unsere Flugtickets und Reisepässe eingesammelt hat? *Ich bin der Sicherheits-Chef, und es ist besser, wenn ich jetzt alle Formalitäten übernehme.* Und dann kamen wir ja irgendwann zur Sicherheitskontrolle, und plötzlich rannte Mollenkott wie ein Irrer zurück, weil er alle Pässe und Tickets an dieser Wurstbude liegengelassen hatte.«

»Ja, typisch Mollenkott«, flüsterte Jakob.

»Und kannst du dich erinnern, wie Mollenkott im Flugzeug mit dieser aserbaidschanischen Frau in der Reihe vor uns geflirtet hat, und wie sie am Ende sogar Händchen gehalten haben? Und plötzlich stand ihr Mann neben uns, der aus irgendeinem Grund in der Reihe hinter uns gesessen hatte. Wir hatten solche Panik, dass der grosse aserbaidschanische Mann uns jetzt alle massakriert.«

»Ja … so lustig«, flüsterte Jakob.

»Und weisst du noch, wie wir in Baku vom Flughafen mit dem Taxi in die Stadt fuhren, ganz alleine auf dieser achtspurigen Autobahn, und uns plötzlich so eine schwarze Limousine an den Rand gedrängt hat? Und dann kam die Kolonne von Präsident Aliyev vorbeigerast. Und wie Sicherheitschef Mollenkott uns gezwungen hat, uns auf den Boden zu werfen, weil er das in irgendeinem Actionfilm gelernt hatte?«

»Wenn wir ihn nicht gehabt hätten«, flüsterte Jakob.

»Und wie wir dann zur *Decor Expo* kamen, zur grössten Dekorationsmesse der Welt, im grössten Messegebäude der Welt. Und dann gab es neben unserem Stand nur noch fünf andere Stände. Und insgesamt vielleicht zwanzig Besucher?«

»Ja … legendär«, flüsterte Jakob.

»Und wie wir Mollenkott losgeschickt haben, damit er bei der Messeleitung mal nachfragt, wann denn die aserbaidschanischen Ölmilliardäre kommen, für die wir jetzt extra angereist waren? Und die Messeleitung laut Mollenkott gesagt hätte, um 14 Uhr?«

»Viel verkauft haben wir auch nach 14 Uhr nicht«, flüsterte Jakob.

»Und wie Mollenkott nach der Messe eine Ansprache an die Belegschaft gehalten hat, also an uns beide, und verkündet hat, dass unser Hauptziel erreicht worden ist, nämlich eine schwarze Null vor dem Komma?«

»Eine dicke, fette schwarze Null«, ergänzte Jakob.

»Und dass wir uns jetzt wie alle guten Geschäftsreisenden etwas *amüsieren* wollten?«

»Du bist ja schlauerweise gleich wieder ins Hotel gefahren«, flüsterte Jakob.

»Na ja, in den ersten Laden bin ich noch mitgekommen«, sagte Horzon. »Das war ja laut Mollenkott auch der beste Nachtclub von Aserbaidschan. Und er war ja auch sehr begeistert von den angeblich wunderschönen Frauen. Und als wir dann auf Toilette gegangen sind, standen doch zwei dieser sogenannten Frauen neben uns am Pissoir.«

»Ja … stimmt«, flüsterte Jakob, »und dann bist du aber wirklich zurück ins Hotel gefahren.«

»Richtig«, sagte Horzon. »Und als ich am nächsten

Morgen auf dem Weg zum Frühstück war, da seid ihr gerade ins Hotel zurückgekommen – ohne Geld, ohne goldene Uhren, ohne goldene Ringe, ohne goldene Armbänder, alles hatten sie euch abgenommen. Mollenkott hatten sie sogar die Schuhe abgenommen. Was war denn eigentlich passiert? Jetzt kannst du mir doch *endlich* mal alles erzählen.«

Doch in diesem Moment hielt der Krankentransporter vor dem Strahlenzentrum.

Die Krankenpfleger zogen die Trage heraus und rollten mit Jakob in den Strahlenbunker.

Als er nach einer Stunde wieder herausgerollt wurde, sah er noch schlechter aus als vorher. Sein Gesicht war ganz grau. So grau wie ein mittelalterlicher Schmerzensmann, dachte Horzon. Seine Haare waren lang. Seit ein paar Wochen hatte er aufgehört sich zu rasieren, und jetzt rahmte ein lockiger Bart seinen ernsten Mund, wie auf den letzten Fotos von Che Guevara.

Draußen war es mittlerweile dunkel geworden. Jakob hatte die Augen geschlossen. Horzon schnallte sich an. Als der Wagen losfuhr und über ein paar Schlaglöcher holperte, rollte Jakobs Kopf wie leblos hin und her. Für einen Moment dachte Horzon, er sei tot. Er beugte sich tief hinunter, ganz nah an Jakobs Gesicht heran, um zu hören, ob er noch atmete, als Jakob plötzlich flüsterte: »Ich lebe noch, Rafi.«

»Weiss ich doch«, sagte Horzon erschrocken. »Aber es ist so dunkel hier im Wagen, und ich dachte gerade, du hättest Schweissperlen auf der Stirn. Oder sieht das nur so aus? Ich habe meine Brille nicht auf.«

»Ja, ich schwitze wahnsinnig«, flüsterte Jakob. »In meiner Jacke ist ein Päckchen Papiertaschentücher. Kannst du das mal rausholen und mir den Schweiss abtupfen, bitte?«

»Ja, natürlich.«

»Aber nicht wischen, bitte, das tut wahnsinnig weh.«

Horzon holte die Taschentücher heraus und tupfte ganz vorsichtig Jakobs Gesicht ab.

»Und ist noch Wasser in der kleinen Flasche, ich habe fürchterlichen Durst«, flüsterte Jakob.

Horzon holte die Flasche aus seiner Manteltasche, fasste unter das kleine Kissen, auf dem Jakobs Kopf lag, hob ihn an und setzte die Flasche an seinen Mund.

»Danke, das reicht schon«, flüsterte Jakob nach ein paar kleinen Schlucken. Dann schloss er die Augen.

Durch den oberen Teil der Wagenfenster sah Horzon draussen die Lichter der Stadt vorbeigleiten. Über den Häusern sah er den Sternenhimmel. Und in diesem Sternenhimmel sah er auch den Mond. Und dann sah er durch seine tränengefüllten Augen, wie sich ein zweiter Mond ganz langsam ins Bild schob und immer näher an den ersten herankam. Und dann sah er, wie beide Monde verschmolzen und einen noch viel helleren Mond ergaben.

KAPITEL 13

Letztes Jahr in Marienbad

Die Situation im *Deutschen Zentrum für Dokumentarfotografie* hatte sich in der Zwischenzeit nicht wesentlich verändert. Horzons neuer Verkaufschef Nicolaus Wenz erschien jetzt zwar jeden Tag zum Dienst in der Torstrasse 94, trotzdem war immer noch kein einziges Sternenbild verkauft worden. Die finanzielle Lage der Horzon GmbH war nach wie vor katastrophal.

Wenigstens seine Wohnung hatte Horzon wieder in den Griff bekommen. Mollenkott hatte angedroht, die Räume mit einem »relativ harmlosen« Insektizid auszuräuchern. »Ansonsten muss ich die Sache dem Gesundheitsamt melden.« Ein paarmal hatte er sogar mit dem »Seuchenamt« gedroht.

Also hatte Horzon Nicolas Wenz damit beauftragt, riesige Müllsäcke zu besorgen. Dann hatten sie darin tonnenweise verwesende Abfälle aus der Wohnung getragen und anschliessend die gesamte Wohnung von oben bis unten mit Febreze eingesprüht.

Jetzt sass Horzon täglich ab elf Uhr in seiner sehr gepflegten Wohnung auf dem Diwan und wartete auf einen Einfall für sein neues Buch. Nachdem eine Woche verstrichen war, ohne dass sich dieser Einfall eingestellt hatte, holte Horzon sein Notizbuch mit der Aufschrift »Gedankenblitze« aus dem Mahagoni-Sekretär und machte es sich damit auf dem Diwan bequem. Wenn ich das Notizbuch aufklappe und

den Bleistift schon auf die Seiten setze, kann ich sofort los-
schreiben, sobald die Idee kommt, dachte er sich. Geduldig
wartete er mit angespitztem Bleistift. Erst eine halbe Stunde. Dann noch eine halbe Stunde. Dann fiel ihm auf, dass
die Kerzenständer auf seinem Klavier nicht ganz symme-
trisch standen. Ächzend wälzte er sich von seinem Diwan
hinunter, ging zum Klavier und verschob die Ständer um
jeweils zwei bis drei Millimeter. Er machte ein paar Schritte rückwärts, legte den Kopf schief, kniff ein Auge zu und
peilte die Ständer über seinen Daumen an. Dann ging er zurück zum Klavier und verschob die Ständer um nochmals
zwei bis drei Millimeter. Er machte wieder ein paar Schritte rückwärts und peilte noch einmal. Dann ging er in seine
Abstellkammer und holte einen Zollstock. »So, beim linken Kerzenständer beträgt der Abstand zum Klavierrand
exakt ... acht Komma sieben Zentimeter«, sagte er laut.
Dann ging er zum rechten Kerzenständer und rückte ihn
mit hinausgeschobener Zungenspitze so lange nach links,
bis der Abstand zum Klavierrand ebenfalls acht Komma
sieben Zentimeter betrug. Dann machte er wieder einige
Schritte rückwärts. Dann peilte er. Ja, so war es perfekt.

Zufrieden rollte er sich auf seinen Diwan, stopfte sich
ein Kissen in den Rücken, winkelte die Beine an und legte
sich sein Notizbuch wieder auf den Bauch. Dann schloss
er die Augen, um in seinem Inneren eine Idee für sein Buch
zu finden. »Ich horche ganz tief in mich hinein«, murmelte
er, »ganz tief in mich hinein ... ganz tief ...« In diesem Moment sprang die Ampel vor seinem Haus auf Grün, und
vier Lastwagen fuhren gleichzeitig an. Horzon schnellte
empor. »Wie soll man sich bei diesem Getöse konzentrieren?«, schimpfte er und ging zum Wohnzimmerfenster, um zu schauen, ob es auch wirklich ganz geschlossen

war. Ja, alle Doppelfenster waren fest verschlossen. Und trotzdem dröhnte der Strassenlärm in sein Wohnzimmer. Verdammte Sattelschlepper, dachte Horzon. Verdammte Kipplaster. Jetzt wurde es aber wieder leiser, es waren eben einfach nur vier riesige LKWs gleichzeitig angefahren. Zufällig alle vier im gleichen Moment. Jetzt war der Verkehr wieder normal. Gut.

Horzon legte sich wieder auf seinen Diwan und schloss die Augen. Er stellte sich ein Buch vor, ein geschlossenes Buch. Ein in dunkelbraunes Leder gebundenes Buch. Dann stellte er sich vor, wie er dieses Buch aufklappte. Jetzt muss ich nur noch lesen, was auf der ersten Seite steht, dachte er. In diesem Moment hörte er Kindergeschrei von draussen. Augenrollend lief er zum Fenster und schaute hinunter. Ja, tatsächlich, da marschierte eine Schulklasse von der Grundschule am Koppenplatz zu einem Ausflug. »Warum müssen die dabei so einen Lärm machen?«, murmelte Horzon gereizt. »Warum müssen sie alle schreien? Und warum alle gleichzeitig?« Als die Klasse abgebogen und verschwunden war, legte Horzon sich wieder auf seinen Diwan und schloss die Augen. Alles war ruhig. Ganz ruhig. Nur ein ganz leises Verkehrsrauschen war zu hören. Ganz leise. Das war eigentlich tolerabel, dachte Horzon. Obwohl, jetzt wurde es wieder lauter. Jetzt kam auch noch eine Polizeisirene dazu. Und jetzt Autohupen. Fahrradklingeln. Wie soll ich bei diesem Lärm entspannen und über mein Buch nachdenken? Wie soll ich bei diesem Lärm nachdenken? Wie soll ich …?

In diesem Moment schrillte die Türklingel.

Horzon fuhr senkrecht in die Höhe und rannte wütend zur Sprechanlage. »Haalloo?«, schrie er vorwurfsvoll. »Wer ist denn da?«

»Hallo, hier ist Timon …«

Horzon drückte den Summer und wartete an der offenen Tür auf den unangekündigten Störenfried.

»*Buongiorno, Monsignore!*«, schrie Timon Karl Kaleyta vergnügt, als er die letzten Stufen zu Horzons Wohnung hochstampfte.

»Nicht so laut, nicht so laut«, presste Horzon hervor und verzog wehleidig das Gesicht.

»Was ist denn los, was hast du denn?« Kaleyta schloss betont vorsichtig die Tür. »Ich habe von Philip gehört, dass du deine Wohnung entrümpelt hast, das wollte ich mir mal anschauen.« Er warf einen Blick ins Esszimmer, dann ins Wohnzimmer, dann breitete er die Arme aus und schrie begeistert: »Bravo, das ist doch herrlich! Wenn ich mich da an meinen letzten Besuch erinnere – dieser ganze Müll, und überall diese Kothaufen. Also, das war schon hart an der Grenze, mein lieber Rafael.«

»Nicht so laut, bitte«, jammerte Horzon und fasste sich an den Kopf. »Und das waren auch keine Kothaufen, das war bestimmt nur etwas umgekippter Schokoladenpudding.«

»Na ja, wie auch immer, es hat auf jeden Fall schlimm gestunken«, rief Kaleyta. Dann zeigte er mit beiden Händen auf seine Ohren: »Und was soll das mit diesem ›Nicht so laut, nicht so laut‹? Was ist das jetzt schon wieder für eine Marotte?«

»Das ist keine Marotte«, flüsterte Horzon und liess sich entkräftet auf seinen Diwan fallen. »Ich bin ein hochsensibles Wesen. Hypersensibel. Ich empfinde Geräusche viel intensiver als alle anderen Menschen.«

»Ja, ja, schon klar«, rief Kaleyta und öffnete die Wohnzimmerfenster. »Dann wollen wir mal etwas frische Luft hereinlassen, hier riecht es nämlich wahnsinnig nach Putzmittel. Kein Wunder, dass man da verrückt wird.«

»Nein«, rief Horzon panisch und schloss alle Fenster wieder, »der Strassenlärm!« Dann setzte er sich an den Esstisch, stützte die Ellenbogen auf und hielt sich mit den Händen die Ohren zu. »Ich ertrage das alles nicht mehr. Ich versuche seit über einer Woche, endlich an meinem neuen Buch zu arbeiten. Und ich muss doch jetzt dringend vorankommen. Du weisst ja vielleicht, dass Florian Illies SEHR daran interessiert ist, mein Buch zu veröffentlichen …«

»Ach, wirklich, ich dachte Suhrkamp …«

»Ja, die natürlich auch. Alle wollen es. Und ich muss jetzt dringend loslegen. Aber ich kann nicht. Das kleinste Geräusch macht mich wahnsinnig. Und es geht ja gar nicht um Geräusche. Es ist der LÄRM, der durch alle Ritzen dringt. LÄRM! Hupen! Geschrei! Gebrumm! Andauernd! Von morgens bis abends! Durch die Wände! Durch die Fenster! Durch die Fussböden! Timon, ich halte das alles nicht mehr aus!«

Kaleyta sah Horzon besorgt an. »Ja … gut siehst du wirklich nicht aus, ganz blass und irgendwie aufgedunsen.«

»Vielen Dank«, sagte Horzon beleidigt. »Ausserdem habe ich rasende Kopfschmerzen.«

»Ganz klare Diagnose«, verkündete Kaleyta. »Nervöse Überreizung und Fettsucht. Du musst in ein Kurbad fahren.«

»In ein Kurbad?« Horzon horchte auf.

»Ganz genau«, sagte Kaleyta. »Marienbad, Karlsbad, das sind herrliche Kurorte, mondäne Kurorte, nicht weit weg von Berlin.«

»*Letztes Jahr in Marienbad* ist doch auch mein Lieblingsfilm«, sagte Horzon, der jetzt plötzlich wieder neue Hoffnung schöpfte.

»Ja, genau. Wunderbarer Film«, sagte Kaleyta. »Karlsbad ist allerdings noch etwas schöner als Marienbad, da gibt es ein prächtiges Hotel, das Grandhotel Pupp, da war ich vor ein paar Jahren, das kann ich dir sehr empfehlen.«

»Na gut«, sagte Horzon lächelnd, »ich glaube, du hast recht, das würde mir jetzt guttun. Ein bisschen Entspannung, ein bisschen Pflege …« Dann fiel er wieder in sich zusammen. »Aber ich habe ja überhaupt kein Geld. Mein Konto ist immer noch gepfändet.«

»Hmmm …«, machte Kaleyta nachdenklich. Dann kam ihm eine Idee. »Ich habe doch sehr viel gearbeitet die letzten Wochen. Viele Artikel geschrieben. Dann könnte ich dir doch jetzt endlich das Geld wiedergeben, das du mir letztes Jahr geliehen hast.«

»Wirklich?«, rief Horzon ungläubig.

»Ja, wirklich«, sagte Kaleyta.

»Das *ganze* Geld auf einmal?«

»Ja, das ganze Geld. Und wegen der nervösen Überreizung, also wegen deiner überempfindlichen Ohren: Du musst deine Wände mit Korkplatten verkleiden.«

»Mit Korkplatten?«

»Ja, Kork schluckt den Schall! Wusstest du das nicht? Pass auf, besorg dir mal folgendes Buch, das kannst du dann ja in Karlsbad durchlesen.« Kaleyta kritzelte etwas auf ein Stück Papier und gab es Horzon.

»Céleste Albaret, *Monsieur Proust*«, buchstabierte Horzon mühsam.

»Das war die Haushälterin von Marcel Proust«, erklärte Kaleyta. »Die beschreibt das in ihrem Buch sehr genau mit diesen Korkplatten. Vielleicht habe ich das Buch sogar zu Hause, dann bringe ich es dir nachher vorbei, zusammen mit dem Geld.«

Als Horzon am nächsten Morgen zu seiner Garage lief, machte er noch einen kleinen Abstecher zu seinem alten Freund Igor Levit. Er wollte die Regale inspizieren, die seine Mitarbeiter am Tag zuvor bei ihm aufgebaut hatten. In seiner Reisetasche raschelte das Geld, das Kaleyta ihm zusammen mit dem Buch vorbeigebracht hatte. Die Sonne schien, es war Karfreitag, und Horzon freute sich auf seine Osterferien in Karlsbad.

»Karlsbad?«, rief Levit, als Horzon ihm von seinem Plan erzählt hatte. »Karlsbad, das ist natürlich wunderschön. Fast so schön wie das hier.« Dabei zeigte er auf die neu eingebaute Regalwand.

»Wunderbar rechtwinklig«, sagte Horzon überwältigt, als er vor seinem eigenen Produkt stand.

»Und, sag mal, könntest du mir auch eine Kommode bauen? Für meine Seidenschleifen, Manschettenknöpfe und Gamaschen?«, fragte der stilbewusste Jahrhundertpianist.

»Und könntest du mir für meine lange Autofahrt deine CD geben, mit den *Goldberg-Variationen*?«, fragte Horzon zurück.

Nachdem sie alle Details der neuen Kommode besprochen hatten, verabschiedete sich Horzon. »Ich muss schnell los, damit ich nicht erst im Dunkeln in Karlsbad ankomme.«

»Ach, übrigens«, sagte Levit, als Horzon schon auf der Türschwelle stand, »wie geht es Jakob? Ich habe seine Frau Gia letzte Woche getroffen, bei einem Dinner.«

»Jakob geht es leider nicht so gut«, sagte Horzon und schaute auf den Boden. »Er ist gestern mit Gia nach Bad Saarow gezogen, in ein schönes Haus am See.«

»Aha, dann wirst du ihn da bestimmt bald mal besuchen«, sagte Levit.

»Ja, wenn ich aus Karlsbad zurück bin. Im Moment will er einfach mal zur Ruhe kommen, mit Gia.«

Horzon drückte Levit zum Abschied, dann lief er die Treppe hinunter, überquerte den kleinen Park gegenüber, schloss seine Garage auf und fuhr los.

Es war schönes Wetter, Sonne wechselte sich ab mit Wolken. Manchmal waren es auch dunkle Wolken. Aprilwetter, dachte Horzon, während er in Richtung Süden aus der Stadt hinausfuhr. Nach zwanzig Kilometern wühlte er in seiner Reisetasche auf dem Beifahrersitz nach der Levit-CD. Es waren sogar gleich drei CDs, wie er auf dem Cover las. Die grossen Variationen von Bach, Beethoven und Rzewski. Horzon nahm zuerst die Bach-CD heraus, die *Goldberg-Variationen*. Sehr schön, dachte er, die habe ich zwar schon sehr oft gehört, aber dann höre ich sie jetzt eben noch einmal. Und dann die Beethoven-CD, und dann die Rzewski-CD, und dann bin ich doch auch schon in Karlsbad.

Das erste Stück, die Aria, machte Horzon wehmütig. Er bekam Fernweh. Wahrscheinlich, weil er die Variationen schon oft auf langen Autofahrten gehört hatte. Das fröhliche Stück danach, die erste Variation, munterte ihn aber wieder auf. Die Sonne brach durch die Wolken, und Horzon summte begeistert mit.

Nach einiger Zeit bewölkte sich der Himmel aber immer mehr, dann setzte leichter Nieselregen ein. Horzon dachte an Jakob. Was er jetzt wohl gerade machte, in dem Haus am See? Die Variationen kamen ihm jetzt auch immer schwermütiger vor. Als kurz vor Leipzig zum Abschluss die Aria wiederholt wurde, musste er auf dem Standstreifen halten. Levit spielte sie so einfühlsam, dass Horzon Angst hatte, aus Ergriffenheit die Kontrolle über seinen Wagen zu verlieren. Eigentlich sollte man die Aria am Ende nicht noch einmal spielen, dachte er. Die letzte Variation, Nummer 30, wäre ein viel besserer Schluss. Viel hoffnungsvoller. Triumphierend!

Während er über diesen und einige andere Kompositionsfehler Bachs philosophierte, durchwühlte er seine Reisetasche nach der Beethoven-CD. Er fand aber nur ein paar Hörbuch-CDs. Na gut, dachte er, was haben wir denn hier, er setzte die Brille auf und las: *Thomas Mann, Die grossen Erzählungen: Tristan – Der Tod in Venedig – Mario und der Zauberer. Gelesen von Gert Westphal.*

Auch gut, dachte er. *Tristan* hatte er schon als Student immer lesen wollen, *Der Tod in Venedig* war sein Lieblingsfilm, und Gert Westphal war doch schliesslich sein Lieblings-Rezitator.

Während Horzon seine Fahrt durch leichten Schneeregen fortsetzte, begann Gert Westphal zu lesen. Die erste Erzählung, *Tristan*, spielte in einem Sanatorium in den Alpen und handelte von einem blutarmen Schriftsteller namens Detlev Spinell, der ausser einem einzigen dünnen Büchlein nicht sehr viel zustande gebracht hatte in seinem Leben. »Die Parallelen zu meinem eigenen Leben sind nicht von der Hand zu weisen«, murmelte Horzon, während er durch den Schneeregen fuhr. Wirklich lungenkrank war dieser Detlev Spinell zwar nicht, aber da er sich für einen sehr verfeinerten Ästheten hielt, fühlte er sich in dieser morbiden Kulisse anscheinend sehr wohl.

Sein Rivale war ein kraftstrotzender Kaufmann namens Klöterjahn. Der lebte natürlich nicht in diesem Sanatorium, dafür aber seine kränkliche Frau namens Gabriele. Spinell verliebte sich in sie. Dann schrieb er einen wirren Brief an Gabrieles Ehemann. Dann starb Gabriele.

Eigentlich eine traurige Geschichte, dachte Horzon, als Westphal den letzten Satz gelesen hatte. Aber auf eine Art dann auch wieder sehr lustig. Sex kam übrigens nicht darin vor, und trotzdem hatte Thomas Mann seines Wissens doch den Nobelpreis bekommen! Das müsste man Mollenkott eigentlich mal erzählen. Obwohl, besser nicht, Mollenkott war immer so aufbrausend …

In diesem Moment begann Westphal, die nächste Erzählung zu lesen: *Der Tod in Venedig*. Auch diese handelte von einem Schriftsteller, diesmal allerdings von einem sehr erfolgreichen. Gustav Aschenbach, oder von Aschenbach, wie er seit seinem fünfzigsten Geburtstag heisst, beschliesst eines Tages zu verreisen. Er möchte seinem Leben und seinem Werk ein bisschen Abwechslung verpassen. Oder, um es mit den Worten Thomas Manns zu sagen: *Und so tat denn eine Einschaltung not, etwas Stegreifdasein, Tagedieberei, Fernluft und Zufuhr neuen Blutes … Was er suchte, war das Fremdartige und Bezuglose, welches jedoch rasch zu erreichen wäre.*

»Die Parallelen zu meinem eigenen Leben sind nicht von der Hand zu weisen«, murmelte Horzon, während er auf eine tiefhängende, fast schwarze Regenwolke zusteuerte.

Lustig war diese Geschichte allerdings nicht, sie war sogar sehr traurig. Und während Thomas Mann den unaufhaltsamen Niedergang des gefeierten Schriftstellers beschrieb, bis hin zu seinem tragischen Ende als Opfer einer Cholera-Epidemie, setzte draussen vor Horzons Windschutzscheibe langsam die Dämmerung ein. Die Strasse wurde immer kurviger, es ging durch eine Art Gebirge. An der tschechischen Grenze trat ein schwarz gekleideter Beamter mit einem langen wehenden Umhang aus dem Grenzhäuschen. Horzon liess sein Fenster herunterfahren, aber der Beamte hatte ihm nichts zu sagen. Er winkte nur stumm mit seinem dunklen Umhang in Richtung Karlsbad, in Richtung Dämmerung. Von der Grenze, die auf einer Anhöhe verlief, ging es von nun an nur noch bergab.

Minuten vergingen, bis man dem seitlich im Stuhle Hinabgesunkenen zur Hilfe eilte, hörte Horzon Gert Westphal die letzten Sätze der Novelle lesen. *Man brachte ihn auf sein Zimmer. Und noch desselben Tages empfing eine respektvoll erschütterte Welt die Nachricht von seinem Tode.*

Traurige Geschichte, dachte Horzon. Und ein schauerliches Ende. Scheusslich, diese Cholera. Gut, dass es so etwas wie eine Epidemie heutzutage nicht mehr gibt. Zumindest nicht in Europa.

In diesem Moment erschien im Scheinwerferlicht, das er gerade erst eingeschaltet hatte, das Ortsschild von Karlsbad. Gleichzeitig setzte starker Regen ein. Vermischt mit Hagel, wie Horzon überrascht feststellte. Und nach wenigen hundert Metern baute sich vor ihm die imposante, stucküberladene Fassade des Grandhotel Pupp auf, die von unzähligen Scheinwerfern feierlich von unten beleuchtet wurde. Verstärkt wurde der Effekt dieser beeindruckenden Kulisse durch mehrere Blitze, die jetzt durch den Regen zuckten, gefolgt von dunklem Donnergrollen.

Horzon liess sein Auto parken und betrat die pracht-
volle Lobby. Niemand war zu sehen. Er ging an den Emp-
fangstresen, über dem ein Messingschild mit der Aufschrift *Reception* hing. Horzon überlegte, ob man dieses
Wort jetzt besser englisch, französisch oder österreichisch
aussprechen sollte. Oder tschechisch? Doch in diesem
Moment kam auch schon der Hotel-Director angerauscht,
ein sympathischer Mann mit schwarzem Schnurrbart, in
einem französisch geschnittenen Gehrock.

»Herr Professor Horzon?«, rief er schon von weitem.

»Ähm, ja …«, antwortete Horzon verlegen. Er musste
sich in seiner Mail wohl als Professor angemeldet haben.

»Willkommen im Grandhotel Pupp«, rief der Director.
»Sie werden sich bei uns wohlfühlen, viele bedeutende
deutsche Persönlichkeiten haben unser Haus sehr geliebt:
Johann Sebastian Bach, Ludwig van Beethoven, und der
vielleicht bedeutendste Gast war natürlich …«

»Etwa Thomas Mann?«, fragte Horzon atemlos.

»Thomas Mann?«, sagte der Director und runzelte die
Stirn, »also, das ist mir nicht bekannt, dass er hier gewohnt hätte.«

»Schade«, sagte Horzon nachdenklich, »ich habe nämlich im Auto gerade …« Er schüttelte den Kopf. »Ach egal,
das führt jetzt zu weit. Aber wer war denn nun der …«

»Der vielleicht bedeutendste Gast unseres Hauses«,
fuhr der Director mit seinem Vortrag fort, »war Johann
Wolfgang von Goethe.«

»Oh«, sagte Horzon, »interessant!«

»Goethe hat Karlsbad geliebt«, erzählte der Director
voller Stolz, »insgesamt ist er dreizehnmal hierhergekom-
men, und meistens hat er in unserem Hause residiert.«

»Bravo!«, rief Horzon.

»Er ist von hier aus im Jahre 1786 aufgebrochen zu seiner grossen, zu seiner berühmten Italienreise.«

»Nach Venedig?«, fragte Horzon und zog die rechte Augenbraue hoch.

»Ja, in der Tat«, sagte der sehr gebildete Director, »er fuhr von hier aus nach München, dann über den Brenner nach Bozen und gelangte dann nach Venedig.«

»Und in Venedig ...«, fragte Horzon ängstlich, »ist er dort etwa ...«

»Was denn?«

»Gestorben?«, flüsterte Horzon.

»Nein, nein, mein lieber Freund«, rief der Director. »Da war er doch erst Mitte dreissig. Das ist doch kein Alter, um zu sterben. Er ist dann noch bis nach Sizilien gereist und hat nach dieser Italienreise noch über vierzig Jahre lang gelebt.«

»Gut«, sagte Horzon erleichtert. »Ich habe nämlich ...« Er schüttelte traurig den Kopf. »Ach egal, das führt jetzt zu weit.«

»Die wichtigste Etappe seiner Reise war natürlich Rom«, erzählte der Director weiter, »aber viele Historiker vergessen, dass er diese Reise hier begonnen hat. Hier, bei uns in Karlsbad.«

»Wirklich interessant«, sagte Horzon, der plötzlich merkte, dass er sehr müde wurde.

»*Auf der Welt gibt es nur drei Orte, an denen ich leben möchte: Weimar, Rom und ... Karlsbad!*«, rief der Director und hob theatralisch die Hände.

»Sie möchten in ... Weimar leben?«, fragte Horzon erstaunt.

»Nein, ich doch nicht. Goethe hat das gesagt.«

»Ach so«, sagte Horzon, der das Gespräch jetzt doch

langsam in Richtung Zimmer lenken wollte. »Haben Sie denn vielleicht eine Goethe-Suite im Angebot? Oder ein Goethe-Zimmer?«

»Leider nicht, denn wir wissen nicht genau, in welchem Zimmer er damals gewohnt hat.«

»Das macht nichts«, sagte Horzon, »dann geben Sie mir einfach irgendein anderes schönes Zimmer.«

»Sehr wohl, mein Herr, wir haben ein besonders schönes Zimmer für Sie reserviert, es hat die Nummer zwjelf.«

»Zwjelf?«, fragte Horzon.

»Ja, zwjelf«, wiederholte der Director und überreichte Horzon den Zimmerschlüssel, der an einem überdimensionierten Messinganhänger mit der Nummer zwölf baumelte.

Horzon fuhr mit dem Aufzug in den ersten Stock und ging links den Korridor entlang, als plötzlich das Licht ausfiel. Wahrscheinlich das Gewitter, dachte Horzon und blieb stehen, um nicht gegen die nächste Wand zu laufen. Kurz danach schaltete sich das Licht dann auch schon wieder ein.

Als Horzon die Tür zu seinem dunklen Hotelzimmer öffnete, kam ihm ein eisiger Hauch entgegen. Das Fenster war geöffnet, und die Gardine wehte ihm entgegen wie ein Gespenst.

Erschrocken schloss Horzon das Fenster, liess sich erschöpft in den Sessel neben dem Bett fallen und schaltete sein Handy ein, das während der Autofahrt ausgegangen war.

Er hatte fünf neue Nachrichten von Philip Mollenkott. Und drei neue Nachrichten von Gia.

Jakob war wenige Stunden zuvor gestorben.

KAPITEL 14

Das Geheimnis der dreizehnten Quelle

Als Horzon alle Nachrichten durchgelesen hatte, legte er das Handy langsam in den Schoss. Er liess seinen Mantel und seinen Schal an, blieb im Dunkeln in dem riesigen Hotelsessel sitzen und dachte an gar nichts. Er fühlte sich leer und zu schwach zum Weinen. Nach einer halben Stunde bemerkte er, dass der Vollmond durch einen Spalt zwischen den Gardinen schien. Er schob die Gardine zur Seite. Das Gewitter war vorübergezogen, und der ganze Sternenhimmel lag klar über Karlsbad, so klar wie in einem Planetarium. Horzon öffnete das Fenster und schaute hinauf. In diesem Moment blinkte ein besonders schöner, heller Stern, rechts neben dem Mond. Horzon hielt den Atem an und fixierte ihn. Mehrere Minuten lang. Aber das Blinken kam nicht wieder.

Müde liess er sich zurück in den Sessel fallen und zündete sich eine Zigarette an.

Dann rief er Philip Mollenkott an.

Mollenkott war sehr gefasst. Erst am Tag zuvor war er mit Jakob und Gia nach Bad Saarow gefahren. Und nach nur einer Nacht war Jakob in Gias Armen gestorben.

»Ganz innig und ganz ruhig«, sagte Mollenkott, »eigentlich muss man sagen: ein schöner Tod.«

Jetzt musste Horzon doch weinen.

»Wie geht es Gia?«, fragte er.

»Gia ist unfassbar«, sagte Mollenkott, »unfassbar stark.«

»Ja, sie ist wirklich sehr stark«, sagte Horzon. »Auch ihre Nachricht an uns war unglaublich. Man kann sie nur bewundern.«

»Ja …«, sagte Mollenkott. »Und Rafi, eins wollte ich dir auch unbedingt noch erzählen. Jakob hat nach Bad Saarow nur zwei Sachen mitgenommen: ein grosses Foto von Gia … und das Wanddekorationsobjekt, das du ihm nach unserer Reise nach Aserbaidschan geschenkt hast.«

»Ok«, sagte Horzon leise.

»Sonst nichts.«

»Ok.«

»Und du sollst seinen Grabstein entwerfen.«

»Ja, ich weiss«, sagte Horzon, »Gia hat mir das Testament vorhin schon geschickt. Die Schrift muss natürlich Teddie machen.«

»Natürlich«, sagte Mollenkott.

Nach dem Telefonat schaute Horzon noch einmal hoch zu dem hellen Stern. Er blinkte aber nicht, er strahlte nur.

Eigentlich müsste ich doch Hunger haben, dachte Horzon, schliesslich hatte er den ganzen Tag so gut wie nichts gegessen. Aber er spürte keinen Hunger. Und er wollte auch gar nichts essen. Er wollte jetzt nur noch schlafen.

In der Nacht wachte er dreimal auf. Immer wieder zogen Gewitterwolken über das Hotel. Immer wieder riss ihn der Donner aus dem Schlaf.

Am nächsten Morgen schlurfte Horzon müde und grau in die Lobby.

»Guten Morgen, Herr Professor, haben Sie bereits gefrühstückt?«, rief der Director ihm entgegen.

»Nein, danke«, sagte Horzon matt, »mir ist heute nicht nach Essen.«

»Oh, ich verstehe, natürlich, Ostersamstag …«, sagte der Director und nickte verständnisvoll. »Darf ich Sie trotzdem mit ein paar Hinweisen versorgen? Zu unseren Sehenswürdigkeiten?«

»Ja bitte, gerne, wo ich doch schon mal hier bin …«

»Also«, begann der Director und holte tief Luft, »wenn Sie aus dem Hotel hinausgehen und sich nach links wenden, kommen Sie auf die wunderschöne Promenade entlang unseres Flüsschens Teplá, und diese Promenade führt Sie zu den Sprudelkolonnaden.«

»Sprudelkolonnaden?«, fragte Horzon.

»Wenn Sie sich aber nach rechts wenden, kommen Sie auf den Goethesteig, der führt Sie an der Teplá entlang zum Goethe-Denkmal. Ein wunderschöner Spaziergang durch die Natur.«

»Gut, dann werde ich erstmal den wunderschönen Spaziergang durch die Natur machen, vielen Dank«, sagte Horzon und schlurfte aus der Lobby.

So wunderschön fand er den Spaziergang dann aber gar nicht. Es war ziemlich kalt, denn der Goethe-Steig verlief durchweg im Schatten, an einer felsigen, bemoosten Steilwand entlang. Zwischen manchen Felsen hatte sich Schnee vom Winter gehalten, das Flüsschen Teplá schien zum Teil sogar noch vereist zu sein. Und an manchen Stellen verströmten die kalte Erde und das feuchte Moos einen modrigen Geruch, wie in einer Gruft. Nach hundert Metern bemerkte Horzon, dass in die Felswand neben dem Goethesteig polierte Steinplatten mit Inschriften eingelassen waren. Sicherlich Gräber, dachte er. Doch als er näher kam, erkannte er, dass es Gedenktafeln waren. Von dankbaren Kurgästen. Eine Josefine Buchwald aus Budapest hatte sich hier in Marmor verewigt. »Mögen diese Quellen ewige Zeiten sprudeln zum Heile der leidenden Menschheit.« Horzon machte ein Foto. Ich muss unbedingt nachher den Director fragen, was es mit diesem Sprudel auf sich hat, dachte er sich.

Die nächste Gedenktafel erinnerte an Egon Erwin Kisch, der hier seine Reportage *Karl Marx in Karlsbad* geschrieben hatte.

Und die grösste Tafel, aus schwarzem Granit mit goldenen Lettern, stammte natürlich vom Dichterfürsten persönlich.

Karlsbad
Was ich dort gelebt, genossen,
Was mir all dorther entsprossen,
Welche Freude, welche Kenntnis,
Wär ein allzulang Geständnis.
Mög es jeden so erfreuen,
Die Erfahrenen, die Neuen!
Goethe

Horzon machte auch von dieser Tafel schnell noch ein Foto und schlurfte weiter, bis er am Goethe-Denkmal angekommen war.

Ziemlich gross, dieses Denkmal, dachte er. Aber Goethe war eben auch ein sehr fleissiger Mann gewesen. Fleissiger als zum Beispiel Detlev Spinell mit seinem dünnen Büchlein. Und fleissiger als er, Horzon. Ausserdem hatte er natürlich nichts ausgelassen, weder in seinem Leben, noch in seinen Schriften. Horzon erinnerte sich an eine Passage, die Mollenkott ihm einmal vorgelesen hatte und in der Goethe sich über die Vorzüge der verschiedenen »Pforten« der italienischen Mädchen ausgelassen hatte.

»Goethe war der Schlimmste von allen«, hatte Mollenkott ihm danach erklärt, »ein richtiger Hurenbock. Man möchte nicht wissen, wie viele Mädchen dieser Mann unglücklich gemacht hat. Und wenn du mal den *Faust* lesen solltest: Wie er das Gretchen behandelt hat, also, das ist wirklich nicht mehr feierlich.«

Wahrscheinlich hatte Mollenkott recht, dachte Horzon. Auch mit seiner Sex-Theorie. Den Nobelpreis hatte Goethe für seine schlüpfrigen Verse zwar nicht bekommen, dafür aber jede Menge Denkmäler, und zwar nicht nur in Karlsbad.

Als er wieder im Hotel angekommen war, lief er sofort auf den Director zu.

»Was der Sprudel ist?« Der Director musste über Horzons Frage lachen. »Karlsbad ist berühmt für seine Heilquellen, zwjelf an der Zahl.«

»Zwjelf?«, fragte Horzon.

»Ja, genau: zwjelf. Diese Quellen, oder Sprudel, sind umbaut mit herrlichen Kolonnaden, das sind Säulengänge, in denen die Kurgäste flanieren können. Und an den Quellen schöpfen und trinken die Gäste das Heilwasser.«

»Schöpfen und trinken …«, wiederholte Horzon nachdenklich. »Und wofür soll das gut sein?«

»Es hilft gegen Leiden aller Art, gegen Gicht, gegen nervöse Überreizung, und natürlich gegen FETTSUCHT«, sagte der Director und schaute Horzon mitleidig an.

»Vielen Dank für die Information«, sagte Horzon gekränkt und schlurfte nach draussen.

An einem Kiosk vor der *Mühlbrunnkolonnade* kaufte er sich, so wie alle Kurgäste das taten, eine Schnabeltasse aus Porzellan, liess sie an der Quelle volllaufen und kostete vorsichtig. Das Heilwasser war kochend heiss. Und salzig. Und es schmeckte nach … Rost! Aber er war ja schliesslich nicht zum Vergnügen nach Karlsbad gekommen, sondern um von seiner krankhaften Fettsucht geheilt zu werden. Und dann, entschlackt und schlank, könnte er sich endlich an sein Buch machen.

Horzon trank die ganze Schnabeltasse leer, füllte auch gleich noch ein paarmal nach, schlürfte alles aus und schlurfte dann durch den Nieselregen weiter zur nächsten Kolonnade. Und, nachdem er auch hier mehrere Tassen Salzlake getrunken hatte, weiter zur nächsten. An jeder Quelle trank er reichlich. Und an jeder zweiten Quelle fand sich eine Plakette, die bezeugte, dass auch Goethe einstmals hier geschöpft und getrunken habe. Nachdem er zehn der zwölf Quellen durchgekostet hatte, und zwar mehr als gründlich, kam Horzon am Café Elefant vorbei, in dem laut einer Gedenkplakette Goethe seinen 37. Geburtstag gefeiert hatte. Horzon nahm es schon leicht genervt zur Kenntnis. Die Torte im Schaufenster sah allerdings sehr gut aus. Horzon konnte aber gerade noch widerstehen. Ich muss fasten, sagte er sich, während er seine Schnabeltasse in die vorletzte Quelle tauchte. Und ich muss trinken. Viel trinken. Viel Heilwasser. Gegen die Fettsucht.

Auf dem Weg zur zwölften und letzten Quelle entdeckte er an der prächtigen Fassade des Hotels Zu den drei Mohren eine Marmortafel.

Ich bin dieser
Quelle
eine ganz andere
Existenz schuldig
Goethe

»Langsam reicht's«, murmelte Horzon aufstossend. »Bei der nächsten Goethe-Plakette explodiere ich!« Anscheinend machte ihn auch dieses übelriechende Salzwasser aggressiv. Vielleicht hätte er doch nicht so viel davon trinken sollen. Aber wo er nun schon mal hier war, wollte er auch das Maximum an Heileffekt ausschöpfen. Dann bemerkte er, dass in den hölzernen Türsturz des Hotels Zu den drei Mohren in grossen Lettern ein Satz geschnitzt worden war:

Durch diese Thuere schritt Goethe

Jetzt platzte Horzon endgültig der Kragen. Rülpsend ging er noch schnell in die Sprudel-Kolonnade, kippte neun oder zehn Tassen Salzlake aus dieser letzten Quelle hinunter und schlurfte dann *eiligen Fusses*, wie Goethe es wahrscheinlich beschrieben hätte, zurück ins Hotel. Dabei bemerkte er, dass sein Bauch durch die exzessive Quellwasser-Diät keineswegs verschwunden, sondern ganz im Gegenteil regelrecht aufgequollen war.

»Ich habe alle zwölf Quellen abgeklappert!«, rief Horzon dem Director entgegen, als er in die Lobby kam.

»Alle zwjelf? Bravo, mein Guter.«

»Ja, alle zwjelf. So wie Sie es mir befohlen hatten«, rief Horzon aufstossend, dann zeigte er vorwurfsvoll auf seinen ballonartig aufgeblähten Bauch. »Und jetzt schauen Sie sich DAS an!«

Der Director kam hinter seinem Tresen hervor: »Oh, *mon dieu*«, rief er fassungslos und betrachtete eingehend Horzons zum Platzen gespannten Wanst. »Wie viel haben Sie denn bloss getrunken?«

»Na ja«, sagte Horzon, »ungefähr zwölf Liter.«

»Zwjelf Liter?«, schrie der Director entsetzt. Dann sah er sich ängstlich um, ob auch nicht gerade neue Gäste hereinkamen. »Sie müssen wissen, Herr Professor«, erklärte er mit gedämpfter Stimme, »dass dieses sehr schwefelhaltige Wasser natürlich starke Blähungen verursacht.«

»Schwefelhaltig?«, fragte Horzon und schaute missgelaunt auf seinen Bauch hinab.

»Das Beste wird sein, wenn Sie sich jetzt auf Ihr Zimmer begeben und ein wenig ruhen«, sagte der Director besorgt, »und wenn Sie vielleicht auch mal die Toilette aufsuchen, falls Sie verstehen, was ich meine …«

»Na bravo, vielen Dank!« Horzon rülpste wütend.

»Und versuchen Sie doch, sich etwas zu entspannen, Sie dürfen sich nicht so unter Druck setzen«, versuchte der Director seinen überspannten Gast zu beruhigen.

»Nicht so unter Druck setzen?«, rief Horzon gereizt. »Ich bin aber unter Druck! Ich muss ein Buch schreiben! Ich brauche das Geld! Mein Verleger sitzt mir im Nacken! Und ich weiss noch nicht mal, worüber ich überhaupt schreiben soll!«

»Bitte nicht so laut, mein lieber Freund«, sagte der Director begütigend, »beruhigen Sie sich doch, bitte.«

»Das sagen Sie so einfach!«, rief Horzon.

»Ich kann Ihnen jedenfalls versichern, dass es auf der ganzen Welt keinen besseren Ort gibt, um ein Buch zu schreiben, als diesen hier«, sagte der Director. »Goethe hat hier seinen Roman *Wahlverwandtschaften* geschrieben, in nur ZWEI Monaten.«

»Lassen Sie mich endlich mit Goethe in Ruhe!«, schrie Horzon ausser sich. »Ich bin froh, wenn ich in zwei Monaten überhaupt noch lebe, so wie Sie mich zugerichtet haben!«

»Wer ist denn auch so verrückt und trinkt ZWJELF Liter Schwefelwasser?«, rief der Director und klatschte sich mit der Hand an die Stirn. Dann fiel ihm wieder ein, dass er ja der stets beherrschte und zuvorkommende Director war. »Ich habe eine fantastische Idee.«

»Und zwar?«, knurrte Horzon.

»Sie gehen jetzt auf Ihr Zimmer und sehen zu, dass Sie Ihre Flatulenzen abbauen … Und dann, wenn Sie etwas geruht haben, kommen Sie wieder zu mir, und ich verrate Ihnen ein kleines Geheimnis. Das Geheimnis der DREIZEHNTEN Quelle …«

»Wie bitte?«, kreischte Horzon. »Sie wollen mich wohl wirklich umbringen, was?«

»Nein, nein, sie wird Ihnen gefallen, diese dreizehnte Quelle, das verspreche ich Ihnen.«

»Das hoffe ich auch – für Sie, Herr Director!« Horzon drehte sich um und schlurfte auf sein Zimmer.

Als er gegen zehn Uhr abends wieder in der Lobby erschien, ging es ihm schon viel besser, zumindest was den unnatürlich aufgeblähten Bauch anging.

»Da sind Sie ja, lieber Herr Professor«, rief der Director ihm entgegen, »kaum wiederzuerkennen, so schlank.«

»Ja, danke, ich habe jetzt allerdings grossen Hunger! Ich habe doch schon zwei Tage lang gefastet. Ausserdem will ich jetzt sofort das Geheimnis erfahren.«

»Das Geheimnis …? Ach so, das Geheimnis. Natürlich! Kommen Sie«, sagte der Director und winkte Horzon hinter seinen Tresen. Dann gab er ihm eine grün leuchtende Flasche mit gelbem Etikett.

»B-E-C-H-E-R-O-V-K-A«, buchstabierte Horzon mühsam, »original seit 1807.«

»Becherovka Kräuterlikör. Wir nennen ihn *Die drei-zehnte Quelle*«, frohlockte der Director. »Sie wissen doch: Zwjelf Quellen hat Karlsbad ...«

»Ja, ja, zwjelf«, bekräftigte Horzon, »und dies hier ist dann also die dreizehnte Quelle.«

»Genau! Ein Magenbitter«, sagte der Director und lächelte stolz. »Der beste Magenbitter überhaupt. Er wird Ihnen guttun ...« Dann drohte er Horzon mit dem Finger. »... solange Sie nicht dreizehn Liter davon trinken!«

Horzon probierte einen Schluck und nickte anerkennend. »Nicht schlecht.« Er nahm gleich noch einen Schluck und leckte sich die Lippen. »Wirklich gut.« Dann nahm er einen weiteren tiefen Schluck. »Verteufelt gut!« Und dann noch zwei sehr tiefe Züge.

»Ausgezeichnet. Wirklich – aus-ge-zeich-net«, lallte er. »Und bekomme ich nun auch endlich was zu essen?«

»Aber natürlich, Herr Professor. Es ist ja schon nach zehn Uhr. Das Fasten hat ein Ende. Gehen Sie hier die Treppe hinunter, sie führt zu unserem Gentlemen's Club. Dort servieren wir kulinarische Köstlichkeiten. Und natürlich«, er zwinkerte Horzon zu, »Becherovka!«

Horzon ging drei Stufen abwärts, hielt sich mit der rechten Hand am Treppengeländer fest, setzte mit der linken Hand die Flasche an den Mund und leerte sie in einem Zug. Dann warf er die leere Flasche in Richtung *Reception*, wo sie mit einem lauten Knall zerschepperte, und stieg weiter hinunter.

Der Barkeeper im Gentlemen's Club beobachtete besorgt, wie Horzon umständlich versuchte, auf den Barhocker zu klettern. Als er es endlich geschafft hatte, stellte er ihm eine Silberschale voller Erdnüsse hin und legte die Getränkekarte daneben.

Horzon schob die Karte zurück, ohne hineinzuschauen, und grunzte nur ein Wort: »Becherovka!«

»Sehr wohl, der Herr«, sagte der Barkeeper, »pur oder *on the rocks*?«

»Ist mir egal, aber bitte randvoll machen«, lallte Horzon.

Dann nahm er das Glas, das der Barkeeper ihm sofort hingestellt hatte, hob es mit beiden Händen hoch und deklamierte feierlich:

»Du Inbegriff der holden Schlummersäfte,
Du Auszug aller feinen Kräfte,
Erweise deinem Meister deine Gunst.«

Er setzte das Glas an den Mund und trank es in einem Zug aus.

»Leider bin ich nur gar kein Meister«, schluchzte er dann, wobei nicht klar war, ob er immer noch mit dem Glas redete oder mit dem Barkeeper oder mit sich selbst. »Ich versuche seit zehn Jahren, ein neues Buch zu schreiben, aber ich schaffe es einfach nicht. Philip Mollenkott hat recht: Ich bin ein Versager!«

»Bitte sehr, noch einen Becherovka«, sagte der Barkeeper und stellte ein neues randvolles Glas vor Horzon ab.

Horzon trank auch dieses Glas in einem Zug aus, liess den Kopf auf seinen Arm fallen und schniefte ein wenig vor sich hin. Nach einer Weile hob er den Kopf und schlug mit der Faust auf den Tresen. »Mehr davon!«

Dann fiel er wieder in sich zusammen, legte den Kopf auf seinen Arm und lamentierte:

»Den Göttern gleich' ich nicht! Zu tief ist es gefühlt
Dem Wurme gleich' ich, der den Staub durchwühlt.«

»Schöner Reim«, sagte der feinsinnige Barkeeper. »Und hier noch einen Becherovka, bitte sehr.«

»Haben Sie eigentlich auch Chips?«, fragte Horzon. »Ich habe seit zwei Tagen nichts gegessen, und ausserdem habe ich das Gefühl, dass ich langsam betrunken werde.«

»Einmal die Chips, bitte sehr«, sagte der Barkeeper und stellte eine Silberschale vor Horzon auf den Tresen. »Und noch ein Glas Becherovka.«

Horzon setzte die Schale an die Unterlippe und schaufelte die Chips direkt in den Mund, wobei die Hälfte danebenfiel. Dann hob er das nächste Glas Kräuterlikör, wieder mit beiden Händen, in die Höhe und lallte:

»Der letzte Trunk sei nun, mit ganzer Seele,
Als festlich hoher Gruss, dem Morgen zugebracht.«

Als er das Glas an den Mund setzte, hörte er von draussen Glockenläuten. »Was ist denn jetzt schon wieder los, warum wird mitten in der Nacht geläutet?«

»Die Osternacht«, sagte der Barkeeper. »Der Ostersonntag wird eingeläutet.«

»Aha? Schon Morgen? Na gut, ich bin auch wirklich hundemüde. Aber dieses Glas trinke ich noch aus.« Horzon stellte sich auf die Fussstützen des Barhockers, hielt sich mit der einen Hand am Tresen fest und streckte mit der anderen das Glas in die Höhe. »AUF JAKOB!«

Dann stürzte er auch dieses Glas hinunter und torkelte auf sein Zimmer.

KAPITEL 15

Ein begnadeter Terrier

»Frohe Ostern, mein lieber Herr Professor«, rief der Director, als Horzon am nächsten Morgen leicht verkatert in der Lobby erschien, »haben Sie gut geschlafen?«

»Allerdings, das habe ich«, antwortete Horzon. Dann zeigte er stolz auf seinen abgeschwollenen Bauch. »Und schauen Sie mal hier.«

»Bravo, mein Lieber, diese Heilquellen vollbringen wahre Wunder. Dann können Sie ja nun mit gutem Gewissen unser Frühstück geniessen. Bitte kommen Sie.«

Während er dem Director in den Speisesaal folgte, taxierte Horzon die Gäste. Einige Scheichs waren darunter, aber auch Amerikaner in Shorts mit breiten Hosenträgern. Und zwei sehr unauffällig gekleidete japanische Familien.

»Bitte sehr, Herr Professor«, sagte der Director und zog für Horzon den Stuhl an einem der Einzeltische hervor.

Horzon setzte sich und musterte die Gäste am Nebentisch. Ein junger Mann, Ende dreissig, schwarzhaarig, braunäugig, mit einer jungen Frau, die leider mit dem Rücken zu Horzon sass, höchstwahrscheinlich die Verlobte des jungen Mannes. Mit Erstaunen bemerkte Horzon, dass diese Frau einen vollkommen schönen Pferdeschwanz hatte. Irgendwo hatte er diesen Pferdeschwanz schon einmal gesehen ... Jetzt fiel es ihm wieder ein: Es war der Pferdeschwanz der Yogalehrerin aus den Lehrvideos, die er sich so gerne ansah!

Nach einiger Zeit kam die Mutter oder Schwiegermutter der beiden an den Tisch, offensichtlich eine polnische Gräfin. An der Art, wie sie sowohl den jungen Mann als auch die junge Frau zur Begrüssung tätschelte, erkannte Horzon allerdings, dass es die Mutter der beiden war. Die junge Frau war also unverheiratet, wie Horzon mit wachsendem Interesse kombinierte. Er bemerkte, dass sie Turnschuhe und Leggings trug. Es gab also keinen Zweifel mehr: Es war die Yogalehrerin!

Die Gräfin redete leise mit ihren Kindern, es war nicht leicht zu verstehen, in welcher Sprache. Horzon konnte nur Gesprächsfetzen aufschnappen, die so ähnlich klangen wie *adagio … andante … allegro …* Vielleicht sprachen sie über Musik? Oder waren es Italiener? Dann klang es wieder wie Polnisch, aber leider verstand Horzon kein Wort Polnisch. Vielleicht war es aber auch Bayrisch, denn Horzon sah nun, wie der Kellner der Familie Laugenbrezeln servierte. Die Yogalehrerin, die Horzon aus den Lehrvideos kannte, war allerdings eindeutig Amerikanerin, das hatte er den Erklärungen entnommen, die sie zu den Übungen von sich gab – und zwar in breitestem Amerikanisch.

Horzon nahm die silberne Kanne, die ihm der Ober gerade hingestellt hatte, und schenkte sich etwas Kaffee ein. Die Hälfte ging daneben, weil er beim Einschenken weiter auf den Pferdeschwanz schielte, der schräg vor ihm auf und ab wippte. Amerikanisch oder polnisch, dachte Horzon, oder italienisch oder bayrisch … Eigentlich ja auch egal! Festzuhalten war, dass diese Yogalehrerin einen sehr schönen Pferdeschwanz hatte.

Das Frühstück schmeckte Horzon ausgezeichnet. Erst ass er zwei weiche Eier, dazu zwei Kaisersemmeln, oder

Kejsersemmeln, wie der Ober sie nannte. Dann noch mehrere Semmeln mit Marillenkonfitüre. So gut hatte Horzon zuletzt im Café Prückel in Wien gefrühstückt.

Als er sich gerade seine vierte oder fünfte Marillensemmel schmierte, bemerkte Horzon, dass sich die polnische Familie am Nachbartisch daranmachte aufzustehen. Hastig ass er die letzte Semmel auf, wartete noch einen Moment, um nicht aufzufallen, und schlich dann der Familie hinterher in die Lobby.

»Dürfte ich Ihnen eine Anwendung in unserem Spa empfehlen, werter Herr Professor?«, rief der Director, als er Horzon entdeckte.

»Nein, danke«, sagte Horzon mit gedämpfter Stimme und hastete am Director vorbei, »ich mache heute einen Spaziergang.«

»Natürlich«, sagte der Director, »was gibt es Schöneres bei diesem *Kejserwetter?*«

Die polnische Familie und Horzon waren allerdings nicht die Einzigen, die an diesem herrlichen Morgen auf die Idee gekommen waren, einen Spaziergang zu machen. Ganz Karlsbad war auf den Beinen: Handwerksburschen, Dienstmädchen, Schüler, Soldaten, Bürger und Bettler. Und natürlich zahllose Hotelgäste: Amerikaner, die Schnabeltassen kauften, Japaner, die sich vor dem Hotel Pupp fotografierten, und Scheichs, die die Auslagen der Juweliere betrachteten. Alle gingen wie weisse, rote und gelbe Blumen umher und freuten sich über den Frühling, der endlich ausgebrochen war.

Horzon liess die Familie einigen Vorsprung gewinnen und folgte ihr verstohlen auf ihrem Spaziergang durch Karlsbad. Immer dem auf und ab tanzenden Pferdeschwanz nach. Als er, der Familie hinterher, über eine der vielen Brücken ging, die die Teplá überspannten, bemerkte Horzon, dass der Fluss nicht mehr vereist war. Der Winter hatte sich offensichtlich in die Berge zurückgezogen. Jetzt grünte plötzlich alles, und die Gewässer plätscherten in der Sonne fröhlich und frei vor sich hin.

Als er der Familie durch ein paar enge Gassen folgte, bemerkte Horzon allerdings auch Bettler, die auf dem Boden hockten, ausserdem sah er jetzt überall Anschläge der Stadtverwaltung, auf denen vor Taschendieben und Wahrsagerinnen gewarnt wurde. Seltsamerweise wurde auch ausdrücklich vom Verzehr von Austern und Muscheln abgeraten. Vielleicht war Horzons Tschechisch aber auch einfach nicht gut genug.

Zum Glück bog die Familie bald wieder auf die schöne Promenade ein und ging auf das Hotel Bristol Palace zu. Dann ging es nach links, etwas bergauf, in eine feine Villengegend. Horzon hielt Abstand und versteckte sich hinter Bäumen, um der Familie nicht aufzufallen. Dann hastete er weiter, immer dem Pferdeschwanz hinterher.

Nach einiger Zeit erschien ein Gebäude, das Horzon mit seinen vielen goldenen Bögen und Kuppeln an den Markusdom in Venedig erinnerte. Irgendwie orientalisch, dachte er. War es vielleicht eine Moschee? Oder eine Synagoge? Oder eine Kirche? Eigentlich ja auch egal, dachte Horzon, wo ist schon der Unterschied? Die polnische Familie ging jedenfalls hinein, also ging er hinterher. Im Innern gab es keine Bänke, dafür sehr viele alte Frauen mit Kopftüchern. Aber auch junge Frauen mit Kopftüchern, wie Horzon interessiert feststellte. Im Gedränge verlor er die polnische Familie aus den Augen. Es war auch sehr verraucht in diesem Gebäude, die Luft war zum Schneiden, und Horzon, der von seiner Fastenkur immer noch geschwächt war, hatte Angst, ohnmächtig zu werden. Als er nach oben schaute, weil jetzt gerade ein Sonnenstrahl besonders dramatisch durch die rauchige Luft fiel, erstarrte er: Jakob blickte ihn an! Mit lockigen Haaren und flockigem Bart, so wie er ihn zuletzt im Strahlenbunker gesehen hatte. Ja, es war eindeutig Jakob, sein Gesicht war ernst, aber auch gütig, und er zeigte mit der rechten Hand das Friedenszeichen. Horzon wurde schwindelig, er ging wieder nach draussen, um frische Luft zu schnappen.

Die Familie hatte er nun endgültig verloren. Dafür begegnete ihm auf dem Gehweg eine alte Frau, die er anhand ihres bunten Kopftuchs und der Glaskugel in ihrer Hand unschwer als Wahrsagerin identifizierte.

»Mein Jüngelchen, ich könnte dierrr einen Wunsch errrfüllen, falls du einen hast«, knurrte sie und schaute ihn dabei schief lächelnd von unten an. Horzon fiel auf, dass sie nur noch einen Zahn hatte.

»Einen Wunsch erfüllen?« Horzon musste nicht lange nachdenken. »Ich würde gerne meinen Freund Jakob wiederhaben, der ist nämlich am Karfreitag gestorben.«

Die Wahrsagerin winkte mürrisch ab. »Oh, das kann ich nicht, das kann nur derrr da oben.« Dabei zeigte sie mit ihrem Gehstock in den Himmel.

Horzon schaute neugierig nach oben. »Wer denn? Wo denn? Was denn? Ich sehe da oben nämlich nur den blauen Himmel … und sonst gar nichts!«

»Tja, so sicher kann man sich da auch wirrrklich nicht mehr sein«, sagte die Wahrsagerin und zeigte mit dem Daumen hinter sich auf das goldene Gebäude. »Die Leute da warrrten ja jetzt auch schon seit ein paarrr tausend Jahren …«

»Ausserdem«, sagte Horzon und blinzelte noch einmal

nachdenklich nach oben, »wenn er ihn wiedergeben kann, warum hat er ihn dann überhaupt erst weggenommen?«

»Gute Frrrage«, sagte die Wahrsagerin und nickte bekräftigend. »Das weiss ich nämlich auch nicht so genau. Unfehlbar ist das nicht gerade!«

»Tja, dann einen schönen Tag noch«, sagte Horzon, der langsam genug hatte von der seltsamen Alten.

»Nein, warrrte noch, mein Jüngelchen«, säuselte die Wahrsagerin, »dann wünsch dierrr halt was anderes. Hast du nicht einen anderen Wunsch? Ich werrrde ihn erfüllen.«

Horzon überlegte eine Zeitlang, dann fiel ihm etwas ein. »Ich will wissen, wie man ein gutes Buch schreibt. Ein erfolgreiches Buch. Also, SEHR erfolgreich. Ich möchte nämlich den Nobelpreis, sozusagen.«

»Sehrrr gut«, knurrte die Wahrsagerin und lächelte erleichtert. »Diesen Wunsch kann ich dierrr leicht erfüllen. Du musst mir dafür lediglich verrrkaufen deine ...« Weiter kam sie nicht, irgendwie konnte sie das letzte Wort nicht aussprechen.

»Lediglich verrrkaufen deine ... was?«, fragte Horzon neugierig. »Deine ... Rolex?«

»Nein!« Die Alte versuchte es noch einmal: »Du musst mir dafür lediglich verrrkaufen deine Se...« Aber weiter kam sie schon wieder nicht.

»Deine Se...?«, wiederholte Horzon ungeduldig und brachte mit der rechten Hand einen imaginären Leierkasten in Gang. »Verkaufen Deine Se...? Deine ... Semmel?«

»Nein!«, rief die Alte. »Du musst mir dafür lediglich verrrkaufen deine See...«

»Deine Seh...? Deine Sehhilfe vielleicht?«

»Nein!«, kreischte die Wahrsagerin wütend.

»Deine … Segelboot?«

»Nein!«

»Deine … Sägewerk?«, versuchte Horzon es ein letztes Mal.

In diesem Moment bemerkte er hinter sich zwei junge Mädchen, Teenager, die den Berg heraufkamen. Horzon drehte sich zu ihnen um und musterte sie interessiert. Die Linke war blond und trug ihr langes Haar offen, dazu eine weisse Bluse und einen weissen Rock, aber keinen Schmuck. Ihre Freundin war weniger schlicht gekleidet, sie trug eine Jeans und einen roten Pulli, dazu ein grünes Mützchen.

»Also, was soll ich ihnen denn jetzt sagen, Vera?«, fragte das Mädchen im roten Pulli.

»Was du ihnen sagen sollst?«, sagte die andere. »Pass auf, Thalia, erzähl ihnen am besten die Wahrheit. Erzähle ihnen einfach die ganze Geschichte, so wie sie tatsächlich passiert ist. Das ist immer das Beste.«

»Ein echtes Teenager-Gespräch«, murmelte Horzon versonnen lächelnd und drehte sich mit ihnen mit, als sie an ihm vorbeigingen. »Die haben keine Sorgen, so wie ich …«

»Meinst du wirklich, Vera?«, fragte die im roten Pullover.

»Ja, wirklich. Wirklich und wahrhaftig«, sagte die andere. »Alles andere ist Unsinn!«

Horzon schaute ihnen noch eine Weile hinterher, bis sie im goldenen Gebäude verschwunden waren.

Dann wollte er sich wieder der aufdringlichen Wahrsagerin zuwenden, aber sie war nirgends mehr zu sehen. Da, wo sie zuletzt gestanden hatte, sass nun plötzlich ein Hund. Ein kleiner, schwarzer Jack Russell Terrier. Horzon ging auf ihn zu, um ihn zu streicheln, aber der Hund knurrte ihn feindselig an.

Ratlos drehte Horzon sich noch einmal im Kreis, aber die Wahrsagerin war tatsächlich wie vom Erdboden verschluckt, genauso wie die polnische Familie.

»Tja«, murmelte Horzon, »dann ist es wohl das Beste, ich gehe wieder hinunter ins Städtchen und suche mir ein feines Restaurant.« Die frische Frühlingsluft und die Wanderung hatten ihn schon wieder hungrig gemacht.

Wirklich zu dumm, dass die Wahrsagerin verschwunden ist, dachte sich Horzon, während er den Weg wieder hinunterstieg. Er war doch so kurz davor gewesen, endlich zu erfahren, wie man ein gutes Buch schreibt. Andererseits war die Alte wohl auch nicht ganz bei Trost gewesen, mit ihrem Gestotter. *Du musst mir lediglich verrrkaufen, du musst mir lediglich verrrkaufen*, äffte Horzon sie in Gedanken nach. Ja, was denn nun, was soll ich dir verkaufen? »Auf diese Art kommen wir leider nicht ins Geschäft, Madame!«, rief er und drehte sich noch einmal um, aber die Wahrsagerin war wirklich nicht mehr zu entdecken. Dafür kam ihm jetzt der schwarze Hund hinterhergelaufen. Horzon hielt an und ging in die Hocke, um ihn anzulocken, doch der Hund blieb auch sofort stehen und knurrte ihn an. Erst als Horzon weiterging, lief auch der Hund weiter.

Am Bristol Palace bog Horzon nach rechts ab und spazierte immer weiter, bis er wieder auf die Promenade kam. Der Hund überholte ihn jetzt, lief auffälligerweise seitwärts und im Zickzack vor ihm her, ohne dabei, so schien es ihm, die Beine zu bewegen. Allerdings hatte Horzon seine Brille auch nicht auf.

Kurz nach dem Hotel Zu den drei Mohren hatte er endlich das Restaurant erreicht, das ihm der Director kürzlich empfohlen hatte, das Wirtshaus U Švejka.

Der Kellner bot Horzon sofort einen Tisch im gut gefüllten Schankraum an, dann sagte er in makellosem Oberböhmisch: »Aus aktuellem Anlass empfehlen wir heute Hasenbraten mit Brennnessel-Füllung.«

»Klingt verlockend«, sagte Horzon und schnalzte vergnügt mit der Zunge, »aber haben Sie vielleicht noch andere Speisen im Angebot?«

»Ja, natürlich, alle Speisen von der Karte«, sagte der Kellner und reichte Horzon das Menü.

Horzon entschied sich für eine Weihnachtsgans mit Kartoffelklössen und Rotkohl, dann bat er den Kellner um eine Auskunft. »Was bedeutet der Name U Švejka?«

»*Švejk* ist in Deutschland als *Schwejk* bekannt«, erklärte der Kellner. »*Der brave Soldat Schwejk* ist der berühmteste Roman in tschechischer Sprache, geschrieben von Jaroslav Hašek. Ein Schelmenroman.«

»Hat er den Nobelpreis bekommen?«, fragte Horzon.

»Das leider nicht«, musste der Kellner zugeben.

»Kommt Sex in dem Buch vor?«

»Nur sehr am Rande«, sagte der Kellner nachdenklich.

»Das habe ich mir schon gedacht.«

Die Gans schmeckte allerdings vorzüglich. Und weil er doch so lange gefastet hatte, bestellte Horzon neben einer Flasche Becherovka auch gleich noch Palatschinken zum Nachtisch.

»Was sind das eigentlich für Stäbe?«, fragte Horzon, als der Kellner den Nachtisch brachte, und zeigte auf die bunt geschmückten Ruten, mit denen die Tische geschmückt waren.

»Das sind die sogenannten *Pomlázky*, sie werden aus

jungen Weidenzweigen geflochten«, erklärte der Kellner.

Interessiert nahm Horzon eine Rute in die Hand und liess sie durch die Luft sausen.

»Am Ostermontag gehen die Männer von Haus zu Haus und peitschen mit diesen Ruten die Frauen aus«, erklärte der Kellner.

»Ein schöner Brauch«, sagte Horzon, »aber vielleicht nicht mehr ganz zeitgemäss, oder?«

»Sie müssen sich das eher als symbolisches Peitschen vorstellen«, sagte der Kellner lächelnd. »Es soll den Frauen Schönheit und Frische bringen. Übrigens auch ein alter deutscher Brauch, bei Ihnen heisst es *Schmackostern*, Thomas Mann berichtet darüber in seiner Erzählung *Die Betrogene.*«

Was diese hiesigen Kellner nicht alles wissen, dachte Horzon befremdet und bestellte Jakob zu Ehren gleich noch eine Flasche Becherovka.

Als er tief in der Nacht aus dem Lokal torkelte, sass zu seinem Erstaunen der schwarze Terrier immer noch vor dem Eingang.

»Na, mein kleines Hundchen, hast du so brav gewartet?«, rief Horzon gerührt und versuchte, ihn zu streicheln. Aber der Hund knurrte ihn nur bösartig an. Dann machte er aus dem Stand einen Salto rückwärts.

»Donnerwetter!«, rief Horzon überrascht. »Das ist mal ein begnadeter Terrier. Den muss ich Mollenkott mitbringen. Der könnte mit diesem Wunderhund auf Tournee gehen.« Aber der Hund war alles andere als zutraulich und kläffte Horzon nur an, sobald der auf ihn zukam. »Na gut, dann halt nicht«, rief Horzon und winkte missgelaunt ab,

»dann muss sich Philip eben einen anderen Hund zulegen.«

Während er über die Promenade auf das Grandhotel Pupp zusteuerte, bemerkte er aus dem Augenwinkel, dass der Hund neben ihm herlief, und zwar auf den Hinterbeinen. Dann machte er wieder einen Salto. Den Rest des Wegs lief er rückwärts vor Horzon her und fixierte ihn dabei mit seinen unnatürlich glänzenden Augen, die ab und an, so kam es Horzon vor, sogar leuchteten.

Ein seltsamer Hund, dachte Horzon, ich muss unbedingt versuchen, ihn ins Hotel zu locken. Mit diesem Biest könnten wir viel Geld verdienen!

Doch kaum waren sie am Hotel angekommen, blieb der Hund wieder stehen.

Horzon ging in die Lobby und drehte sich um. »Komm rein, mein kleines Hundchen, komm zu Herrchen.« Aber der Hund lief nur an der Schwelle auf und ab und kam nicht herein. Dabei machte er allerhand seltsame Geräusche, die Horzon, zumindest von einem Hund, noch nie gehört hatte.

Er ging wieder nach draussen, um sich den Hund zu greifen, aber es war jetzt so dunkel, dass er ihn nirgends sehen konnte. Dann entdeckte er ihn wieder. Der Hund sass in einem Blumenbeet vor dem Hotel und starrte ihn aus rot glühenden Augen feindselig an. Dabei hatte er eine qualmende Tabakspfeife im Maul.

Es war ... SIGNORA SARASATE!

KAPITEL 16

Auf der Suche nach der verlorenen Maus

»Nicht schlecht«, sagte Mollenkott, nachdem Horzon ihm einige Tage später in Berlin von seinen Erlebnissen erzählt hatte. »Und du bist dir sicher, dass dieser Terrier eine TABAKSPFEIFE im Maul hatte?«

»Absolut, Philip«, sagte Horzon, »warum sollte ich mir so was wohl ausdenken?«

»Na ja, um deine Geschichte auszumalen, vielleicht?«, sagte Mollenkott und winkte den Kellner heran.

»Welche Geschichte, Philip, ich hab dir doch alles nur so erzählt, wie es wirklich passiert ist. Kann aber auch sein, dass mir diese zwei Flaschen Becherovka etwas zu Kopf gestiegen waren.«

»Haben Sie Becherovka?«, fragte Mollenkott den Kellner.

»*Sorry? Do you speak English?*«

Mollenkott warf genervt einen zerknüllten Hundert-Euro-Schein auf den Tisch und stand auf. »Hast du wenigstens endlich das neue Buch angefangen in Karlsbad?«, fragte er Horzon, als sie nebeneinander die Torstrasse entlangspazierten.

»Nicht so richtig«, nuschelte Horzon verlegen.

»Das habe ich mir schon gedacht. Na ja, wenigstens hast du ordentlich zugenommen, das ist doch schon mal der erste Schritt.«

»Zugenommen?«, fragte Horzon und zog verstohlen den Bauch ein.

»Na ja, das gute Essen in Karlsbad ist nicht spurlos an dir vorübergegangen, würde ich sagen. Das ist doch sehr schön. Das ist doch sehr ZIELFÜHREND.«

»Wieso? Was meinst du denn jetzt damit, Philip?«

Mollenkott blieb stehen und sprach jetzt übertrieben deutlich: »Es ist gut, dass du zugenommen hast, Rafael, denn ein dünner Mann zieht keine Frauen an! Und ein Mann ohne Frauengeschichten schreibt kein gutes Buch.«

»Wie bitte?«, rief Horzon fassungslos. »Du hast mir doch jetzt monatelang gepredigt, dass ich aufhören soll, Süssigkeiten zu essen, damit ich schlank werde und anziehender auf Frauen wirke. Damit ich Frauengeschichten erleben kann. Damit ich Stoff bekomme für mein Buch.«

»Ja, stimmt, aber ich habe nochmal darüber nachgedacht«, sagte Mollenkott und strich sich über den Bauch, der Horzon jetzt auffällig rund vorkam.

»Nachgedacht? Ja und?«

»Es ist doch alles ganz einfach, Rafael: Wir alle sind das Ergebnis der EVOLUTION. Auch die Frauen. Und diese Frauen wählen zur Paarung die Männer nach ganz einfachen ARCHAISCHEN Kriterien aus.«

»Archaischen Kriterien?«

»Du hast ja vielleicht auch immer gedacht, dass Frauen romantisch sind, oder?«

»Keine Ahnung, ja, schon ...«

»Ich ja auch. Das SIND sie aber nicht, weil die Natur nämlich AUCH nicht romantisch ist. Also sind auch die Frauen völlig UNROMANTISCH. Und das ist ja auch gut so, denn ansonsten wären wir Menschen schon lange ausgestorben.«

»Ausgestorben?«

»Frauen wählen Männer nach den Gesetzen der NA-TUR aus: Ein dünner Mann ist ein schwacher Mann, ein dicker Mann ist ein starker Mann«, erklärte Mollenkott und untermalte seine komplizierten Gedankengänge mit ausladenden Gesten. »Und heutzutage müsste man hinzufügen: Ein dünner Mann ist ein armer Mann, ein dicker Mann ist ein reicher Mann.«

»Hmmm …«, sagte Horzon, der Schwierigkeiten hatte, Mollenkott zu folgen.

»Und was meinst du jetzt also, was die Frauen lieber möchten, einen schwachen und armen Mann oder einen starken und reichen?«

»Ich weiss es nicht genau.«

»ICH weiss es aber: Sie wollen einen starken und reichen Mann. Weil der die Frau und die Kinder besser beschützen und ernähren kann. Mit anderen Worten: Sie wollen einen DICKEN Mann.«

»Einen dicken Mann?«

»Ganz genau. Einen DICKEN Mann. Je dicker, desto besser. So funktioniert nun mal die Evolution.«

»Na gut, ok … Aber warum hast du mir das nicht schon früher gesagt, dann hätte ich mir diese Tortur mit dem Schwefelwasser in Karlsbad ja sparen können.«

»Sei doch lieber froh, dass du jetzt endlich weisst, wie der Hase läuft.« Mollenkott klopfte ihm aufmunternd auf den Rücken, dann blieb er stehen, legte seine Hände auf Horzons Schultern und schaute ihm tief in die Augen. »Also jetzt nochmal zum Mitschreiben. Schritt eins: DICK werden. Schritt zwei: Frauengeschichten erleben. Schritt drei: NOBELPREIS bekommen. Haben wir das jetzt endlich verstanden, Herr Spätzünder?«

»Na gut«, sagte Horzon. »Also erstmal Schritt eins.«

»Genau! Schritt eins: DICK werden.«

»Wann fangen wir an?«

»Sofort! Dieses Wochenende machen doch alle Galerien ihre Ausstellungseröffnungen.«

»Ach so? Ja, stimmt.«

»Da gibt es andauernd Partys und Galerie-Dinner«, erklärte Mollenkott, »das ist alles umsonst, das Essen ist fantastisch – und hoffentlich sehr kalorienreich. Und natürlich sind die Frauen ganz verrückt darauf, solche wohlgenährten Wonneproppen wie uns kennenzulernen.«

»Na gut, ich bin dabei!«, rief Horzon und schlug sich begeistert auf die Schenkel.

»Schön, dann fangen wir doch gleich heute Abend an, da macht Johann König bei Prada einen Empfang für Andreas Mühe.«

»Sehr gut. Da essen wir uns dick.«

Als sie am Abend in Horzons Limousine über den Kurfürstendamm rollten, waren beide schon sehr hungrig.

»Was gibt es bei Prada zu essen?«, wollte Horzon wissen.

»Keine Ahnung, aber Prada hat natürlich Kohle ohne Ende, da wird an nichts gespart, da können wir uns richtig die Bäuche vollschlagen.«

»Na gut … Hast du eigentlich auch von dieser kleinen Maus gehört?«

»Maus?«, fragte Mollenkott.

»Irgendwo, in irgendeiner Ausstellung, gibt es so eine kleine dressierte Maus zu sehen, die aus einem Loch in der Wand schaut. Und die sogar sprechen kann.«

»Keine Ahnung, da müssen wir mal die Augen offen halten. Wir klappern ja eh alle Galerien ab, da werden wir sie schon finden. Jetzt ist aber erstmal wichtig, dass wir reichlich NAHRUNG finden.«

»Ok.«

»Und solange wir noch nicht richtig dick SIND, müssen wir vor den Frauen eben so TUN, als ob wir dick wären. Also auf keinen Fall Bauch einziehen, verstanden?«

»Verstanden!«

Die Empfangsdame bei Prada schaute verwirrt in ihre Gästeliste, dann wieder auf Horzon, der ihr seinen herausgedrückten Bauch entgegenstreckte und diesen unnatürlich hektisch mit beiden Händen streichelte.

»Also, noch einmal, Sie sind Herr Horzon?«

»Richtig.«

»Und das hier …« Sie zeigte auf Mollenkott, der gerade sein T-Shirt ein wenig hochzog und der Empfangsdame lächelnd seinen entblössten Bauch präsentierte.

»Das hier ist Signora Mollenkott, meine Lebenspartnerin«, ergänzte Horzon.

»Ich hoffe, es gibt reichlich zu essen«, sagte Mollenkott zur Empfangsdame, die ihnen jetzt braune Stoffbändchen um die Handgelenke band, »wir beide haben nämlich einen Riesenhunger. Und wir LIEBEN es, uns richtig vollzustopfen.«

»Ja, genau«, bestätigte Horzon nickend. »Wegen der Evolution.«

»Nehmen Sie doch erstmal einen Begrüssungscocktail, gleich hier vorne«, sagte die Empfangsdame und zeigte auf drei Hostessen mit Tabletts. »In der ersten Etage werden auch Häppchen serviert.«

Horzon entschied sich für ein Glas mit einer grün leuchtenden Flüssigkeit. »Was ist denn das eigentlich?«

»Gras-Schorle«, erklärte die Hostess.

»Gras … WAS?« Mollenkott nahm sich zwei Gläser Champagner vom Tablett, die er sofort hinunterstürzte. »Los jetzt, ab nach oben«, raunte er Horzon zu.

Im oberen Stockwerk trafen sie auf Marc Hosemann, Johann König und Lars Eidinger, die auch alle Gras-Schorle tranken.

»Ah, bist du auch von Prada eingekleidet worden«, fragte Eidinger, der genau wie Horzon ziemlich knappe Shorts, Segelschuhe und ein Kapitäns-Sakko anhatte.

»Nein, leider nicht, ich komme einfach nur vom Segeln«, antwortete Horzon. »Gehst du gleich mit zum Hamburger Bahnhof? Andreas Mühe eröffnet doch seine grosse Ausstellung …«

»Nein, nein«, Eidinger lächelte müde, »ich muss gleich rüber in die Schaubühne, Richard III. spielen.«

Kaum vorstellbar, dachte Horzon, dass dieser schüchterne Junge im Matrosenanzug sich in wenigen Minuten in einen missgestalteten, schreienden Psychopathen verwandeln würde, nur wenige Meter von hier entfernt.

»Was gibt es hier eigentlich zu essen?«, fragte Mollenkott, der eine Zeitlang mit durchgedrücktem Kreuz durch den Laden stolziert war und sich jetzt breitbeinig zu den anderen stellte.

»Es gibt Hamburger!«, rief Marc Hosemann. »Richtig lecker.«

»Oh, gut«, sagte Horzon und strich sich mit der Hand über seinen gewölbten Bauch.

»Man muss sie allerdings mit der Lupe suchen«, schob Hosemann etwas traurig hinterher, und in diesem Moment kam auch schon eine Hostess mit Häppchen in den Raum geschwebt. Mollenkott und Horzon stürzten sich auf sie und griffen sich alles, was auf dem Tablett lag, dann starrten sie auf die Gebilde in ihren Händen. Es waren tatsächlich Hamburger, oder sogar Cheeseburger. Allerdings waren sie nur so gross wie Rosinen.

»Schmecken tatsächlich ganz gut«, sagte Horzon kauend.

»Wollen die uns verarschen?«, presste Mollenkott wütend hervor, zerquetschte einen Burger zwischen Zeigefinger und Daumen und schmiss die übrigen auf den Teppich. »Wie sollen wir davon satt werden?«

»Ja genau«, rief jetzt auch Horzon ganz empört, »wie sollen wir davon dick werden?«

»Lass uns abhauen«, zischte Mollenkott und stampfte die Treppe hinunter.

»Mäuse gibt es nicht zufällig bei Ihnen, oder?«, fragte Horzon sicherheitshalber noch, während er der Empfangsdame zum Abschied seine Gras-Schorle in die Hand drückte.

»Wirklich viel zu kleine Burger«, sagte Horzon kopfschüttelnd, als er sich in den cremefarbenen Ledersitz seiner Limousine fallen liess. Mollenkott sagte nichts. Als Horzon sich zu ihm drehte, sah er, dass er weinte. »Hey, *compañero*, wir werden schon noch was zu essen finden, keine Sorge … Oder was hast du?«

Mollenkott schaute nur stumm aus dem Seitenfenster.

»Wegen Jakob?«, fragte Horzon.

Mollenkott holte eine Zigarette aus der Schachtel, schnippte den Filter aus dem Fenster und fing an zu rauchen. »Weisst du eigentlich, wie lange ich Jakob gekannt habe?«

»Zehn Jahre?«

»Nein, seit wir zehn waren. Wir sind zusammen zur

Schule gegangen. Und danach haben wir auch noch ein paar Jahre zusammengewohnt.« Er blies den Rauch aus dem Seitenfenster. »Kein Mensch auf der Welt kann sich vorstellen, wie einsam ich bin.«

Horzon starrte traurig durch die Windschutzscheibe, während er das Auto über den Kudamm manövrierte.

»Na ja, ist ja auch egal«, rief Mollenkott und warf den Zigarettenstummel aus dem Fenster. »Jetzt fahren wir erstmal zum Hamburger Bahnhof. Da gibt es bestimmt auch ordentlich was zu essen.«

Der Platz vor dem Museum war zum Bersten gefüllt. Generalintendant Udo Kittelmann stand neben der grossen Bühne. Er kam gleich auf Horzon zugelaufen. »Schön, dass du gekommen bist, das freut mich wirklich sehr.«

»Ist hier eigentlich auch diese Maus?«, fragte Horzon.

»Maus? Welche Maus?« Kittelmann schaute Horzon verdutzt an. Dann stieg er auf die Bühne und begrüsste die anwesenden Gäste.

»Schau mal«, rief Mollenkott, »da vorne ist Magnus Resch. Und Timon. Wir müssen sofort ein Foto von uns machen! Hey, Andreas, nimm mal mein Handy und mach mal ein Foto von uns, bitte.«

Nachdem Andreas Mühe das Foto gemacht hatte, nahm Horzon ihn zur Seite. »Sag mal, wann geht denn das Essen hier los?«

»Oh, das kann noch dauern, jetzt kommen ja erstmal die ganzen Reden, dann wird meine Ausstellung eröffnet und dann ...«

»Ok, das dauert alles viel zu lange«, entschied Mollenkott und schob Horzon durch das Gedränge wieder in Richtung Auto.

»Stimmt«, sagte Horzon, »wir müssen ja dick werden und die Maus finden.«

»Ausserdem haben wir jetzt sowieso, was wir wollten«, sagte Mollenkott und klopfte auf seine Hosentasche.

»Wieso, was denn?«

»Wir haben das Foto von Andreas Mühe auf meinem Handy. Das ist mindestens 30 000 Euro wert! Andreas ist doch jetzt berühmt.«

»Leichtverdientes Geld«, staunte Horzon. »Und wo fahren wir als Nächstes hin?«

»Zum Gropius-Bau, da ist doch dieser grosse Empfang«, sagte Mollenkott, »da gibt es bestimmt auch was zu essen, und da ist bestimmt auch Maike, die können wir fragen, wo die Maus ist.«

Und tatsächlich: Kaum hatten sie das riesige Gebäude betreten, stand auch schon Festival-Direktorin Maike Cruse vor ihnen!

»Die Maus?«, sagte sie. »Ja klar weiss ich, wo die Maus ist. Die ist in der Galerie …«

In genau diesem Moment stürzte sich ein gutgekleideter Herr auf die Direktorin und riss sie mit sich. »Los, Maike, schnell! Interview-Termin!«

Es war Oberkulturattaché Prof. Dr. Thomas Girst.

Hungrig bahnten sich Horzon und Mollenkott den Weg durch das Empfangsgetümmel, bis sie auf die Bar stiessen.

»Gibt es hier was zu essen? Oder Mäuse?«, fragte Horzon.

»Leider nur noch Getränke …«

»Dann nehmen wir drei Glas Champagner!«, schrie Mollenkott.

»Haben Sie Gras-Schorle?«, fragte Horzon.

»Gras … WAS?«, fragte die Kellnerin.

»Pass auf«, raunte Mollenkott Horzon zu, nachdem er den Champagner runtergeschüttet hatte, »wir brauchen jetzt sofort was zu essen, und ich weiss auch schon, wo wir was bekommen.«

»Wo denn?«

»Bei diesem Dinner von der *Galerie Ruttkowski*. In diesem Funkhaus. Wir müssen nur noch schnell bei Johann König vorbei, ich habe ihm versprochen, dass wir ihn mitnehmen.«

»Na gut, ok, dann also schnell zu Johann und dann zum Funkhaus …«

»… zum Galerie-Dinner!«

Als sie zwei Stunden später endlich im Funkhaus ankamen, strömten die Gäste sofort auf sie zu. Die schöne DJ Gigola und ihr ebenso schöner Verlobter Lorenzo Prossechio, der bedeutende österreichische Komponist Stickle und seine Verlobte Mika. Im Hintergrund erkannte Horzon den österreichischen Alleinunterhalter Yung Hurn, der gerade vor einem gigantischen bunten Pilz für die Fotografen posierte.

»Und wo ist das Essen?«, fragte Horzon den Galeristen Nils Müller, der einen sehr langen, selbstgestrickten Mantel anhatte.

»Da seid ihr leider zu spät. Das Dinner ist längst vorbei.«

»Und habt ihr weisse Mäuse?«

»Leider auch nicht, aber wir könnten ja welche bestellen?«

Mollenkott verdrehte die Augen. »Das dauert doch alles viel zu lange.«

»Dann fahren wir eben zu Julia Stoschek«, krächzte

Johann König, der von den vielen hektischen Verkaufs-
gesprächen in seiner Galerie ganz heiser war, »die hat bestimmt noch was zu essen.«

Aber auch hier gab es nichts mehr zu essen. Und auch
keine Mäuse. Nur reichlich Getränke, die die grosszügige
Sammlerin persönlich an ihre zahllosen Gäste ausschenk-
te. Hungrig und erschöpft machten sich Horzon und Mollenkott tief in der Nacht auf den Weg nach Hause.

Am nächsten Tag fuhren sie weiter von Galerie zu Galerie,
auf der Suche nach Essen. Auf der Suche nach der Maus.
Erst zur *Galerie Neu*, aber hier gab es nur Haie. Alexander Schröder stand inmitten der riesigen Gemälde und
freute sich über die Fische, die wie Torpedos aus dem Wasser schossen. »An irgendetwas erinnern mich diese gewal-
tigen Tiere«, strahlte er Horzon begeistert an. »Ich weiss
nur nicht, an was …«

»Und was ist mit Essen?«, fragte Horzon.

»Leider erst heute Abend«, bedauerte Thilo von Wermke.

»Dann weiter«, zischte Mollenkott. »So lange können
wir nicht warten. Wir brauchen Nahrung.«

»Wegen der Evolution«, erklärte Horzon den Galeristen
beim Hinausgehen.

Auch bei der nächsten Galerie, *neugerriemschnei-
der*, wurden sie nicht fündig. Und auch Judy Lybke von
der *Galerie eigen + art* konnte ihnen nicht helfen. Dann
klngelte Horzons Telefon, es war Timon Karl Kaleyta.
»Kommt schnell hierher, zu Anselm Reyle«, rief er. »Heute wird doch in seiner Villa mein neues Magazin präsen-
tiert. Da gibt es Würstchen.«

»Na gut, besser als gar nichts«, sagte Mollenkott, während sie in Horzons Limousine stiegen.

Als sie nach einer halben Stunde auf Reyles herrlichem Anwesen an der Spree eintrafen, standen allerdings fast hundert Gäste in der Schlange vor dem Würstchengrill.

»Dann fahren wir jetzt eben rüber zu Alicja«, sagte Horzon mürrisch, »da ist doch heute auch *Atelier der offenen Tür* oder sowas, und es gibt einen Boots-Shuttle.«

Auf dem Bootssteg am anderen Ufer wartete schon Johann König mit einigen seiner Gäste. »Kennst du eigentlich Rafael Horzon?«, krächzte König und schob Horzon Daniel Birnbaum entgegen. »Rafael ist Ehrenmitglied im Mensa-Club, Marcel-Duchamp-Experte, Unternehmer, und er hat eine Theorie der Neuen Wirklichkeit entwickelt, also eigentlich alles genauso wie bei dir.« Dabei checkte er auf seinem Handy die Börsenkurse in New York, unterlegte noch schnell einen Film von Jeppe Heins Hochglanz-Ballons mit der Musik von Nenas »Neunundneunzig Luftballons« und stieg dann mit Birnbaum, David Chipperfield und Pamela Anderson ins Boot, um zu Reyle zu fahren.

Aber auch bei Alicja Kwade gab es kein Essen. Und keine Maus.

»Schaut doch mal bei Jorinde nebenan«, riet die attraktive und sehr erfolgreiche Künstlerin und zeigte auf die Fabrikhallen neben ihrem riesigen Atelier, »vielleicht hat die was vorbereitet.«

Nachdem Horzon und Mollenkott die Ateliers von Jorinde Voigt und Christian Jankowski sehr genau, aber ergebnislos nach Essen und Mäusen abgesucht hatten, fuhren sie wieder in die Stadt zurück.

Doch auch in der Galerie von Guido Baudach gab es nicht, was sie wollten. »Auf der Suche nach der verlorenen Maus«, knurrte Mollenkott entnervt. Horzon konnte kaum noch gehen vor Hunger. Dann stiessen sie beim Hinausgehen auf eine Mitarbeiterin der *König Galerie*. Horzon hatte sie an ihrem schönen Pferdeschwanz wiedererkannt. Er knuffte Mollenkott in die Seite. »Wenn es irgendjemanden gibt, der weiss, wo die kleine weisse Maus ist, dann ist es diese zierliche Person.«

»Ja, natürlich weiss ich das«, erklärte die freundliche Mitarbeiterin namens Verena. »Ihr geht einfach in die *Galerie Esther Schipper*, die ist auch hier im Haus, ganz oben, und dort findet ihr die Maus.«

Mit klopfenden Herzen kletterten sie Stufen empor, dann öffneten sie die Tür der Galerie.

An der Decke hingen grosse Bildschirme. Auf dem Boden lagen riesige, halb ausgerollte Teppiche.

Ganz hinten entdeckte Horzon sie.

Die Maus.

Sie hatte ein Loch in die Galeriewand gefressen und schaute daraus hervor, drehte den Kopf mal nach links, mal nach rechts, dann hielt sie inne, dann nickte sie ein bisschen. Dann schaute sie nach oben und schnupperte.

»Das ist wirklich die süsseste Maus, die ich je gesehen habe«, flüsterte Mollenkott, »und sie ist wirklich echt. Eine lebende Maus.«

»Das sehe ich auch«, raunte Horzon, »aber was sagt sie?«

Sie knieten sich vor die Maus hin, aber es war immer noch nicht zu verstehen, was sie sagte.

Horzon schob den Schutt zur Seite, der vor ihrem Loch lag, und beugte sich ganz tief zu ihr hinab, so dass sein Ohr fast ihre Nasenspitze berührte.

Und dann konnte er endlich hören, was sie sagte.

»Rafi, ich bin es, Jakob. Ihr müsst euch keine Sorgen machen. Mir geht es gut.«

KAPITEL 17

Tim und Struppi
und Das Goldene Gehirn

Rafael Horzon stand, nur mit Boxershorts bekleidet, in seinem Badezimmer und übte vor dem grossen Spiegel summend ein paar Starposen für einen imaginären Fotografen ein. Selbstzufrieden strich er mit den Händen über seinen ausladenden Bauch und drehte sich danach zur Seite, um seinen fülligen Körper auch im Profil bewundern zu können. Dann fuhr er sich lächelnd mit dem Kamm durch sein dünnes Haar, hielt ihn sich wie ein Mikrofon vor den Mund, fixierte einige Sekunden lang sein Gegenüber im Spiegel, holte tief Luft und ...

In genau diesem Moment klingelte es an der Tür. Horzon fiel vor Schreck der Kamm aus der Hand.

Es war Timon Karl Kaleyta.

Hastig warf Horzon sich eins seiner dunkelblauen Poloshirts über, schlüpfte in seine zu enge dunkelblaue Hose und lief schwitzend ins Esszimmer, wo er schon vorher den Tisch gedeckt hatte. In der Mitte stand eine grosse Sahnetorte, daneben zwei Schüsseln, die randvoll mit Schokokeksen und Bonbons gefüllt waren. Horzon legte noch schnell geblümte Servietten neben die zwei Teller, dann ging er zur Tür, um seinen Gast zu begrüssen.

»*Buongiorno, Monsignore!*«, schrie Kaleyta, als er die letzten Stufen zu Horzons Wohnung hochstapfte. Er hatte wie immer ausgezeichnete Laune. Horzon holte den Kaffee vom Herd und setzte sich sofort an den Tisch. Es waren schon fast zwei Stunden seit seiner letzten Mahlzeit vergangen.

»Ja, das Leben ist schön«, sagte Kaleyta und lehnte sich zufrieden lächelnd zurück, während Horzon ihm Kaffee einschenkte, »aber manchmal sehne ich mich nach harter, körperlicher Arbeit zurück. So wie früher, als ich noch Holzhacker war.«

Seit Kaleyta vor einigen Jahren nach Berlin gekommen war, hatte er eine bemerkenswerte Karriere vom Hilfsarbeiter zum wohl wichtigsten Journalisten der Hauptstadt gemacht. Zuerst hatte er einige Monate für *Horzons Wanddekorationsobjekte* gearbeitet, dann hatte Johann König ihn zum Hausmeister ernannt. Schliesslich war er zu Königs Galerie-Direktor aufgestiegen. Und nebenher hatte er noch zahllose Artikel für die bedeutendsten Zeitungen Deutschlands geschrieben.

»Harte körperliche Arbeit?«, fragte Horzon und schüttelte verständnislos den Kopf. »Dabei verliert man doch nur Gewicht. Und wolltest du nicht auch ein Buch schreiben? Deine Memoiren?«

»Ja doch, klar, aber ich schiebe das gerade so ein bisschen vor mir her.«

»Das ist natürlich nicht so schön«, sagte Horzon und zog vorwurfsvoll die Augenbrauen hoch, »denn wenn man sich etwas vornimmt, zum Beispiel ein Buch zu schreiben, dann sollte man das auch zu Ende bringen.«

»Ich habe ja auch schon eine Menge Notizen gemacht, aber im Moment …«

»Na ja, wenigstens hast du ordentlich zugenommen.« Horzon nickte anerkennend. »Das ist doch schon mal der erste Schritt.«

»Zugenommen?«, fragte Kaleyta verdutzt.

»Na ja, das gute Essen in der FAZ-Kantine ist nicht spurlos an dir vorübergegangen, würde ich sagen. Das ist doch sehr schön. Das ist doch sehr ZIELFÜHREND.«

»Wieso? Was meinst du denn damit, Rafael?«

Horzon setzte seine Kaffeetasse ab und schaute Kaleyta in die Augen. »Es ist gut, dass du zugenommen hast, Timon. Denn ein dünner Mann zieht keine Frauen an. Und ein Mann ohne Frauengeschichten schreibt kein gutes Buch.«

»Was? Was ist denn das jetzt schon wieder für ein Unsinn?«, rief Kaleyta verdattert.

»Hast du noch nie was von der EVOLUTION gehört?«, fragte Horzon überlegen lächelnd und schob sich ein neues Stück Sahnetorte auf den Teller.

»Doch, natürlich.«

»Dann weisst du ja sicherlich auch, dass Frauen dicke Männer bevorzugen. Aus biologischen Gründen. Dagegen können sie sich gar nicht wehren. Das ist sozusagen in ihrem *genetischen CODE* gespeichert.«

»Also, entschuldige mal, Rafael, wo hast du denn diese Theorie jetzt schon wieder her?«

»Keine Ahnung, ich glaube, von Mollenkott.«

»Das habe ich mir schon gedacht.«

»Wieso, warum denn?«

»Weil es *völlig unhaltbar* ist, was ihr euch da ausgedacht habt! Also erstens: Wenn es so wäre, dass Frauen nur dicke und grosse Männer bevorzugen, dann gäbe es weltweit natürlich auch nur noch dicke und grosse Männer. Weil nach eurer Theorie alle schmächtigen und kleinen Männer im Laufe der Evolution ausgesiebt worden wären.«

»Sind sie ja auch«, sagte Horzon mit vollem Mund.

»Nein, sind sie nicht. Und ich kann dir auch sagen, warum.«

»Warum?«

»Also, wenn wir mal in die Steinzeit zurückgehen, dann gibt es da natürlich dicke und grosse Männer, und vielleicht haben die ja auch Erfolg bei den Frauen. Es gibt aber auch schmächtige und kleine Männer, und die haben AUCH Erfolg bei den Steinzeit-Frauen. Warum? Weil sie abends, in der Höhle am Lagerfeuer, vielleicht viel bessere Geschichten erzählen können als die dicken Männer. Das fanden die Frauen damals nämlich auch schon attraktiv. Das ist nämlich AUCH Evolution.«

»Ist das so?«, fragte Horzon verwundert.

»Ja, das ist so, und deshalb würde ich an deiner Stelle lieber mal versuchen, ein interessantes Buch zu schreiben, statt dich weiter mit Süssigkeiten vollzustopfen.«

Horzon liess den Schokoladenkeks, den er sich gerade in den Mund schieben wollte, zurück auf den Teller sinken. »Aber ich kann nicht einfach so ein interessantes Buch schreiben. Dafür muss ich erstmal Frauengeschichten erleben. Ohne Sex kein Nobelpreis! Und ausserdem finden Frauen dicke Männer sehr wohl attraktiv, weil sie an einem dicken Bauch erkennen können, dass der Mann sehr reich ist. Weil er sich so viel Essen kaufen kann.«

Kaleyta konnte kaum noch ertragen, was Horzon ihm da auftischte. »In welchem Jahrhundert lebst du, Rafael? Ein Mann drückt seinen Wohlstand heute doch nicht mehr durch einen Wohlstandsbauch aus.«

»Sondern?«

»Heute drückt der Mann seinen Wohlstand dadurch aus, dass er seinen Körper im Fitness-Studio optimiert.

Das ist nämlich um einiges teurer als fettes Essen. Ausserdem demonstriert er mit seinem durchtrainierten Körper Selbstkontrolle und Disziplin. Die heutigen Frauen haben keinen Sinn für Männer, die sich gehenlassen.«

Horzon starrte nachdenklich aus dem Fenster. »Dann muss ich jetzt also wieder dünner werden ...«

»Und was ist mit deinem neuen Buch?«, fragte Kaleyta. »Hast du das jetzt endlich angefangen?«

»Ich denke momentan sehr viel darüber nach«, antwortete Horzon.

»Das ist doch schon mal gut.«

»Wusstest du eigentlich, dass Florian Illies SEHR daran interessiert ist, mein Buch zu veröffentlichen?«

Kaleyta hörte diese Geschichte nun schon zum fünften Mal, wollte aber nicht unhöflich sein. »Ja, ich glaube, das hattest du schon mal erwähnt.«

»Ich war ja neulich bei ihm und habe ihm sein Sternenbild geliefert, und da hat er durchblicken lassen, dass auch ein sechsstelliger Vorschuss überhaupt kein Problem wäre.«

»Wie bitte?«, rief Kaleyta aus.

»Ich glaube, er hat sogar gesagt: ›Ein SIEBENSTELLIGER Betrag ist gar kein Problem, mein lieber Rafael.‹«

»Siebenstellig, das ist schon allerhand!« Kaleyta schob seine Unterlippe vor und nickte beeindruckt.

Horzon legte nachdenklich seine Stirn in Falten. »Oder hatte er gesagt: ein ACHTSTELLIGER Betrag? Ich weiss es einfach nicht mehr.«

»Wow, achtstellig!«, rief Kaleyta. »So viel bekommt normalerweise nur der Präsident der Vereinigten Staaten für seine Memoiren. Oder der Papst.«

»Wie auch immer«, fuhr Horzon fort, »vor allem muss

ich jetzt erstmal einen guten Titel finden. Wenn ich den habe, dann weiss ich ja auch, in welche Richtung das Buch gehen soll, und dann schreibt sich das alles von ganz alleine!«

»Klar«, sagte Kaleyta, »so kann man es natürlich auch machen.«

»Vor zehn Jahren, als ich *Das Weisse Buch* geschrieben habe, da wusste ich ja auch lange Zeit gar nicht, wie das Buch heissen soll. Eigentlich wollte ich es ja *Das Meisterwerk von Bestsellerautor Rafael Horzon* nennen, aber das fand der Verlag nicht so gut.«

»Na ja, es war ja auch dein erstes Buch, das ist natürlich schon problematisch.«

»Ich habe dann mit Christian Kracht wochenlang nach einem guten Buchtitel gesucht. Wir haben hin und her gemailt. Er kam mit einem neuen Vorschlag, dann kam ich mit einem neuen Vorschlag, bis wir am Ende siebzig oder achtzig Buchtitel hatten. Die habe ich alle ausgedruckt und ausgeschnitten. Und dann habe ich alle Schnipsel in einen Hut geworfen und einen gezogen.«

»Und was kam raus?«

»*Das Weisse Buch* natürlich!«

»Natürlich!«

»Warte mal, ich such mal die Buchtitel von damals raus, vielleicht ist ja noch ein guter dabei, dann nehmen wir den einfach für mein neues Buch.«

Zehn Minuten später kam Horzon mit einem Stapel Papiere aus seinem Arbeitszimmer. »Hier, ich habe die Liste von damals tatsächlich gefunden. Sollen wir die Titel gleich alle ausschneiden und in einen Hut werfen?«

»Lies doch lieber erstmal vor.«

»Na gut, lass sie einfach mal auf dich wirken.«
Erinnerungen
Meine Erinnerungen
Mein Leben
Mein interessantes Leben
Mein sehr interessantes Leben
Das Zauberwerk
Rot ist Schwarz
Schwarz ist Weiss
Mein Weg
Der Weg
Der Aufstieg
Das Licht
Das Weisse Licht
Das Weisse Buch
Die Neue Wirklichkeit
Die Theorie der Neuen Wirklichkeit
Die Theorie des Dritten Weges
Die Berliner Theorie
Die Konstruktion der Wirklichkeit
Die Konstruktion
Sehen, Analysieren, Verändern
Meine Weisheit
Mein Buch
Mein Universum
Die Vermessung des Universums
Die Vermessung der Feuchtgebiete
Feucht ist mein Gemüse
Ich habe gelesen, ich habe verstanden, ich habe
verworfen
Ich habe verstanden
Radikale Veränderungen stehen bevor

Einführung in die Chinesische Astrologie
Odysseus
Der Anti-Oktopus
Anti
Das Anti-Universum
Das Gegenteil
Die Neuordnung der Welt
Die Welt als Geheimnis
Mein erotisches Geheimnis
Der Wille zur Nacht
Masse und Nacht
Philosophie als Schwert
Die Sense des Wissens
Die Geburt der Neuen Wirklichkeit
Die Geburt der Komödie
Ein Porträt des jungen Mannes als Komödie
Ein Porträt des jungen Mannes
Die Göttliche Tragödie
Das Unbehagen an der Kultur
Das Unbehagen
Ecce Horzon – Wie ich wurde, was ich bin
Jenseits von Hut und Möse
Fotzendämmerung
Ich denke, also spinn ich
Das Goldene Gehirn
Der Sinn
Die Faust
Der Kern
Der Pudel
Horror vor der Lehre
Die Reine Leere
Mein Leben als Genie

Mein Leben als vermeintliches Genie
Aus dem Leben eines Möbelhändlers
Die Bekenntnisse des Möbelhändlers Rafael H.
Bekenntnisse
Mein Schweigen wird überbewertet
Mein Schweigen wird unterbewertet
Mein Schweigen
Reden ist Schweigen, Silber ist Gold
Der Wurm

»DER WURM!«, rief Kaleyta begeistert, als Horzon zu Ende gelesen hatte. »Eigentlich könntest du doch auch einfach NOCH achthundert Titel aufschreiben und das dann bei Suhrkamp abgeben. Bitte sehr, Herr Suhrkamp! Fertig!«

»Stimmt eigentlich.«

»Und das Buch nennst du *Das Buch der Bücher.*«

»Vielleicht gar nicht so verkehrt, diese Idee«, sagte Horzon nachdenklich.

»Welchen Titel fand Kracht denn damals am besten?«

»Krachts Favorit war *Das Goldene Gehirn.*«

»Ja, das ist natürlich ein echter Kracht-Titel. Aber auch ein echter *Tim-und-Struppi*-Titel. *Tim und Struppi und Das Goldene Gehirn.*«

»Ja, deswegen fand er den Titel wahrscheinlich auch so gut. Irgendwie lässt sich bei Kracht ja alles auf *Tim und Struppi* zurückführen. Genauso wie sich bei mir alles auf *Spongebob* zurückführen lässt.«

»Und auf Nietzsche!«

»Ja, und natürlich auf Nietzsche.«

»Und welchen Titel findest du jetzt am besten?«, fragte Kaleyta.

»Das kann ich dir genau sagen, das habe ich nämlich

beim Vorlesen gerade gemerkt. Am besten finde ich *Mein Buch*. Weil es genau das sagt, was es ist. Es IST ja mein Buch. Verstehst du?«

»Dann nenn das neue Buch doch einfach so. *Mein Buch* ...«

»Ja, mal sehen. Vielleicht wäre ja *Das Buch* sogar noch besser. Einfach nur *Das Buch*. Dann fragen sich alle immer gegenseitig: ›Hast du schon *Das Buch* von Rafael Horzon gelesen?‹ Dann muss man sich auch gar nicht den Titel merken! Man geht einfach in den Buchladen und sagt: ›Haben Sie *Das Buch* von Rafael Horzon?‹«

»Nein, man geht in den Buchladen und sagt: ›Haben Sie *Das Buch*?‹ Und die Verkäuferin greift ins Regal und sagt: ›Bitte sehr, *Das Buch*.‹«

»Ja, das ist wirklich raffiniert! Weisst du eigentlich, dass ich früher, in den fünfziger Jahren, immer eine Schirmmütze aufhatte, auf der *MÜTZE* stand? Das wurde dann sogar zu meinem Namen. Damals kannte mich in Berlin-Mitte niemand als Rafael. Damals kannten mich alle nur als *Mütze*.«

»Kennst du eigentlich diese Novelle von Schnitzler mit dem Titel *Ich*?«, fragte Kaleyta.

»Timon, du weisst doch, ich lese seit ungefähr zehn Jahren NUR NOCH Schnitzler, und sonst gar nichts«, antwortete Horzon herablassend. »Alles andere spare ich mir.«

»Ach so, dann kennst du also die Novelle?«

»Nein.«

»Da geht es um einen Mann in Wien, der will in den Park gehen, und am Eingang zum Park stösst er auf ein Schild, und auf diesem Schild steht *PARK*.«

»Ach so ...?«

»Und er kann das einfach nicht fassen, weil es doch so offensichtlich ist, dass es ein Park ist. Und dass trotzdem jemand dieses Schild mit dem Wort *PARK* aufgestellt hat.«

»Ah ja …?«

»Und irgendwie wirft ihn das mental so aus der Bahn, dass er *auch* anfängt, alle Sachen zu beschriften.«

»Aha …?«

»Als er nach Hause kommt, schreibt er *TÜR* auf die Tür, oder *KOMMODE* auf die Kommode. Und das nimmt dann immer krassere Formen an, und als er seine Frau dann mit dem Wort *FRAU* beschriften will, wird er eingeliefert. Und der Doktor in der Irrenanstalt merkt auch gleich, dass IRGENDWAS mit diesem neuen Patienten nicht stimmt. Denn der Mann wird in sein Zimmer geschoben, und auf seiner Stirn steht *ICH*.«

Horzon dachte ziemlich lange nach. Dann drehte er sich zu Kaleyta. »Und warum genau ist er jetzt eingeliefert worden?«

»Na ja, weil …«

»Also, du meinst, ich sollte das Buch einfach nur *BUCH* nennen, oder?«

»Ja, also …«, sagte Kaleyta. »Ja genau, einfach nur *BUCH*. Und wenn die Leute in den Buchladen kommen, dann fragen sie: ›Haben Sie *BUCH*?‹ Und die Verkäuferin greift ins Regal und sagt: ›Bitte sehr, *BUCH*.‹«

»Gut, dann hätten wir das jetzt ja geklärt«, sagte Horzon. »Das neue Buch heisst BUCH.«

»Dann kannst du jetzt ja endlich anfangen zu schreiben.«

»Aber mein Laptop ist doch immer noch kaputt.«

»Dann kauf dir doch ein neues.«

»Aber mein Konto ist gepfändet.«

»Schon wieder? Sag mal, ich verstehe das einfach nicht. Dein Möbelgeschäft, das muss doch wahnsinnig viel Geld abwerfen, ich habe heute schon zwei LKWs von dir herumfahren sehen. Zwei *Moebel-Horzon*-LKWs!«

»Ja, aber das Finanzamt nimmt mir alles weg. Ausserdem habe ich doch diese riesigen Sternenbilder produzieren lassen, aber kein Mensch kauft sie uns ab. Ich bin so gut wie insolvent, Timon.«

»Und dann sitzt du hier herum und futterst Torte? Da musst du doch jetzt irgendwas unternehmen.«

»Wann denn? Ich muss doch jetzt das Buch schreiben. Und dauernd kommen Briefe vom Finanzamt und von den Banken, mir wächst das alles über den Kopf!«

Kaleyta dachte nach. »Du bräuchtest jemanden, der dich unterstützt. Einen Manager.« Dann fiel ihm etwas ein. »Oder eine Managerin. Ich wüsste da nämlich eine. Du kennst doch Verena von der König Galerie.«

Horzon horchte auf. »Die mit dem Pferdeschwanz?«

»Genau! Ich frage sie mal.«

»Sehr gut, danke!«

»Ausserdem brauchst du neue Einnahmequellen. Neue Produkte.«

»Ich HABE doch auch schon ein neues Produkt«, fiel Horzon jetzt ein. »Nämlich Küchen.«

»Küchen?«

»Also, wir haben bei *Moebel Horzon* ja Regale und Kleiderschränke im Programm – aber noch keine KÜCHEN.«

»Gute Idee.«

»Ich habe auch schon einen Prototypen bauen lassen, und den könnten wir doch jetzt beim ersten Kunden einbauen. Wir beide zusammen. Morgen früh!«

»Wirklich? Morgen schon?«

»Du hast doch vorhin selbst gesagt, dass du dich nach harter körperlicher Arbeit sehnst.«

Kaleyta bereute jetzt ein bisschen, dass er mit seiner Vergangenheit als Holzhacker geprahlt hatte. Andererseits sehnte er sich wirklich nach Abwechslung. »Also gut! Wann soll ich zur Arbeit erscheinen?«

»Keine Ahnung, wann fangen echte Handwerker morgens so an? *Um viere?*«

»Also, vier Uhr ist dann vielleicht doch ein bisschen SEHR früh«, gab Kaleyta zu bedenken, »sollen wir lieber sagen, um fünf Uhr früh?«

»Gut, alles klar, dann bis morgen früh, *um fünfe*!«

»Bis morgen!«

KAPITEL 18

Splash

Als Kaleyta am nächsten Morgen um fünf Uhr zur Arbeit erschien, sass Horzon schon im Blaumann am Esstisch und schmierte grosse Mettwurst-Stullen. Dann nahm er eine Thermoskanne aus dem Kühlschrank und machte Kaleyta ein Zeichen. »*Let's roll!*«

Horzons Limousine stand direkt vor dem Haus. Horzon warf die Stullen und die Thermoskanne auf die Rückbank, dann gab er Kaleyta den Zündschlüssel. »Fahr du mal bitte, ich muss noch was regeln während der Fahrt.«

»Wohin fahren wir eigentlich, was sind das für Leute, wo wir die Küche aufbauen?«

»Das ist in Pankow. Jonathan Monk heisst der Kunde.«

»DER Jonathan Monk? Der Künstler?«, fragte Kaleyta ungläubig, während er den Motor startete.

»Ja genau, das ist sein Studio.«

»Meinst du wirklich, der arbeitet da schon, wenn wir jetzt um halb sechs in der Frühe ankommen?«

Horzon hielt einen Schlüsselbund in die Höhe. »Sein Assistent hat mir die Schlüssel gegeben.«

»Und warum fahren wir nicht mit dem LKW? Wo sind denn die ganzen Küchen-Module? Die Schränke und so weiter?«

»Das haben meine Mitarbeiter alles schon eingebaut. Das Einzige, was die natürlich NICHT konnten, war die Installation vom Heisswasser-Boiler. Und die Anschlüsse vom Spülbecken. Und das machen WIR deswegen jetzt. Wir sind also heute als Installationsbetrieb unterwegs.«

»Ach so, und wie heissen wir dann? *Klempnerei Horzon?*«

»Nein, ich dachte, wir nennen die Firma DIE PREIS-BRECHER.«

»*Die Preisbrecher?*«

»Ja, so wie *Eisbrecher*, nur eben mit *Preis* vorne, dann wissen die Leute gleich, dass wir die billigsten sind.«

»Das ist gut.«

»Und auf den LKW malen wir ein Männchen im Blaumann, so wie *Super Mario*, der mit einem riesigen Wasserrohr auf einen Preis einprügelt.«

»Ja, das leuchtet ein.«

»Der Preis muss so richtig in der Mitte auseinanderbrechen. Und das Männchen muss wie ein Verrückter auf diesen Preis eindreschen«, rief Horzon ganz ausser sich vor Begeisterung über diese neue Idee.

»Und dieses Klempnern – können wir das eigentlich?«, fragte Kaleyta, während er am Rosenthaler Platz in die Brunnenstrasse abbog. »Also die Installation von dem Boiler zum Beispiel?«

»Hm? Ach so, ja, ja, klar …«, sagte Horzon, während er auf seinem Handy herumtippte und offensichtlich überhaupt nicht zuhörte.

»Ich hab sowas nämlich noch nie gemacht, aber wenn du dich damit auskennst …«

»Ja, ja, ja …«

»Was machst du denn da eigentlich, was tippst du da die ganze Zeit auf dem Handy?«

»Du, nichts Grosses«, sagte Horzon und tippte weiter, »ich kaufe und verkaufe Öl-Aktien.«

»Du kaufst ÖL-AKTIEN?«, fragte Kaleyta fassungslos.

»Ich kaufe – und ich verkaufe«, sagte Horzon sehr geschäftsmässig, ohne aufzublicken. »Daytrading nennt das der Fachmann.«

»Und warum machst du das?«

Horzon schaute kurz von seinem Handy auf. »Timon, bei aller Liebe, ich habe nicht vor, mein GANZES Leben lang Heisswasser-Boiler mit dir zu installieren.«

»Wieso dein ganzes Leben. Wir sind doch gerade mal zehn Minuten lang dabei.«

»Lass mich jetzt mal bitte, hier geht es um viel Geld!«, rief Horzon und wischte mit herrischer Geste weiter auf seinem Handy hin und her.

Als sie gegen 5.30 Uhr vor Monks Atelier ankamen, stieg Horzon sofort aus und holte eine Flex und eine Kabeltrommel aus dem Kofferraum. Dann schloss er die Eingangstür auf, steckte im Hausflur die Verlängerungsschnur in die Steckdose und ging in den Hinterhof.

»Hast du eigentlich keinen Blaumann?«, fragte er Kaleyta. »Und keine Stahlkappenschuhe? Schau mal.« Horzon trat sich mit voller Wucht auf den eigenen Fuss, spürte aber offensichtlich keinen Schmerz. Dann zeigte er abfällig auf Kaleytas Schuhe. »Das sieht irgendwie nicht authentisch aus, mit deinen Segelschuhen. Und mit diesem Tennishemd. Du wirkst überhaupt nicht wie ein echter Handwerker. Da besorgen wir morgen mal richtige Arbeitskleidung für dich.«

Dann steckte er das Kabel der Flex in die Kabeltrommel und begann, einen zufällig herumliegenden Ziegelstein zu bearbeiten. Die Trennscheibe frass sich mit ohrenbetäubendem Lärm in den Stein. Funken sprühten.

»Was machst du da?«, fragte Kaleyta interessiert.

»Hol mal das Kofferradio aus dem Auto und unsere Mettwurst-Stullen!«, schrie Horzon, um das Heulen der Flex zu übertönen. Der Ziegelstein war zersägt, jetzt senkte er die Trennscheibe ohne erkennbaren Grund in eine Gehwegplatte.

»Ruhe!«, schrie jemand von oben aus dem Fenster, aber Horzon flexte ungerührt weiter. Die Flex kreischte, die Gehwegplatte rauchte. Als Kaleyta zurückkam, steckte Horzon das Kabel des Kofferradios in die Kabeltrommel, warf die Flex wieder an und schrie: »Such mal was Gutes im Radio! Irgendwas von Shakira – *Waka Waka*!«

Kaleyta probierte alle Sender durch, bei voller Lautstärke, um Horzons Flex zu übertönen. »Geht auch *Mambo No.5*?«

»Ja, auch gut!«

»Ruhe!«, schrie jemand von oben aus dem Fenster. »Es ist doch erst halb sechs!«

»Wir versuchen hier nur, unsere Arbeit zu machen!«, schrie Horzon zurück. Dann setzte er sich auf die Kabeltrommel, klappte seine Brotbüchse auf und reichte Kaleyta eine Wurststulle. »Mittagspause.«

»Mittagspause?«

»Um *ölve* wollen wir Feierabend machen«, sagte Horzon.

»Um ›ölve‹?«

»Um elf.«

»Übrigens habe ich ja gestern diese Liste mit den Buchtiteln von dir mitgenommen und nochmal durchgesehen«, sagte Kaleyta kauend, »und ich würde sagen, die Hälfte der Titel hat irgendeinen Nietzsche-Bezug, das ist schon auffällig, finde ich.«

»Na ja, was willst du machen, Timon«, antwortete Horzon und biss in seine Stulle. »Hat irgendwas anderes Relevanz? Alles andere ist LANGWEILIG. Literatur ist langweilig. Kunst ist langweilig. ALLES ist langweilig. Das einzig Interessante ist, das Gegenteil zu tun. Hast du nicht *Götzendämmerung* gelesen? Oder *Jenseits von Gut und Böse*? Die Umwertung aller Werte ... Ich habe keine Lust, das Gleiche zu tun wie alle anderen. Das machen ja schon alle anderen. Und freuen sich darüber, dass sie das Richtige tun. Es gibt aber nicht *das Richtige*. Es gibt keine Wahrheit. Es gibt nur gesellschaftliche Konventionen darüber, was als Wahrheit zu gelten hat. Oder als Wirklichkeit. Oder als Gut. Oder als Böse. Oder als Kunst. Oder als Literatur. Da können gerne alle mitmachen. Ich aber NICHT. Mir ist das zu LANGWEILIG.«

»Verstehe«, sagte Kaleyta.

»*De omnibus dubitandum est* – Alles muss in Frage gestellt werden«, warf Horzon noch hinterher. Dann knüllte er sein Butterbrotpapier zu eine Kugel zusammen und stand auf.

»Richtig lecker, diese Wurststullen«, sagte Kaleyta und schluckte den letzten Bissen hinunter. »Haben wir eigentlich noch mehr davon?«

»Wir müssen uns jetzt ranhalten, es ist gleich sechs.« Horzon raffte das Kabel zusammen und schloss das Studio des berühmten Künstlers auf.

»Bloss nichts anfassen«, schärfte Horzon seinem Mitarbeiter ein, während sie vorsichtig die Räume des Ateliers inspizierten, »die Sachen von Monk kosten Hunderttausende.«

»Ich weiss«, sagte Kaleyta, »diese Luftballon-Bunnies hier zum Beispiel.«

»Wow!«, staunte Horzon. »Sind die aus Metall?«

»Ja, das ist Edelstahl, so wie die von Jeff Koons, aber bei Monk ist eben die Luft schon etwas rausgegangen ...«

»Und diese Swimmingpools hier sind auch nicht schlecht, schau mal.« Horzon zeigte auf zwei Gemälde, die an der Wand hingen.

»Ja, da hat Monk dieses berühmte Bild *Splash* von David Hockney exakt nachgemalt, aber eben ohne den Splash«, erklärte Kaleyta, der anscheinend ein echter Monk-Experte war.

Horzon betrachtete die beiden Gemälde nachdenklich. »Technisch einwandfrei gearbeitet. Wenn ich Geld hätte, würde ich mir eins davon kaufen.«

»Kannst du vergessen«, sagte Kaleyta, »sogar kleine Gemälde von Monk kosten SEHR VIELE tausend Euro.«

Die Küche war, wie von Horzon angekündigt, von seinen Mitarbeitern schon komplett aufgebaut worden. »Sieht doch alles perfekt aus«, sagte Kaleyta beeindruckt und liess zur Probe ein paar Schubladen heraus- und wieder hineinfahren. Dann drehte er am Wasserhahn. »Hier kommt allerdings nichts raus. Aber braucht er eigentlich wirklich Wasser in der Küche?«

Horzon klappte die Tür unter der Spüle auf. »Der Boiler ist auch schon wieder aufgehängt, aber noch nicht angeschlossen. Das ist der Boiler, der schon in der alten Küche drin war, ein uraltes Ding, wahrscheinlich noch DDR.« Er stiess mit seinem Stahlkappenstiefel ganz leicht gegen den Boiler, der dadurch einen Riss bekam, aus dem sofort Wasser schoss.

»Was hast du gemacht?«, schrie Kaleyta. »Da kommt Wasser raus!«

»Ich hab gar nichts gemacht«, rief Horzon aufgebracht. »Ich hab nur ganz leicht dagegengetippt. Ich hab das Ding eigentlich gar nicht berührt.«

»Und jetzt?«

Horzon zog einen grossen Schraubenzieher aus einer Lasche seiner Multifunktionshose und versuchte, den Boiler von der Wand abzuhebeln. »Ich werde das Teil erstmal ausbauen, dann sehen wir, ob wir den Riss reparieren können. Hol du schon mal Tesafilm aus dem Auto. Der liegt im Handschuhfach.«

»Alles klar, Chef.«

Als Kaleyta zurückkam, hatte Horzon endlich einen Spalt hinter dem Boiler gefunden, an dem er den Schraubenzieher wie eine Brechstange ansetzen konnte. »Und jetzt pass auf«, schrie er, »eins, zwei, DREI!«

Bei *DREI* riss er so stark an dem Schraubenzieher, dass der Boiler von der Wand brach, auf den Boden schlug und zerschellte. Die gesamte Küche war sofort überflutet.

»Oh nein!«, rief Kaleyta.

Horzon watete durch das Wasser und fischte die Bruchstücke des Boilers heraus. »Jetzt nur nicht die Nerven verlieren. Hier schau mal«, rief er triumphierend und hielt zwei Plastikteile aneinander, »diese zwei Stücke passen schon mal zusammen.«

Kaleyta blieb skeptisch. »Ich glaube nicht, dass wir das Ding mit Tesafilm wieder zusammenkriegen.«

Horzon watete in den nächsten Raum, es war die Toilette. »Schau mal, Timon, hier unter dem Waschbecken hängt auch noch ein Boiler.«

Kaleyta kam interessiert hinterhergewatet. »Ah, der sieht auch besser aus. *Vaillant*. Das ist ein Qualitätsprodukt.«

»Weisst du was«, sagte Horzon mit gedämpfter Stimme, »wir bauen diesen Boiler hier einfach aus und setzen ihn unter die Küchenspüle. Das merkt der doch gar nicht. Und wofür braucht man auf der Toilette überhaupt warmes Wasser?«

»Stimmt!«, rief Kaleyta.

Horzon kniete sich in das knöcheltiefe Wasser, rammte den Schraubenzieher hinter den Boiler und hebelte sofort mit voller Wucht los. Der Boiler löste sich mit einem Knall von der Wand und fiel herunter, wurde aber durch die Wasserschläuche noch kurz vor dem Boden aufgefangen. »Puh, Glück gehabt«, schnaufte Horzon, packte den Boiler und versuchte mit aller Kraft, die beiden Schläuche aus der Wand zu reissen. »Hol mal die Flex«, schrie er Kaleyta zu, »die Schläuche gehen nicht ab! Die müssen wir durchschneiden!«

»Warte mal«, rief Kaleyta, »die kann man doch auch abschrauben, ich hol mal die Rohrzange aus dem Kofferraum. Und zieh vor allem mal den Stecker aus der Steckdose! Wenn der Boiler ins Wasser fällt, steht die ganze Küche unter Strom. Und wir auch.«

»Oho, hat Herr Kaleyta jetzt das Kommando übernommen?«, rief Horzon gereizt. »Aber gut, ich ziehe den Stecker. Bitte sehr!«

Kurze Zeit später hatten sie die Schläuche abgeschraubt und nahmen den Boiler hoch, um ihn in die Küche zu tragen. »Moment mal, das Ding ist ja tonnenschwer«, ächzte Horzon und hievte das Gerät mit der offenen Oberseite nach unten ins Waschbecken. »Wir leeren es erstmal aus, dann geht alles leichter.« Glucksend floss das Wasser aus dem Gerät ins Waschbecken. »Siehst du, jetzt ist es federleicht!«, rief Horzon begeistert und watete mit dem Boiler in die Küche. »Und jetzt können wir das Ding auch ganz easy unter die Spüle kleben. Gib mal den Tesafilm.«

»Geht das Gerät denn überhaupt noch?«, fragte Kaleyta. »*Vaillant* schön und gut, aber vielleicht war dieser Boiler ja längst kaputt.«

»Das können wir ganz einfach überprüfen.« Horzon bückte sich keuchend unter die Spüle. »Wir stecken einfach das Stromkabel hier in die Steckdose und schauen, ob sich irgendwas tut.«

Als er das Kabel in die Steckdose gesteckt hatte, gab der Boiler ein zischendes Geräusch von sich. Eine rote Warnlampe blinkte auf.

»Sehr gut, hier leuchtet jetzt eine Lampe, das bedeutet, alles ok!«, rief Horzon. »Ich stelle den Regler mal auf maximale Temperatur.«

Das zischende Geräusch verstärkte sich, eine Dampfwolke kam aus den Öffnungen auf der Oberseite, dann knackte irgendwas im Innern des Boilers, und das Zischen hörte auf.

Kaleyta kniete sich jetzt auch neben die Spüle ins Wasser. »Oh nein, das klang irgendwie nicht so gut. Drück nochmal den Schalter.«

Horzon drückte mehrfach den Schalter und drehte am Temperaturregler, aber der Boiler gab kein Geräusch mehr von sich.

Kaleyta klopfte vorsichtig an dem Gerät herum. »Hoffentlich haben wir auch alles richtig gemacht.«

»Was soll man da schon gross falsch machen?«, rief Horzon gereizt und schlug mit der Faust auf den Boiler.

»Ja, aber da tut sich nichts mehr mit dem Ding«, sagte Kaleyta.

»Das liegt daran, dass das ein Schrottprodukt ist. Die

konstruieren das schon so, dass es nach ein, zwei Jahren kaputtgeht, damit man es dauernd neu kaufen muss.«

»Ich suche mal schnell ein Tutorial im Internet.« Kaleyta holte sein Handy hervor. »Ah ja, hier ist so ein Diskussionsforum zum Thema Boiler-Installation, warte mal … Ok, hör mal zu, ein Teilnehmer namens *Boiler-Boy* schreibt hier unter der Überschrift *Die dümmsten Anfängerfehler beim Boiler-Einbau* …«

»Wieso *Anfängerfehler*?«, rief Horzon dazwischen.

»Also, er schreibt hier jedenfalls: *Wenn du den Boiler in Betrieb nimmst, ohne ihn vorher mit Wasser zu befüllen, brennt die Heiz-Spirale durch, und du hast einen Totalschaden* …«

Horzon winkte ab. »Man muss nicht alles glauben, was im Internet steht.« Dann setzte er sich auf die Kabeltrommel und holte neue Wurstbrote heraus. »Und jetzt machen wir erstmal Abendbrot.«

Kaleyta hatte aber keinen Appetit. »Jonathan Monk darf niemals erfahren, dass wir innerhalb von zehn Minuten seine zwei Boiler zerstört haben …«

»Das wäre nicht so gut«, sagte Horzon, »da versteht der keinen Spass. Er ist natürlich komplett humorbefreit, wie alle Engländer. Und wahrscheinlich ist er auch gewaltbereit.«

In genau diesem Moment wurde die Eingangstür aufgeschlossen. Es war Jonathan Monk.

»*Good morning*«, sagte der Brite freundlich lächelnd, »alles ok?«

Horzon starrte ihn ängstlich an und stopfte seine Wurststulle in die Hosentasche. »*Yes, Mr. Monk*, alles ok.«

Monk bemerkte jetzt, dass Horzon und Kaleyta knöcheltief im Wasser standen. »*And … the water?*«

»Was heisst nochmal verdunsten?«, flüsterte Horzon Kaleyta aus dem Mundwinkel zu.

»*Evaporate!*«

»*The water will … evaporate!*«, sagte Horzon.

»*Ah, ok, very good, very good!* Bitte achten Sie darauf, dass das Wasser nicht in die übrigen Räume läuft, ich habe gestern Abend ein paar Aquarelle zum Trocknen auf dem Boden ausgebreitet.«

»Ah, Sie sprechen Deutsch«, sagte Horzon und versuchte dabei, den zerbrochenen Boiler mit dem Fuss ausser Sichtweite zu schieben. »Also, keine Sorge wegen dem Wasser, das ist bald verdunstet. Wir haben schon einen Föhn im Badezimmer entdeckt, damit werden wir gleich etwas nachhelfen.«

Monk beobachtete neugierig den Boiler, der jetzt hinter Horzons Rücken Richtung Toilette schwamm. »Und was ist mit diesem Boiler?«

Horzon zeigte auf Kaleyta: »*He destroyed it.*«

»Wie bitte?«, rief Kaleyta entrüstet.

»Oh, kein Problem, das macht nichts, dieser Boiler war sehr alt! Ich kaufe einen neuen«, sagte Monk freundlich lächelnd. »Ausserdem habe ich ja noch einen Boiler, er hängt in der Toilette. Den könnten wir jetzt für die Küche nehmen.«

»Na ja, dieser andere Boiler ist aber auch kaputt«, nuschelte Horzon.

»Der *Vaillant*-Boiler? Auch kaputt?« Monk zog erstaunt die Augenbrauen hoch. »Komisch, gestern Abend ging er noch.«

Horzon zeigte auf Kaleyta. »Mein Praktikant … *He destroyed it.*«

»Wie bitte?«, rief Kaleyta.

»Oh, kein Problem, das macht nichts, dieser Boiler war auch sehr alt. Ich kaufe einen neuen Boiler«, sagte Monk ganz ruhig.

»Nein, nein, WIR kaufen einen neuen Boiler.« Kaleyta schob sich jetzt vor Horzon und tippte sich auf die Brust. »Oder besser gesagt, ZWEI neue Boiler.«

»Oh, das ist wirklich nicht nötig«, sagte Monk. »Und zuerst koche ich jetzt einen Kaffee, möchten Sie auch?«

Als sie zehn Minuten später ins Auto stiegen, stellte Horzon Kaleyta zur Rede. »Warum sagst du denn jetzt, dass wir zwei neue Boiler kaufen? Du hast doch selber gehört, was Monk gesagt hat: BEIDE Boiler waren schon sehr alt.«

»Ja, aber trotzdem haben erst wir sie kaputtgemacht, Rafael. Ausserdem ist das doch der erste Kunde von *DIE PREISBRECHER*, da will man doch alles super korrekt machen. Damit er uns weiterempfiehlt. Und ausserdem: Wenn wir alles gut hinbekommen und er zufrieden ist, könntest du ihn ja fragen, ob er dir statt einer Bezahlung vielleicht eine kleine Skizze oder sowas geben könnte. So eine echte Monk-Skizze wäre doch viel besser als Geld.«

»Das würde der doch niemals machen«, rief Horzon. »Hast du nicht gesehen, wie gereizt der war? Richtig aggressiv.«

»Also, ich fand, er war sehr freundlich.«

»Ja, vordergründig!« Horzon hielt den Zeigefinger in die Höhe. »Aber da fehlt dir anscheinend die Menschenkenntnis, mein lieber Timon. Ausserdem ist er natürlich krankhaft geizig, er ist Schotte, verstehst du?«

Eine Woche nachdem sie einen neu gekauften Boiler eingebaut hatten (*zwei* Boiler hatte Horzon dann doch übertrieben gefunden), lieferte ein Bote ein gepolstertes Päckchen an die Horzon GmbH. Dieses enthielt eine Postkarte,
auf der Jonathan Monk sich für die Küche bedankte. Und
ausserdem die zwei Pool-Gemälde, die Horzon in Monks
Studio so eingehend betrachtet hatte.

KAPITEL 19

Eine Chefkette?

Philip Mollenkott durchquerte die grosse Halle des *Deutschen Zentrums für Dokumentarfotografie* im Laufschritt. Dann betrat er das Büro, das auch als Kommandozentrale der Horzon GmbH fungierte. Rafael Horzon, Timon Karl Kaleyta und der Chef der DZFD-Abteilung *Recherche und Archiv*, Moritz Jähde, standen plaudernd zusammen und betrachteten zwei Bilder, die Horzon kurz zuvor an die Wand gehängt hatte. Sogar Horzons früherer Assistent Florian Hesselbarth war heute zu Besuch gekommen.

»Sind das die Bilder von Jonathan Monk?«, fragte Mollenkott, noch etwas ausser Atem.

»So sieht's aus, mein lieber Philip!«, antwortete Horzon stolz.

»Und warum hat er dir die gegeben? Die sind doch zehnmal so viel wert wie diese Küche, die ihr ihm da eingebaut habt!«

»Wir haben ja nicht nur die Küche gebaut, sondern auch die gesamte Installation gemacht, nicht wahr, Timon?« Horzon klopfte Kaleyta zufrieden lächelnd auf die Schulter.

»Trotzdem reichlich übertrieben!«, fand Mollenkott. »Aber du wolltest uns doch jetzt nicht nur diese Bilder zeigen, oder?«

»Nein, das stimmt ...« Horzon holte tief Luft und legte die Stirn in Falten. »Es geht um die Horzon GmbH ... Da sieht es nämlich leider nicht so gut aus ...«

»Immer noch wegen der Kontopfändung?«, fragte Mollenkott. »Aber du hast doch jetzt eine neue Einnahmequelle, mit den Küchen.«

»Ja, schon …«

»Und du hast doch jetzt diese wertvollen Bilder hier«, sagte Moritz Jähde.

»Ja, stimmt …«

»Und übermorgen fängt doch die neue Managerin an, Verena«, sagte Kaleyta. »Und dann haben wir doch auch noch die neue Installationsfirma.«

»Ja, schon … Aber ihr wisst ja alle, dass wir das *Deutsche Zentrum für Dokumentarfotografie* schon vor einem halben Jahr eröffnet haben. Diese riesigen Sternenbilder haben wahnsinng viel Geld gekostet. Aber niemand kauft sie uns ab.«

»Niemand?«, fragte Mollenkott.

»Niemand«, antwortete Horzon und machte eine lange Pause. Dann fuhr er mit ziemlich leiser Stimme fort: »Ausserdem habe ich gestern 40000 Euro an der Börse verloren …«

Entsetzte Stille trat ein.

Niemand sagte ein Wort. Alle starrten Horzon nur an.

Dann machte Mollenkott einen Schritt auf ihn zu. »Du hast WAS?«, fragte er kopfschüttelnd, als habe er sich verhört. »Du hast 40000 Euro an der Börse verloren? An einem Tag? Wie hast du das geschafft?«

Horzon schaute auf den Boden und nuschelte irgendwas.

»Wie bitte?«, fragte Mollenkott.

»Daytrading«, sagte Horzon, nur unwesentlich lauter.

»DAYTRADING?«, rief Mollenkott. »Und mit was hast du gehandelt, wenn man fragen darf?«

»Öl-Aktien.«

»ÖL-AKTIEN!«, schrie Mollenkott fassungslos. »Wer handelt denn jetzt noch mit ÖL-AKTIEN!«

»Ja, aber, das hast du doch selber gemacht, neulich«, verteidigte sich Horzon. »Und als ich vor einer Woche mit Timon unterwegs war, habe ich es dann auch mal ausprobiert. Und ich habe ja auch gleich ein paar hundert Euro Gewinn gemacht und am nächsten Tag schon über tausend Euro!«

»Ist ja auch wirklich nicht so schwierig«, erklärte Mollenkott den Übrigen, die mit offenen Mündern um sie herumstanden.

»Am Tag danach habe ich dann allerdings fünftausend Euro Verlust gemacht«, fuhr Horzon fort. »Und gestern waren es dann eben 40 000 Euro …«

Mollenkott raufte sich verzweifelt die Haare. »Wo doch jedes Kind weiss, dass man jetzt mit URAN handeln muss!«

»Na ja, wie auch immer …« Horzon seufzte tief. »Ihr wisst ja, dass das GmbH-Konto schon seit Monaten vom Finanzamt gepfändet ist, und jetzt bin ich also auch privat zahlungsunfähig.«

Alle schauten betreten zu Boden. Horzon ging zum Fenster und starrte wortlos hinaus.

»Und was bedeutet das jetzt?«, fragte Mollenkott.

Horzon stand noch eine Zeitlang am Fenster und schaute auf den grauen Hinterhof. Dann drehte er sich zu den anderen um und sagte mit heiserer Stimme: »Das bedeutet … das Ende der Horzon GmbH.«

Mollenkott schüttelte mit starrem Blick ganz langsam den Kopf. Dann flüsterte er, kaum hörbar: »Das Ende einer Ära …«

In genau diesem Moment wurde vorne die Tür aufgeschlossen. Es war Nicolas Wenz. Gutgelaunt durchquerte der Verkaufschef des *Deutschen Zentrums für Dokumentarfotografie* die Halle mit den riesigen Sternenbildern, summte dabei ein Lied und ging dann an der Trennwand vorbei ins Büro.

»Ihr glaubt nicht, was eben passiert ist!«, rief er, als er hereinkam.

»Hey, das passt jetzt gerade nicht, Nicolas«, zischte Mollenkott ihn an.

»Wieso, was ist denn los? Was ist das überhaupt für eine Trauerveranstaltung hier? Was schaut ihr mich alle so komisch an?«

Mollenkott fuhr sich mit dem Daumen von links nach rechts über die Kehle. »Die Horzon GmbH ist am Ende – Insolvenz!«

»Aber jetzt hört mir doch erst mal zu!« Nicolas Wenz hob die Hände, um sich Gehör zu verschaffen. »Ihr kennt doch Holger Friedrich, oder?«

»Den Computer-Guru?« Horzon wurde aufmerksam und ging langsam vom Fenster auf Nicolas Wenz zu. »Klar kenne ich den. Was ist mit dem?«

»Ach, na ja, nichts Besonderes …«, sagte Wenz ganz leise, um die anderen noch etwas mehr auf die Folter zu spannen. »Nichts Besonderes … er hat nur gerade …«

»WAS hat er?« Horzon packte seinen Verkaufschef an der Schulter.

»Er hat nur gerade … ZWEIUNDZWANZIG Sternenbilder gekauft!«, schrie Nicolas Wenz.

»ZWEIUNDZWANZIG STERNENBILDER?«, schrie Horzon und schlug vor Begeisterung mit der Faust auf den Tisch.

»Zweiundzwanzig«, bestätigte der Verkaufschef.

»Aber nur die kleinen, oder?«, fragte Horzon.

»Nein, kleine, mittlere und grosse!«

»Auch mittlere und grosse! Das ist dann ja eine Summe von ...« Horzon versuchte, im Kopf zu rechnen. »Das ist dann ja ... ein RIESIGER Geldregen, der auf die Horzon GmbH herunterprasselt!«

»So sieht's aus«, bestätigte der Verkaufschef.

»Was will er mit so vielen Sternenbildern?«, fragte Timon Karl Kaleyta.

»Na, was wohl?«, rief Philip Mollenkott. »Was meinst du, wie viel die Bilder in ein paar Jahren wert sind? Er will sein Geld vermehren!«

»Ich glaube, er will damit einfach nur seine Büros verschönern«, erklärte Nicolas Wenz. »Er hat doch so viele im E-Werk, da sollen wir sie aufhängen.«

»Das heisst dann also, dass die Horzon GmbH gerettet ist?«, fragte Mollenkott.

»Ja, wir sind gerettet!«, antwortete Horzon und lächelte erleichtert. »Mit dem Geld kann ich endlich die Schulden beim Finanzamt bezahlen. Und meine privaten Börsen-Schulden auch. Und selbst dann bleiben immer noch ein paar tausend Euro übrig.«

»Damit können wir einen LKW kaufen, um die vielen Sternenbilder auszuliefern«, schlug Nicolas Wenz vor.

»Auf keinen Fall!«, rief Horzon. »Das restliche Geld werde ich sofort vervielfachen. An der Börse!«

»DAS nenne ich Unternehmergeist!«, schrie Philip Mollenkott begeistert. »Und jetzt gehen wir alle in den Grill! Heute wird gefeiert!«

Beim Essen im Grill Royal nahm Mollenkott Horzon beiseite. »Schau mal, da drüben sitzt Moritz von Uslar.«

»Stimmt! Da müssen wir gleich mal Hallo sagen.«

»Warte mal, warte mal … Jetzt schau dir doch mal bitte
an, mit wem er da am Tisch sitzt! Und dann sag mir mal, ob
du einen Unterschied zu UNSEREM Tisch hier erkennst!«

»Also, ok, Moment …« Horzon kniff die Augen zusammen. »Er sitzt da mit vier weiteren Personen. Insgesamt
sind fünf Personen am Tisch. Genauso wie bei uns …«

»Erkennst du wirklich keinen Unterschied?«

Horzon zählte noch einmal durch. »Fünf Personen, genauso wie bei uns.«

»Herrgott, Rafael! Das sind nicht nur vier WEITERE
PERSONEN, mit denen Moritz da sitzt. Er sitzt da mit
vier FRAUEN! Mit vier jungen, hübschen, lachenden
Frauen, die ihm alle an den Lippen hängen. Und wir?«

»Und wir? Hmmm …« Jetzt fiel auch Horzon endlich
der Unterschied auf. »Ach so, bei uns sitzen keine Frauen,
nur Männer.«

»Genau! KEINE Frauen! Und warum nicht?«

»Hmmm, ich weiss es nicht genau …«

»ICH weiss es aber, mein lieber Rafael. Weil Uslar eine
Goldkette trägt, und wir NICHT!«

Horzon setzte seine Brille auf und starrte zu Uslar hinüber. »Du hast recht, er hat eine Goldkette um den Hals.«

»Ganz genau. Und ausserdem hat er mir vorhin erzählt,
dass er schon wieder ein neues Buch schreibt.«

»Uslar? Im Ernst?«

»Ja, im Ernst. Und es ist auch schon fast fertig, hat er
gesagt.«

»Uff. Wie macht er das nur? Und hat er dir auch gesagt,
worum es geht?«

DOKUMENTARFOTOS – TEIL 2

»Das ist keine Marotte«, flüsterte Horzon und liess sich entkräftet auf seinen Diwan fallen. »Ich bin ein hochsensibles Wesen. Hypersensibel. Ich empfinde Geräusche viel intensiver als alle anderen Menschen.«

Horzon bei Schallisolierungsexperimenten

Es war schönes Wetter, Sonne wechselte sich ab mit Wolken. Manchmal waren es auch dunkle Wolken. Aprilwetter, dachte Horzon, während er in Richtung Süden aus der Stadt hinausfuhr.

Auf dem Weg nach Karlsbad, 19. April 2019

Und nach wenigen hundert Metern baute sich vor ihm die imposante, stücküberladene Fassade des Grandhotel Pupp auf, die von unzähligen Scheinwerfern feierlich von unten beleuchtet wurde.

Karlsbad, im April 2019

»Nein, nein, mein lieber Freund«, rief der Director. »Da war er doch erst Mitte dreissig. Das ist doch kein Alter, um zu sterben. Er ist dann noch bis nach Sizilien gereist und hat nach dieser Italienreise noch über vierzig Jahre lang gelebt.«

Im Hotelzimmer

Karlsbad.

Was ich dort gelebt, genossen,
Was mir all dorther entsprossen,
Welche Freude, welche Kenntnis
Wär ein allzulang Geständnis!
Mög' es jeden so erfreuen
Die Erfahrenen die Neuen!

Goethe.

»Es hilft gegen Leiden aller Art, gegen Gicht, gegen nervöse Überreizung, und natürlich gegen FETTSUCHT«, sagte der Director
und schaute Horzon mitleidig an.

Gedenktafel am Goethe-Steig in Karlsbad

Nachdem er zehn der zwölf Quellen durchgekostet hatte, und zwar mehr als gründlich, kam Horzon am Café Elefant vorbei, in dem laut einer Gedenkplakette Goethe seinen 37. Geburtstag gefeiert hatte.

Karlsbad, im April 2019

Das Heilwasser war kochend heiss. Und salzig. Und es schmeckte nach ... Rost! Aber er war ja schliesslich nicht zum Vergnügen nach Karlsbad gekommen, sondern um von seiner krankhaften Fettsucht geheilt zu werden.

Eine der zwölf Heilquellen von Karlsbad

Ratlos drehte Horzon sich noch einmal im Kreis, aber die Wahrsagerin war tatsächlich wie vom Erdboden verschluckt, genauso
wie die polnische Familie.

Orientalisch anmutendes Gebäude in Karlsbad

»Schau mal«, rief Mollenkott, »da vorne ist Magnus Resch. Und Timon. Wir müssen sofort ein Foto von uns machen! Hey, Andreas, nimm mal mein Handy und mach mal ein Foto von uns, bitte.«

Vor dem Hamburger Bahnhof in Berlin, April 2019

»Damit können wir einen LKW kaufen, um die vielen Sternenbilder auszuliefern«, schlug Nicolas Wenz vor.
»Auf keinen Fall!«, rief Horzon. »Das restliche Geld werde ich sofort vervielfachen. An der Börse!«

Mit Verkaufschef Nicolas Wenz im DZFD, Sommer 2019

»Aus welchem Film?«, fragte Resch.
»Na, aus *Menschen am Sonntag* natürlich.«
»Wie bitte? Das ist doch auch MEIN Lieblingsfilm«, rief Kaleyta.
»Der schönste Film aller Zeiten!«

Am Wannsee, im Juni 2019

Mollenkott riss das Fernglas hoch, das er sich gerade erst umgehängt hatte. »Und schaut mal, wen wir hier haben.« In ungefähr
vierzig Metern Entfernung hielt ein kleines Rennboot mit drei
jungen Frauen im Bikini, eine von ihnen warf gerade den Anker
ins Wasser.

Philip Mollenkott auf dem Wannsee, im Juni 2019

»Sagt mal, hatte ich eben meine Sonnenbrille auf, als ich ins Wasser gesprungen bin?«, rief Horzon, während er schnaufend die Bade-leiter hochkletterte.

Auf dem Wannsee, Juni 2019

Und wie auf ein Zeichen des Himmels, als hätte Jakob persönlich von oben herab den Startschuss gegeben, sprangen alle vier gleichzeitig in die herrlich erfrischenden Fluten des kristallklaren Wannsees.

Carl Jakob Haupt am Steuer von Horzons Yacht, Sommer 2018

Beide stellten sich an die Reling und verfolgten, wie Kehlmann auf eine der gelben Absperrungstonnen des Strandbads zuschwamm und dann mit atemberaubender Geschwindigkeit von einer Absperrungstonne zur nächsten kraulte, ohne ein einziges Mal Luft zu holen.

Daniel Kehlmann im Wannsee, Juni 2019

Von hier aus konnte man das gesamte Grundstück übersehen, das zum Wannsee-Ufer hin sanft abfiel. Das Geplauder und Gelächter der Gäste, die überall im Garten verstreut standen, vermischte sich mit den Klängen eines Jazz-Orchesters. Am Horizont ging gerade die Sonne unter.

Am Wannsee, Juni 2019

»Da ja heute drei Scheichpferde an den Start gehen, ist sonnen-klar, dass diese drei Pferde hier als Erste ins Ziel gehen«, erklärte Mollenkott und tippte auf das Programmheft. »*French King, Old Persian und Communiqué.*«

Mit Maskottchen Woti, Pferderennbahn Hoppegarten, August 2019

»Na klar, ich setze jetzt einfach die gesamten 4000 Euro, die ich noch habe. Dann gewinnen wir noch mehr Geld.«
»Das nenne ich Unternehmergeist, Rafael. Und das Gute ist: Wir haben eine GEWINNGARANTIE«, sagte Mollenkott und klopfte auf seine Brusttasche mit der Ketamin-Ampulle.

Pferderennbahn Hoppegarten, August 2019

»Oh, là, là, du möchtest sie wohl beeindrucken? Kann das sein?«, fragte Nicolas Wenz und zwinkerte Horzon zu.
»Was meinst du?«, fragte Horzon einfältig.
»Kann es vielleicht sein, dass du ein Auge auf deine neue Mitarbeiterin geworfen hast?«

Die neue Mitarbeiterin Verena

Dann wurden Werbefotos hergestellt, auf denen Nicolas Wenz das Anbringen der Dämmstoffplatten vorführte. Schliesslich wurde die gesamte grosse Halle mit rosa- und pistazienfarbenen Dämmstoffplatten verkleidet. Das Ergebnis war überwältigend.

Im Verkaufsraum von *Horzon's Dämm & Deko*, Oktober 2019

»Hör zu: *Namens und in Vollmacht unseres Mandanten haben wir Sie daher aufzufordern, es zu unterlassen, wörtlich oder sinngemäss zu verbreiten und / oder verbreiten zu lassen, dass unser Mandant ein Künstler sei und / oder er künstlerisch tätig ist. Sie werden zudem aufgefordert, es zu unterlassen, wörtlich oder sinngemäss zu verbreiten und / oder verbreiten zu lassen, dass unser Mandant ein Schriftsteller sei und / oder er als solcher tätig ist.*«
»Was für Sätze!«, rief Amédée Till beeindruckt. »Für andere wären sie das Todesurteil, aber für dich sind sie das Lebenselixier!«

Der Unternehmer Rafael Horzon in seinen Geschäftsräumen

Und als sie sich berührten, schossen die Fontänen der Gleisarbeiter noch höher als sonst in den Nachthimmel und leuchteten wie
eine Supernova.

QBS 132 ESO 00299, aus Horzons weltgrösstem Sternenbild-
Archiv

Bildnachweis:
Alle Fotos Rafael Horzon, bis auf:
1: Antonia Faltermaier, 4, 10, 20 und 21: Verena Gillmeier,
9: Andreas Mühe, 17: Mollenkott Archiv, Vaduz, 22: ESO

»Nein, aber man kann es sich ja denken: Er schreibt natürlich darüber, was er mit diesen vier jungen, aufgeschlossenen Frauen so alles anstellt.«

»Logisch«, sagte Horzon und beobachtete voller Neid, wie Uslar lachend mit allen vier Frauen anstiess.

»Und wie läuft es mit DEINEM neuen Buch?«, fragte Mollenkott.

»Sehr gut, eigentlich«, sagte Horzon, »du weisst ja vielleicht, dass Florian Illies SEHR interessiert …«

»Ja, weiss ich«, fuhr ihm Mollenkott dazwischen und verdrehte die Augen, »wobei mir neulich auch von anderer Seite erklärt wurde, dass du ihn da wohl missverstanden haben musst … Aber was ich eigentlich wissen möchte, ist: Wie weit bist du mit dem neuen Buch?«

»Das läuft sehr gut, ich habe jetzt auch endlich einen Titel. Und du weisst ja: Wenn man einen Titel hat, dann entwickelt sich da so eine Eigendynamik, und das Buch schreibt sich sozusagen ganz von selbst.«

»Das ist doch schön«, sagte Mollenkott. »Und wie wird das Buch jetzt heissen?«

»*Buch*«, sagte Horzon.

»Ja, wie soll es heissen?«, wiederholte Mollenkott.

»*Buch*«, sagte Horzon noch einmal und glotzte Mollenkott an.

»Ja! Wie das Buch HEISSEN soll, will ich wissen!«, schrie Mollenkott ausser sich.

»Na ja, sag ich doch die ganze Zeit! Das ist der Titel des Buches. Es soll einfach nur *BUCH* heissen.«

Mollenkott starrte Horzon fassungslos an. »Wer soll denn ein Buch kaufen, das einfach nur *Buch* heisst! Du musst dich doch auch mal in deine potenziellen Leser hineinversetzen, Rafael. Der Titel muss doch LUST aufs Lesen machen. Nichts gegen einen kurzen und prägnanten Titel, aber doch nicht *BUCH*!«

»Was denn dann?«

»Irgendwas, was alle interessiert. Zum Beispiel SEX! Oder meinetwegen auch FRAUEN!«

»Aber FRAUEN – das würden dann ja zum Beispiel nur Männer kaufen, denn nur Männer interessieren sich für Frauen. Da fallen doch gleich 50 Prozent der Käufer weg«, wandte Horzon ungewohnt scharfsinnig ein.

»Nein, Rafael, alle Männer kaufen das Buch, denn alle Männer interessieren sich für Frauen. So weit richtig! Und alle *Frauen* wollen natürlich wissen: Was schreibt er über uns Frauen? Also kaufen auch alle Frauen dein Buch. Macht 80 Millionen Käufer, alleine in Deutschland. Und dann wird das Buch in alle Sprachen übersetzt. Weltweit! Also acht Milliarden Käufer!«

Horzon pfiff beeindruckt durch die Zähne.

»Und wenn du zehn Euro pro Buch bekommst, sind das achtzig Milliarden Euro!«, fuhr Mollenkott fort. »Und wenn du nächstes Jahr dann noch das Buch MÄNNER hinterherschiebst, sind das 160 Milliarden Euro. Damit wärst du reicher als Jeff Bezos!«

»Nicht schlecht«, staunte Horzon. »Ich wusste gar nicht, dass man mit Büchern so viel Geld verdient.«

»Vorausgesetzt, du fängst endlich an zu schreiben.«

»Ich klemme mich gleich morgen dahinter.«

»Nein, mein Lieber! Morgen kaufen wir uns erstmal Goldketten.«

»Stimmt!«, rief Horzon. »Und dann gehen wir wieder in den Grill.«

»Und DANN sehen wir mal, an welchem Tisch die meisten Frauen sitzen!«

Als Horzon am nächsten Morgen um neun bei Mollenkott vorfuhr, stand dieser schon rauchend vor seinem Haus und sprang sofort zu ihm ins Auto.

»Also, wo fahren wir jetzt hin?«, fragte Horzon und liess den Motor aufheulen.

Mollenkott reichte ihm sein Handy. »Hier, zu diesem Juwelier!«

»*Juwelier A-L-I-B-A-B-A* …«, buchstabierte Horzon mühsam. »Das ist auf der Sonnenallee … Bist du sicher, dass das eine gute Idee ist?«

»Ja; klar, wir gehen doch nicht zu einem *deutschen* Juwelier!«, rief Mollenkott und rückte seine Sonnenbrille zurecht.

»Warum nicht?«

»Rafael, du bist immer so herrlich naiv.« Mollenkott schnippte einen Filter aus dem Fenster und zündete sich eine neue Zigarette an. »Deutsche Juweliere mischen natürlich alle möglichen minderwertigen Metalle in ihr Gold: Zink und Eisen und sowas: Aber sie verkaufen es dir als reines Gold.«

»Wirklich?«

»Ja, wirklich. Deshalb gehen wir lieber zu einem arabischen Juwelier. Die Araber, das sind Ehrenmänner. Die sind gottesfürchtig. Und sie wissen: Wenn sie kein reines Gold verkaufen, wird ihnen nach dem Koran die linke Hand abgehackt.«

»Ach so, na gut …« Horzon schaute weiter auf Mollenkotts Handy. »Der *Juwelier Ali-Baba* hat allerdings ganz miserable Bewertungen, immer nur ein Stern: Und lies mal die Kommentare! Hier: *Sehr schlecht!*, oder hier: *Sehr teuer!*, oder hier: *Sehr unfreundlich!*«

»Du weisst wirklich GAR nichts über die arabischen

Clans, oder, Rafael?« Mollenkott musste über Horzons Ahnungslosigkeit lachen.

»Wieso, was meinst du?«

»Der *Juwelier Ali-Baba* gehört zu EINEM Clan, und diese Bewertungen kommen von einem ANDEREN Clan. Die Clans bekriegen sich. Auch im Internet. Und zwar mit solchen Bewertungen. Aber das Gold ist natürlich einwandfrei.«

»Na gut, wenn du meinst …«

Als sie vor dem Geschäft von *Juwelier Ali-Baba* geparkt hatten, erklärte Mollenkott nochmal das Vorgehen: »Ich regel das alles, ich spreche nämlich Arabisch. Und du sagst am besten gar nichts.«

»Gut, ok.«

Mollenkott liess seine Sonnenbrille auf, als er den Laden betrat. »*Merhaba, bir iki ütsch, wallah, Babo*«, sagte er mit einer seltsam verstellten Stimme.

Horzon musste sofort losprusten.

Der vollbärtige Verkäufer überlegte anscheinend noch kurz, ob er die beiden hinauswerfen oder lieber gleich erschiessen sollte, entschied sich dann aber dafür, sie einfach zu ignorieren. Er drehte sich zum Regal hinter der Ladentheke und fing an, kleine Pappkartons zu sortieren.

»*Habibi, lan,* wir wollen Goldkette, *wallah,* ich schwöre«, versuchte Mollenkott es noch einmal und fuchtelte beim Reden mit den Händen in der Luft herum.

Horzon prustete sofort wieder los.

Jetzt drehte der bärtige Verkäufer sich um: »Entschuldigen Sie, meine Herren, wir haben noch geschlossen. Wir öffnen unser Geschäft erst um zehn Uhr. Wenn Sie dann bitte wiederkommen möchten …«

»Aber, Bruda, wir haben eilig, *mashallah*!«, rief Mollenkott wild gestikulierend.

Horzon kicherte dümmlich vor sich hin.

»Um zehn Uhr«, wiederholte der Verkäufer und verschwand nach hinten in seine Werkstatt, ohne sich noch einmal umzudrehen.

»Ich wusste gar nicht, dass du Arabisch sprichst«, sagte Horzon beeindruckt. »Aber genützt hat es uns jetzt auch nicht so viel.«

In diesem Moment kam ein ungefähr neunjähriger Junge aus der Werkstatt in den Verkaufsraum. »Sie wünschen?«

»Wir würden gerne zwei Goldketten kaufen«, versuchte Mollenkott es jetzt einfach auf Deutsch.

Der Junge legte bedauernd den Kopf auf die Seite. »Wir haben leider nur Ketten für Frauen ...«

»Goldkette ist Goldkette!«, rief Mollenkott. »Zeig doch einfach mal, was du dahast.«

Der Junge ging ins Lager und kam mit einer sehr dünnen, sehr langen Kette zurück.

»Ist doch perfekt«, sagte Mollenkott und legte sie sich um. Die Kette war fast nicht zu sehen und reichte bis zu Mollenkotts Bauchnabel herunter.

»Wenn du mich fragst«, flüsterte Horzon, »ist das eher eine Kette für alte Omas. Wir wollen doch was Dickes, Beeindruckendes, damit man gleich sieht, wie reich wir sind.«

»Ist das eine Kette für ... alte Damen?«, fragte Mollenkott den Jungen.

»Nein, nein, das ist eigentlich auch eine Herrenkette. Eine ... Chefkette.«

»Eine CHEFKETTE? Das gefällt mir! Aber warum hast

DU dann nicht auch so eine Chefkette umhängen?«, rief Mollenkott und zwinkerte dem kleinen Verkäufer zu.

»Für uns ist Goldschmuck zu tragen *haram*«, sagte der Junge und lächelte.

»*Haram*?«, flüsterte Horzon.

»Verboten«, flüsterte Mollenkott zurück.

»Zumindest für Männer«, erklärte der Junge. »Für Frauen ist es erlaubt. Auch Seide ist für Frauen erlaubt. Aber nicht für Männer.«

»Warum denn nicht?«, fragte Horzon neugierig.

Der Junge dachte kurz nach, dann sagte er sehr ernst: »Wofür stehen Gold und Seide? Für Reichtum. Wer sich mit Gold und Seide schmückt, will angeblichen Reichtum und Prunk nach aussen tragen.«

Horzon und Mollenkott sahen sich betreten an. »Dann … kaufen wir lieber doch keine Goldketten, oder?«, flüsterte Horzon verunsichert.

»Für euch ist es aber kein Problem«, fuhr der Junge fort, »für euch ist diese Regel ja nicht bindend.«

Mollenkott atmete erleichtert auf. »Gott sei Dank, Glück gehabt, dann nehmen wir also zwei von diesen Ketten, *mashallah*!«

»Zweimal Chefkette?«

»Zweimal Chefkette«, bestätigte Mollenkott.

Als sie wieder auf der Strasse waren, legten Horzon und Mollenkott ihre Ketten sofort an. »Nicht unter den Pullover!«, rief Mollenkott. »ÜBER den Pullover!«

»Meine erste Goldkette«, sagte Horzon glücklich.

»Das ist keine Goldkette, das ist eine CHEFKETTE!«, rief Mollenkott.

Horzon strich bewundernd mit beiden Händen über

die sehr dünne Kette, die ihm vom Hals bis herunter zum Hosenbund hing. »Ab sofort sehen alle, dass wir die Chefs sind.«

»Ganz genau, mein lieber Rafael. Von nun an geht es nur noch bergauf!«

KAPITEL 20

Menschen am Sonntag

»Möchte vielleicht jemand einen Marzipan-Cappuccino?«, rief Horzon aus der Kajüte nach oben.

»Marzipan-Cappuccino? Was ist *das* denn?« Magnus Resch lächelte amüsiert und strich sich die schulterlangen Haare nach hinten.

»Da merkt man, dass du zum ersten Mal mit Kapitän Horzon auf dem Wannsee unterwegs bist«, sagte Philip Mollenkott und schmierte sich etwas Sonnencreme auf den Oberkörper, was mit der neuen und überaus langen Chefkette gar nicht so einfach war. »Die Marzipan-Cappuccino-Zubereitung ist nämlich der Höhepunkt jeder Segeltour, stimmt's, Woti?« Dabei kraulte er den kleinen weissgescheckten Jack Russel Terrier, der neben ihm lag.

»Wie heisst das Hundchen?«, fragte Timon Karl Kaleyta, der sich wie die anderen nur mit einer Badehose bekleidet auf dem Deck von Horzons Yacht räkelte.

»Eigentlich Wotan, aber ich nenne ihn Woti«, erklärte Mollenkott.

Horzon kam mit vier weissen Kaffeetassen aus der Kombüse an Deck. Er stellte die Tassen mit der Beschriftung *Navigare vivere est* auf den Teakholz-Tisch im Cockpit. Dann riss er vier kleine goldene Beutel auf, schüttete ein hellbraunes Pulver in die Tassen und füllte sie mit kochendem Wasser auf.

»Wie das duftet!«, rief Kaleyta begeistert, als Horzon die Tassen verteilte. »Dieser Geruch bedeutet für mich: Der Sommer ist da!«

Horzon war mit seiner Yacht wie üblich vor das Strandbad Wannsee gesegelt und hatte dort den Anker geworfen. Es war Sonntag, und es war heiss, und das Strandbad war wie immer an solchen Tagen restlos überfüllt.

»Man kann natürlich an vielen Stellen auf dem Wannsee ankern«, erklärte Horzon seinen Gästen, »aber hier vor dem Strandbad ist es am schönsten, mit dem Kindergeschrei, das vom Ufer herüberweht, zusammen mit den Dunstschwaden vom Badeöl.«

Kaleyta sog den Duft tief ein. »Wirklich herrlich!«

»Und wisst ihr eigentlich, dass das hier genau die Stelle aus meinem Lieblingsfilm ist, wo sie diesen Hang runterlaufen zum Wasser?«, rief Horzon und zeigte auf ein Kiefernwäldchen am Ufer.

»Aus welchem Film?«, fragte Resch.

»Na, aus *Menschen am Sonntag* natürlich.«

»Wie bitte? Das ist doch auch MEIN Lieblingsfilm«, rief Kaleyta. »Der schönste Film aller Zeiten!«

»Das ist er wirklich«, sagte Horzon, »und genau hier wurde er gedreht.«

Mollenkott riss das Fernglas hoch, das er sich gerade erst umgehängt hatte. »Und schaut mal, wen wir hier haben.« In ungefähr vierzig Metern Entfernung hielt ein kleines Rennboot mit drei jungen Frauen im Bikini, eine von ihnen warf gerade den Anker ins Wasser.

»Schau da nicht so auffällig rüber«, ermahnte ihn Horzon. »Die sehen dich doch mit deinem Fernglas.«

Mollenkott ging hinter der Luke der Achterkajüte in Deckung. »Die ölen sich jetzt gerade ganz ausführlich ein.

Das machen die doch nur wegen uns.« Dann stellte er sich hin und winkte hinüber. »Ahoi, meine Damen!«

Doch die jungen Frauen reagierten nicht.

»Nichts zu machen«, brummte Mollenkott und nahm das Fernglas ab, wobei sich der Gurt in seiner sehr langen Goldkette verhedderte.

»Was habt ihr da eigentlich für komische Ketten?«, fragte Magnus Resch, während er seinen Cappuccino umrührte.

»Da seid ihr wohl sehr neidisch, was?«, rief Horzon und liess seine Kette stolz vor seinem Bauchnabel hin und her schaukeln. »Das sind unsere Chefketten!«

»Sind die nicht etwas sehr lang?«, fragte Resch.

»Chefketten müssen so lang sein«, erklärte Horzon. »Es sind ja sozusagen Fallstricke, die wir auslegen. Für die Frauen.«

»Für die Frauen?«, fragte Kaleyta.

»Ja, ich muss doch Frauengeschichten erleben, damit ich Stoff bekomme für mein neues Buch. Es soll nämlich *FRAUEN* heissen.«

Kaleyta war überrascht. »Ich dachte, es soll *BUCH* heissen?«

»Einfach nur *BUCH* ist doch Quatsch«, rief Mollenkott. »*FRAUEN* ist besser! Denn Frauen sind nun mal das Interessanteste auf der ganzen Welt.«

»Ihr immer mit euren Frauen.« Magnus Resch strich sich gelangweilt die Haare nach hinten.

»Na ja, du bist ja auch schon so gut wie unter der Haube, mit deiner Verlobten, wie hiess sie nochmal, diese Blonde, die du uns neulich vorgestellt hast?«, fragte Horzon.

»Was denn für eine Blonde?« Resch zog verwundert die Augenbrauen hoch.

»Ja, was denn für eine Blonde?«, fragte jetzt auch Kaleyta. »Neulich im Grill hat er uns doch eine Rothaarige als Verlobte vorgestellt.«

»Welche Rothaarige denn?«, fragte Resch.

»Mir hast du doch auch neulich deine Verlobte vorgestellt, aber die hatte schwarze Haare«, wunderte sich jetzt Mollenkott.

»Ach, lasst mich doch in Ruhe mit euren Frauenfantasien«, rief Resch. »Ich habe keine Verlobte.«

»Aber willst du denn gar nicht heiraten?«, fragte Kaleyta und polierte mit dem Handtuch den goldenen Ehering an seiner Hand. »Die Ehe ist doch das Schönste, was es gibt.«

»Heiraten? Ich?« Magnus Resch musste lachen. »Frauen zu heiraten, das ist … das ist wie ein Handyvertrag … Und dann merkt man plötzlich: Der Vertrag ist unkündbar.«

»Das stimmt natürlich irgendwie«, sagte Horzon nachdenklich.

»Aber die Ehe ist doch etwas Wunderschönes«, sagte Kaleyta. »Ich zum Beispiel war noch nie so glücklich.«

»Also, jetzt passt mal auf.« Magnus Resch setzte sich aufrecht hin und holte tief Luft. »Ich erläutere euch jetzt mal die *Calippo*-Theorie.«

»*Calippo*-Theorie?«, fragte Horzon und blinzelte in die Sonne.

»Ihr kennt doch alle *Calippo*, dieses Eis zum Rausschieben«, fing Resch an. »Als Kind habe ich *Calippo* geliebt. Und jeden Tag habe ich mir ein *Calippo Erdbeer* gekauft. *Calippo Erdbeer* war für mich das Schönste auf der ganzen Welt. Aber irgendwann mochte ich es nicht mehr. JEDEN Tag *Calippo Erdbeer* war einfach zu viel. Zuerst war alles so schön – und plötzlich war *Calippo* nur noch der Horror. Und genauso ist es auch mit den Frauen – jedenfalls, wenn man heiratet.«

Nach diesen Ausführungen kletterte Resch auf das Dach der Kajüte und sprang von dort mit einem eleganten Kopfsprung ins Wasser.

»Meint er das wirklich ernst mit dieser *Calippo*-Theorie?«, fragte Kaleyta bestürzt.

»Nein, natürlich nicht«, beruhigte ihn Mollenkott und kraulte seinem kleinen Terrier die Ohren. »Der Magnus ist in Wirklichkeit ein ganz Lieber. Ein ganz romantischer Junge. Diese *Calippo*-Theorie dürft ihr nicht ernst nehmen, er will doch wieder nur provozieren, so wie mit seinen Kunsttheorien. Er will nur Beachtung, das ist alles.«

»Ach, wirklich?« Horzon war überrascht.

»Der Magnus ist ein Romantiker«, fuhr Mollenkott fort. »Ein Romantiker auf der Suche nach der ganz grossen Liebe. Aber das würde er natürlich nie zugeben. Wahrscheinlich ist er irgendwann einmal sehr verletzt worden …«

»Ach so, das tut mir leid«, sagte Kaleyta. »Aber, pssst, Achtung, er kommt wieder zurück.«

Resch kletterte die Badeleiter hoch, trocknete sich auf dem Achterdeck ab und setzte sich wieder zu den anderen. »Herrlich erfrischend, dieser kristallklare Wannsee. Viel schöner als der Starnberger See.«

Mollenkott nahm seinen Terrier auf den Arm und winkte zu den Frauen im Motorboot hinüber. »Na, mein kleiner Woti, wollen wir diese Badenixen da drüben nicht mal kennenlernen?«

Aber die Badenixen reagierten nicht.

»Zu schade, dass sie Woti nicht sehen können«, ärgerte sich Mollenkott.

»Warum?«, fragte Horzon.

»Was meint ihr wohl, warum ich mir Woti zugelegt habe?«, sagte Mollenkott. »Natürlich, um Frauen kennenzulernen. Alle Frauen lieben Hundewelpen. Erst streicheln sie dein Hündchen, und zehn Minuten später sind sie verliebt – in dich!«

»Kann ich mir Woti dann mal ausleihen?«, fragte Horzon. »Für mein Buch, weisst du?«

»Hier, da kannst du schon mal üben«, sagte Mollenkott und legte Horzon den kleinen Terrier auf den Schoss. Dann kletterte er auf die Kajüte und hechtete mit einem Kopfsprung über Bord.

»Meint er das wirklich ernst mit dieser Hundemasche?«, fragte Kaleyta entgeistert. »Er hat sich Woti zugelegt, um Frauen ...«

»Quatsch!«, rief Magnus Resch. »Der Philip sehnt sich doch in Wirklichkeit nur nach Geborgenheit. Dieses Gerede ist nur Angeberei, das dürft ihr doch nicht ernst nehmen. Der Philip ist ein Romantiker. Sehr sensibel. Wahrscheinlich ist er irgendwann einmal sehr verletzt worden ...«

»Wirklich? Ach so ...«, sagte Kaleyta betroffen.

»Ja klar«, fuhr Resch fort. »Und wisst ihr, warum er sich den Hund gekauft hat? Um so die *richtige* Frau fürs Leben zu finden.«

»Wie das jetzt?«, fragte Horzon. »Kann ein Hund sowas riechen?«

»Mensch Rafi, mit so einem Hund kann er schon mal testen, ob die Frau Verantwortung übernehmen kann. So ein Hund ist doch wie ein Baby. Und wenn sie sich liebevoll um den kleinen Hund kümmert, merkt er sofort, dass es eine Frau ist, mit der man eine Familie gründen kann.«

»Ach so ...« Horzon leuchtete diese Theorie ein.

»Ich habe allerdings von Jakob mal gehört, dass Philip über *tausend* Frauen gehabt hat«, gab Kaleyta zu bedenken.

»Was meinst du mit: *gehabt*?«, fragte Horzon blinzelnd.

»So ein Blödsinn«, sagte Resch, »das ist doch rein rechnerisch gar nicht möglich mit den tausend Frauen. Ausserdem wisst ihr genauso gut wie ich, dass unser lieber Jakob immer wahnsinnig übertrieben hat.«

»Ja, das stimmt natürlich«, sagte Kaleyta, »Jakob hat gerne mal übertrieben.«

»Oder Mollenkott hat übertrieben, und Jakob hat es ihm einfach geglaubt«, rief Horzon, der jetzt auch endlich verstanden hatte, worum es ging.

»Ausserdem glaube ich, dass Mollenkott sehr leidet, wegen Jakob«, sagte Magnus Resch. »Ich glaube, seit seinem Tod ist er sehr einsam. Und auch deshalb hat er sich den Hund gekauft.«

Kaleyta nickte nachdenklich. »Ja, da hast du sicher recht ... Aber, pssst, da kommt er zurück.«

Mollenkott kletterte die Badeleiter hoch und trocknete sich ab. »Und, Rafi? Wie ist es mit Woti gelaufen?«

»Ganz gut«, antwortete Horzon und streichelte den kleinen Hund auf seinem Schoss. »Ich glaube, er ist eingeschlafen.«

»Das ist natürlich der *Jackpot*«, sagte Mollenkott, »also wenn du das bei einem *Date* hinbekommst, dass so ein Hundebaby auf deinem Arm einschläft, dann hast du bei der Frau natürlich *Carte blanche*.«

»Wieso *Carte blanche*?«, fragte Horzon.

»Also, erklär noch mal, Rafi, wofür wolltest du den Hund ausleihen?«, fragte Resch. »Für dein neues Buch?«

»Ja, genau, das neue Buch soll *FRAUEN* heissen, und

dafür muss ich natürlich mit vielen Frauen Gespräche führen. Und mit so einem kleinen Hund geht das viel einfacher.«

»Und wie viele solcher *Gespräche* mit Frauen hast du schon geführt?«, fragte Resch und zwinkerte den anderen zu.

»Na, das ist es ja eben, bisher noch gar keins«, sagte Horzon. »Zuerst war ich zu dick, dann wieder zu dünn, dann wieder zu dick – ständig bin ich zu dick oder zu dünn!«

»Das ist natürlich fatal«, sagte Resch. »Und was ist mit dieser neuen jungen Mitarbeiterin, die Timon dir vermittelt hat?«

»Mitarbeiterin?«, fragte Horzon.

»Ja genau!«, rief Mollenkott. »Verena! Mit dem Pferdeschwanz! Von der hast du doch neulich noch so geschwärmt.«

»Ach so, meine neue Managerin … Ja, also, die ist wirklich sehr zuverlässig, und sie digitalisiert gerade unsere gesamte …«

»Mensch, das wollen wir doch nicht wissen!«, rief Mollenkott. »Wir wollen wissen, ob da was läuft zwischen euch.«

»Läuft?«, fragte Horzon und blinzelte in die Sonne.

Jetzt wurde es sogar Kaleyta zu bunt. »Meine Güte, Rafi. Ob es dir irgendwie so vorkommt, als ob sie interessiert ist an dir?«

»Ach sooo … Das weiss ich nicht genau. Sie sitzt mir ja im Büro gegenüber, aber über sowas reden wir da nicht«, sagte Horzon und fummelte verlegen an seiner sehr langen Goldkette herum.

»Ja, aber es muss doch irgendwelche Anzeichen geben«, rief Mollenkott.

»Anzeichen?« Horzon kratzte sich am Hinterkopf. »Hmmm, ich weiss nicht … Sie macht mir zwar manchmal auch Zeichen im Büro, aber ich kann sie nicht so richtig deuten … Frauen werden mir wohl immer ein Rätsel bleiben.«

Damit kletterte Horzon auf das Dach der Kajüte, nahm etwas Anlauf und liess seinen massigen Körper ins Wasser plumpsen.

Resch drehte sich kopfschüttelnd zu den anderen. »Ein netter Kerl, unser Rafi, aber er versteht wirklich immer nur Bahnhof.«

»Ja, er ist wirklich massloss einfältig«, sagte Mollenkott, »besonders was Frauen angeht.«

»Und jetzt passt mal auf«, sagte Kaleyta, »er hat mir nämlich neulich auch schon von diesen angeblich *unverständlichen* Zeichen erzählt, die seine neue Mitarbeiterin ihm macht. Und dann habe ich ihn gefragt: ›Was macht sie dir denn für Zeichen? Zeig doch mal!‹ Und da hat er mir das hier vorgemacht.« Kaleyta hob seine Hände auf Augenhöhe und hielt sie so aneinander, dass sie ein Herz ergaben.

»Sie macht ihm Herzzeichen?«, rief Mollenkott.

»Ja, und er kapiert nicht, was dieses Zeichen bedeuten soll«, rief Kaleyta lachend.

Mollenkott schüttelte fassungslos den Kopf. »Da ist wirklich Hopfen und Malz verloren bei dem Knaben. Aber, pssst, Ruhe jetzt, da kommt er wieder an Bord.«

»Sagt mal, hatte ich eben meine Sonnenbrille auf, als ich ins Wasser gesprungen bin?«, rief Horzon, während er schnaufend die Badeleiter hochkletterte.

»Ja, die hattest du auf der Nase«, sagte Resch. »Ich hatte mich noch gewundert, dass du sie einfach aufbehältst, aber ich dachte, du hast vielleicht so eine Spezial-Segler-brille mit Haltegummi.«

»Oh nein!«, rief Horzon verzweifelt. »Die hat 500 Euro gekostet. Und jetzt ist sie weg!« Dann liess er sich wieder ins Wasser fallen, anscheinend, um nach der teuren Brille zu tauchen. Die anderen liefen an die Reling, um die Rettungsaktion mitzuverfolgen. Horzon kam aber schon nach wenigen Augenblicken wieder prustend an die Oberfläche. »Ich kann unter Wasser nichts sehen, das brennt wahnsinnig in den Augen.« Triefend kletterte er zurück an Bord und zog aus der Backskiste eine riesige Taucherbrille mit Schnorchel. Dann sprang er wieder über Bord. Nach kurzer Zeit tauchte er auf. »Ich kann immer noch nichts sehen, ich habe diesen schlammigen Seeboden aufgewühlt, und jetzt ist alles dunkel.«

Wütend kletterte er wieder an Bord, dabei rutschte er auf dem Schiebeluk der Achterkajüte aus und stiess mit seinem Fuss gegen den scharfen Metallbeschlag des Steuerruders. Sofort war alles voller Blut.

Horzon stöhnte laut auf vor Schmerz und versuchte, sich die Taucherbrille herunterzureissen, in der sich zu allem Überfluss seine lange Goldkette verheddert hatte. »Oh nein«, rief er, als er es endlich geschafft hatte, »jetzt habe ich auch noch die Chefkette zerrissen!«

Völlig ausser sich vor Verzweiflung hielt Horzon die Taucherbrille wie eine Schale in der zitternden Hand, liess die zerrissene Kette hineinfallen und warf dann beides mit einem Wutschrei über Bord.

Seine Freunde standen mit offenen Mündern um ihn herum.

»Du blutest!«, rief Kaleyta und zeigte auf die Blutlache, die sich um Horzons Fuss herum bildete.

In diesem Moment fing es an zu hageln.

»Was ist denn jetzt los?«, rief Magnus Resch. »Hagel? Mitten im Sommer?«

»Geht schnell unter Deck«, sagte Horzon mit matter Stimme. »Das ist bestimmt gleich vorbei.«

»Ja, und du?«, rief Kaleyta aus der Kajüte nach oben, wo Horzon immer noch im Hagel stand.

»Mein Fuss blutet noch, ich will mir jetzt nicht meine neuen Polster versauen«, rief Horzon zurück. »Ausserdem will ich mal schauen, ob der Anker hält, jetzt kommt gleich die Gewitterbö.«

Kaum hatte er das gesagt, fegte eine Sturmbö über das Schiff. Der Wind heulte in den Wanten, Gischt sprühte über das Deck. Horzon klammerte sich an die Reling und arbeitete sich durch den Hagel langsam zum Bug vor, wo das Ankertau befestigt war. Plötzlich zuckte ein Blitz aus der Gewitterwolke und schlug in die gelbe Absperrungstonne des Strandbads ein, neben der Horzon geankert hatte. Er warf sich vor Schreck aufs Deck. Das war kein gewöhnlicher Blitz, dachte er keuchend. In diesem Moment krachte ein zweiter Blitz herunter. Diesmal schlug er direkt neben Horzon im Wasser ein, formte sich zischend zu einem Feuerball auf der sturmgepeitschten Wasseroberfläche und raste dann aufs Ufer zu, wo er im Schilf verschwand.

»Ein Kugelblitz!«, krächzte Horzon schwer atmend und arbeitete sich zurück zum Eingang der Kajüte. Dann drehte er sich noch einmal um und schaute zurück ans Ufer. »Oder war das etwa … Signora Sarasate?«

Er schob das Schiebeluk vom Kajütniedergang nach hinten und hastete rückwärts die Stufen hinunter. Dann schob er das Luk wieder zu und drehte sich um. Seine

Freunde sassen auf den Polstern um den Tisch herum und starrten ihn aus grossen Augen an.

»Habt ihr diesen Kugelblitz gesehen?«, rief Horzon.

»Nein … Oder doch, ja, es hat zweimal geblitzt«, sagte Resch.

Kaleyta reichte Horzon ein Handtuch. »Hier, trockne dich erstmal ab.«

»Aber *Kugelblitz*? Was soll das sein?«, fragte Mollenkott.

»Ja, ein Kugelblitz!«, rief Horzon. »Er ist direkt neben mir ins Wasser eingeschlagen, dann hat er sich wie eine zischende Leuchtkugel auf dem Wasser gedreht und ist wie eine Rakete ins Schilf gerast.«

Mollenkott reichte ihm eine Flasche. »Hier, nimm erstmal einen Schluck Portwein, das bringt dich wieder auf die Beine. Du bist ja ganz blass.«

Horzon setzte sich an den Tisch, dann wickelte er ein Papiertaschentuch um seinen Zeh, der immer noch ein bisschen blutete.

»Geht's wieder?«, fragte Kaleyta.

»Ja, ist gleich vorbei, blutet nur noch ganz wenig.« Horzon nahm einen tiefen Schluck aus der Portweinflasche und lehnte sich stöhnend zurück.

»Schon seltsam, das alles«, sagte Mollenkott. »Innerhalb von fünf Minuten hat sich ein gemütlicher Sommertag in totales Chaos verwandelt.«

»Ja, stimmt«, sagte Resch, »das war jetzt wirklich irre.«

»Das war ein Zeichen«, sagte Horzon mit heiserer Stimme. »Dieser Hagel und das Blut und die zerrissene Kette und die verschwundene Brille und dieser Kugelblitz: Das sind alles Zeichen!«

»Was für Zeichen, Rafi? Wirst du jetzt auch noch abergläubisch?«, riefen die anderen.

»Vor genau einem Jahr habe ich mit Jakob hier an derselben Stelle geankert«, erzählte Horzon.

Die anderen waren sofort still und ganz ernst.

»An genau derselben Stelle wie heute. Und ich bin mir sicher, dass Jakob uns damit ein Zeichen geben wollte.«

Die anderen schauten sich wortlos an. Schliesslich räusperte sich Mollenkott, stand auf und schaute nachdenklich aus dem Kajütenfenster. »Kann natürlich sein ... Aber was für ein Zeichen?«

»Keine Ahnung«, sagte Horzon und blickte die anderen an. »Dass wir aufhören sollen, dem Geld hinterherzulaufen, und dass wir aufhören sollen, den Frauen hinterherzulaufen, und dass wir aufhören sollen, dem Vergnügen hinterherzulaufen.«

»Hmmm, kann natürlich sein«, sagte Magnus Resch grübelnd, »irgendwie hätte er ja schon recht.«

In diesem Moment fiel ein Sonnenstrahl durch das Kajütenfenster.

»Hey, schaut mal, die Sonne scheint wieder«, rief Horzon und zog das Schiebeluk nach hinten.

Mollenkott sprang lachend die Treppe hoch. »Herrliches Wetter! Das Gewitter ist vorbei. Kommt hoch und bringt die Flasche mit raus.«

Als alle wieder an Deck standen und in die Sonne blinzelten, holte Mollenkott tief Luft. »Da hat Jakob uns einen ganz schönen Schrecken eingejagt. Aber ich weiss jetzt, was er uns damit sagen wollte.«

»Was denn?«, fragten die anderen.

»Dass wir auf ihn anstossen sollen!«, schrie Mollenkott und riss die Flasche hoch.

»Stimmt!«, riefen alle. »Ein Hoch auf Jakob!«

»Und schaut mal, die Mädchen vom Motorboot sind

auch noch da«, rief Mollenkott und winkte zu den jungen Frauen hinüber. Diesmal winkte sogar eine zurück.

»Und jetzt tauchen wir nach Rafis Goldkette und seiner Sonnenbrille«, rief Kaleyta.

Und wie auf ein Zeichen des Himmels, als hätte Jakob persönlich von oben herab den Startschuss gegeben, sprangen alle vier gleichzeitig in die herrlich erfrischenden Fluten des kristallklaren Wannsees.

KAPITEL 21

Dichtung und Wahrheit

»Und du bist dir ganz sicher, dass das ein Kugelblitz war?«, fragte Daniel Kehlmann und polierte seine Sonnenbrille mit dem Handtuch, bevor er sie wieder aufsetzte.

»Natürlich, warum sollte ich mir sowas denn ausdenken?«, rief Horzon. »Es war genau an dieser Stelle hier. Vielleicht ein bisschen weiter da drüben, da wo das Motorboot jetzt ankert.«

Kehlmann drehte sich zu Timon Karl Kaleyta, der im Schatten des Sonnensegels lag und sich mit einer zusammengefalteten Zeitung Luft zufächelte. »Hast du diesen Kugelblitz auch gesehen?«

»Nein, wir sassen ja alle unter Deck, um den Hagelschauer abzuwarten.«

»Ach so, es hat also wirklich gehagelt?«, fragte Kehlmann überrascht. »Mitten im Sommer?«

»Habe ich doch gesagt!«, rief Horzon. »Warum glaubt mir denn keiner?«

»Wir glauben dir doch«, sagte Kehlmann, »nur ist es zum Beispiel ja so, dass es für das Phänomen des Kugelblitzes keine wissenschaftlichen Belege gibt – bisher jedenfalls ...«

Kaleyta legte die Zeitung auf den Teakholz-Tisch und rückte das Kissen unter seinem Kopf zurecht. »Du warst natürlich auch in einer psychischen Extremsituation: der Hagel, deine Wunde, die Sturmbö, das Gewitter ...«

»Ich weiss doch, was ich gesehen habe und was nicht!«, rief Horzon gekränkt. »Dann glaubt mir halt nicht. Das war ja schon beim *Weissen Buch* so, dass alles nur für Fiktion gehalten wurde. Dabei ist alles wahr. Es gibt ja sogar immer noch Leute, die *Moebel Horzon* für eine Fiktion halten. Und den Laden für eine Wirklichkeits-Simulation. Warum gehen die nicht einfach in meine Fabrikhallen in der Prinzenallee und schauen sich an, wie dort Tag und Nacht Regale und Schränke produziert werden?«

»Doch, klar, natürlich gibt es diese Möbel«, bestätigte Kehlmann, »ich habe ja selbst genügend davon.«

»Mittlerweile ist es leider so«, beschwerte sich Horzon weiter, »dass ich erzählen kann, was ich will, und niemand glaubt mir mehr. Wenn ich zum Beispiel die Geschichte erzählen würde, wie wir letztes Jahr zu Jakob Augstein gesegelt sind und er uns von seiner Känguruh-Zucht erzählt hat ... und wie dabei die ganze Zeit ein Huhn auf seinem Kopf gesessen hat ... Das würde ja auch schon wieder kein Mensch glauben. Aber du warst ja selber dabei, Daniel.«

»Na ja, es war eher ein Küken, und er hatte es sich auf die Schulter gesetzt.«

»Nein, nein, das war kein Küken mehr, das war schon fast ein ausgewachsenes, richtiges Huhn. Und ja, er hatte es sich auf die Schulter gesetzt, aber plötzlich sass es auf seinem Kopf. Immer schön bei der Wahrheit bleiben, mein lieber Daniel.«

»Gut, ok, kann schon sein«, sagte Kehlmann und lachte. Im Folgenden entspann sich zwischen Kehlmann und Kaleyta eine anspruchsvolle Unterhaltung über Goethes Autobiografie *Dichtung und Wahrheit*, der Horzon aufgrund mangelnder intellektueller Spannkraft nicht folgen konnte. Dann eine längere Unterhaltung über Wahrnehmung, Selbstwahrnehmung, Selbsterkenntnis durch Wahrnehmung, Wirklichkeit, Wirklichkeiten und sogar über Horzons Theorie der Neuen Wirklichkeit, die Horzon ebenfalls vollständig verpasste.

Erst als Kehlmann sich mit den Worten »Puh, ist das heiss heute« sein T-Shirt auszog, erwachte Horzon aus seinem Halbschlaf. Voller Neid verfolgte er, wie Kehlmann seinen muskulösen Oberkörper mit Kokosfett einrieb und dann mit einem vollendeten Kopfsprung ins Wasser hechtete.

»Hast du gesehen, was Kehlmann für einen durchtrainierten Körper hat?«, rief er Kaleyta zu. »Wie macht er das nur? Er sitzt doch auch nur den ganzen Tag vor dem Bildschirm und schreibt Bücher.«

»Er hat mir das gerade erklärt«, antwortete Kaleyta, »aber du hast ja anscheinend geschlafen. Er macht die *Acht-Stunden-Diät*!«

»Was ist das?«

»Bei der *Acht-Stunden-Diät* isst man nur innerhalb von acht Stunden, und die restlichen sechzehn Stunden des Tages fastet man. Wobei man pro Tag natürlich auch noch acht Stunden schläft, also muss man eigentlich nur acht Stunden fasten.«

»Und davon bekommt man so einen Körper?«, fragte Horzon ungläubig.

Beide stellten sich an die Reling und verfolgten, wie Kehlmann auf eine der gelben Absperrungstonnen des Strandbads zuschwamm und dann mit atemberaubender Geschwindigkeit von einer Absperrungstonne zur nächsten kraulte, ohne ein einziges Mal Luft zu holen.

Horzon beobachtete Kehlmann staunend durchs Fernglas. »Ich vermute, dass es nicht nur diese *Acht-Stunden-Diät* ist, sondern auch dieses Kraulen. Schau dir das mal an! Kehlmann scheint ein fanatischer Sportler zu sein.«

»Sollen wir auch ins Wasser?«, fragte Kaleyta.

»Also, ich werde jetzt vor Kehlmann ganz bestimmt NICHT mein T-Shirt ausziehen«, sagte Horzon. »Das ist mir jetzt wirklich zu peinlich.«

»Da hast du auch wieder recht.« Kaleyta legte sich wieder in den Schatten und wischte sich den Schweiss von der Stirn.

»Schau mal, da landet schon wieder ein Rettungshubschrauber«, rief Horzon und zeigte zum Strandbad hinüber. »Das ist doch schon das dritte Mal heute. Die Leute kippen reihenweise um.«

»Es ist aber auch wirklich wahnsinnig heiss«, sagte Kaleyta und fächelte sich mit der Zeitung Luft zu.

»Ja, und ich hoffe nur, dass es später kein Gewitter gibt, heute Abend ist doch die grosse Sommerparty bei Holger Friedrich.«

»Ach, stimmt! Wann kommen Mollenkott und die anderen zum Yachtclub?«

»Um zwanzig Uhr, und dann fahren wir alle zusammen da hin.«

In diesem Moment kam Kehlmann wieder an Bord geklettert. »Herrlich erfrischend dieses kristallklare Wasser. Viel schöner als das Wasser in den Hamptons.«

»Daniel, kennst du eigentlich Holger Friedrich, das Software-Genie?«, rief Horzon ihm zu.

»Bisher noch nicht, glaube ich«, antwortete Kehlmann, während er sich abtrocknete.

»Er macht heute Abend nämlich eine grosse Party in dieser Villa da drüben. Da fahren wir nachher alle hin.«

Horzon zeigte auf ein grosses Anwesen am Ufer, wo Bedienstete gerade Sonnenschirme, Tische und Stühle im Garten aufstellten.

»Oh, das sieht wirklich schön aus«, sagte Kehlmann, »fast wie beim grossen Gatsby, aber ich muss leider bald nach Hause und ein wenig arbeiten. Ein wenig schreiben.«

»Ein neues Buch?«, fragte Horzon.

»Mal sehen, im Moment arbeite ich noch etwas vor, ich betreibe Recherche, ich mache Notizen …«

»Genau wie ich!«, rief Horzon.

»Ach wirklich, für ein neues Buch?«, fragte Kehlmann. »Worum wird es gehen?«

»Das weiss ich auch noch nicht so ganz genau«, antwortete Horzon, »ich habe aber schon viele Ideen. Gute Ideen sogar!«

»Schön! Bravo!«, rief Kehlmann, während er an den Grossbaum hechtete und ein paar Klimmzüge machte.

»Es soll auf jeden Fall ein Bestseller werden«, fuhr Horzon fort, dann lächelte er ein wenig verschlagen. »Apropos, Daniel, wo wir hier gerade so entspannt plaudern: Verrate mir doch mal, wie man einen Weltbestseller schreibt. Sowas wie deine Bücher. Was ist das Geheimnis? Wie macht man das?«

Kehlmann sprang wieder ins Cockpit zurück und setzte sich an den Teakholz-Tisch. »Normalerweise verrate ich dieses Geheimnis ja nicht«, sagte er, faltete die Hände und beugte sich vertrauensvoll zu Horzon vor, »aber für dich mache ich eine Ausnahme. So einen Weltbestseller zu schreiben ist nämlich eigentlich ganz einfach. Kinderleicht geradezu. Fangen wir gleich mal mit dem Wichtigsten an: Du musst natürlich …«

In diesem Moment hob am Strandbad Wannsee der Rettungshubschrauber ab und hielt genau auf Horzons Yacht zu. Der Lärm war ohrenbetäubend. Kehlmann redete weiter, aber Horzon konnte kein Wort verstehen. Er konnte nur sehen, wie Kehlmann redete, wie er lächelte, lachte, weiterredete, gestikulierte, die Augen weit aufriss, weiterredete, mit den Fingern Kreise in die Luft zeichnete, wieder lachte, dann sehr ernst schaute und beim Sprechen mit dem Finger auf Horzon zeigte.

»Und die ganze Zeit war dieser blöde Hubschrauber über euch?«, rief Mollenkott von der Rückbank nach vorne, während Horzon seine Limousine der Villa von Holger Friedrich entgegensteuerte.

»Die ganze Zeit«, bestätigte Horzon.

»Und du hast kein Wort verstanden?«

»Kein Wort.«

»Verdammt!«, rief Mollenkott. »Aber irgendwann muss der Lärm doch mal vorbei gewesen sein. Der Hubschrauber kann doch nicht ewig über euch gestanden haben.«

»Nein, klar, irgendwann war der Lärm dann vorbei!«

»Und dann konntest du wieder hören, was Kehlmann sagte?«

»Ja!«

»Und was sagte er?«

»Er sagte: ›… und jetzt weisst du, wie man einen Weltbestseller schreibt.‹«

»So ein Mist!«, schrie Mollenkott. »Und du, Timon, hast du auch nichts verstanden?«

»Nein, es war wirklich viel zu laut, Philip.«

»Verdammt!«

»Aber, Rafi, warum hast du ihn denn nicht gefragt, ob

er alles nochmal wiederholen kann?«, rief Magnus Resch von der Rückbank.

»Habe ich vergessen«, sagte Horzon.

»Vergessen!«, rief Mollenkott fassungslos.

»Aber dafür weiss ich jetzt ganz genau, wie man einen athletischen Körper bekommt.«

»Und zwar?«, fragte Nicolas Wenz interessiert von der Rückbank.

»Mit der *Acht-Stunden-Diät*!«

»Na bravo! Herzlichen Glückwunsch!«, rief Mollenkott. Aber bevor er weiterschimpfen konnte, fuhr Horzons Limousine über knirschenden Kies eine prächtige Auffahrt hinauf. Sie waren angekommen.

Zwei Empfangsdamen führten die neuen Gäste durch den blühenden Garten, der die weisse Villa umgab. Auf der Terrasse wurden sie von Hostessen erwartet, die ihnen Begrüssungscocktails reichten. Beeindruckt stellten die fünf Freunde sich an die Balustrade. Von hier aus konnte man das gesamte Grundstück übersehen, das zum Wannsee-Ufer hin sanft abfiel. Das Geplauder und Gelächter der Gäste, die überall im Garten verstreut standen, vermischte sich mit den Klängen eines Jazz-Orchesters. Am Horizont ging gerade die Sonne unter.

»Wer ist unser Gastgeber eigentlich? Womit hat er sein märchenhaftes Vermögen gemacht?«, fragte Nicolas Wenz, überwältigt von der Schönheit des Anwesens.

Ein Mann in weissen Knickerbockern fühlte sich bemüssigt zu antworten. »Ich habe gehört, er habe in Oxford studiert«, sagte er mit verschwörerischer Miene, »das hat mir ein Mann erzählt, der mit ihm zusammen in Deutschland aufgewachsen ist …«

»In Deutschland?«, fragte Wenz verwundert nach.

»Ausserdem sagt man, er habe ...« An dieser Stelle beugte er sich zu Wenz hinüber und flüsterte ihm etwas ins Ohr.

»Es gibt immer Gerüchte über erfolgreiche Menschen«, sagte Horzon sehr laut, um den Knickerbocker-Mann zu übertönen, »und der Grund ist meistens Neid!«

»Jedenfalls veranstaltet er grosse Partys«, sagte Magnus Resch. »Und ich mag grosse Partys. Sie sind so intim. Auf kleinen Partys gibt es keine Vertraulichkeit.«

»Ich als Kommunist finde eine solche Konzentration des Kapitals bedenklich«, sagte Timon Karl Kaleyta.

Horzon strich sich über seine weissen Flanellhosen. »Bedenklich ist hier gar nichts. Er hat meine Firma gerettet. Alles andere ist zweitrangig.«

Gemeinsam schlenderten sie durch den Garten zum Seeufer hinunter. Mollenkott drehte sich immer wieder zur Villa um. »Genauso habe ich es mir vorgestellt!«, rief er begeistert.

»Was denn vorgestellt?«, fragte Horzon.

»Das *P.M.K. Paradise*, natürlich! Unten die Papas, darüber die Mamas, und ganz oben die Kids.«

»Oh nein, nicht schon wieder!«, rief Horzon. »Und ganz ehrlich, Philip: Wenn du auf die Idee kommen solltest, unseren Gastgeber mit dieser Idee zu belästigen ...«

»Wo ist er denn eigentlich, unser Gastgeber?«, unterbrach ihn Mollenkott.

Im Garten konnten sie ihn nicht entdecken, und auch im Bootshaus war er nicht. Auf gut Glück öffneten sie die Tür eines Nebengebäudes und fanden sich in einem riesigen Schwimmbad wieder. Auf dem Sprungbrett sass ein untersetzter Mann mittleren Alters und starrte mit nervöser Konzentration ins Wasser. »Mich hat eine Frau

namens Rosebud mitgebracht«, erklärte er den staunen-
den Freunden. »Ich dachte, es würde mich ausnüchtern,
in einer Bibliothek zu sitzen.«

Auf der Bühne im Garten wurde jetzt getanzt, die Stimmung wurde immer ausgelassener, das Orchester steigerte
das Tempo, während fröhliches Gelächter in den Som-
merhimmel emporschäumte. Aber wo war der Gastgeber?

Endlich entdeckten sie ihn. Er stand alleine auf den
Marmortreppen, die vom Garten zur Villa emporführten,
und liess seinen beifälligen Blick von einer Gruppe zur
anderen wandern.

»Bist du dir eigentlich sicher, dass wir eingeladen waren?«, flüsterte Nicolas Wenz Horzon zu. »Ich habe nämlich das Gefühl, dass ausser uns nur Mitarbeiter des grossen Gastgebers auf dieser Party sind.«

»Kommt mir auch so vor«, flüsterte Horzon zurück.
»Und diese Villa scheint auch eher die Konzernzentrale
dieses Software-Moguls zu sein.« Aus dem Augenwinkel
sah Horzon, wie Mollenkott mit grossen Schritten auf
den Gastgeber zuging. »Ausserdem müssen wir unbedingt verhindern, dass Mollenkott mit ihm ins Gespräch
kommt!« Hektisch liefen sie Mollenkott hinterher. »Philip, komm schnell zum Ufer! Wir machen noch ein Erinnerungsfoto und dann ist Bettzeit.«

»Ja aber …« Mollenkott fuchtelte mit den Händen in
Richtung Gastgeber. »Ich muss doch noch das *P.M.K. Paradise* …«

»Nein, musst du nicht, Philip. Es ist schon sehr spät«,
rief Horzon. »Nur noch schnell das Foto, dann gehen
wir.«

Zum Parkplatz gelangten sie durch die offenstehende
Villa. Augenrollend liefen sie von einem Raum in den

nächsten und posierten zwischen kostbaren Vasen, Jagdtrophäen und Kunstwerken. Im Vestibül versuchte Horzon noch schnell, ein Gemälde von Damien Hirst von der Wand zu nehmen, aber es war festgeschraubt.

»Warte, ich besorge einen Schraubenzieher!«, schrie Mollenkott, der einige Begrüssungscocktails zu viel genommen hatte.

»Lass doch, Philip, der Schinken passt sowieso nicht in den Kofferraum!«, rief Horzon ihn wieder zurück. Dann sassen endlich alle wieder im Auto.

»Der grosse Tag der verpassten Chancen«, rief Mollenkott von der Rückbank. »Erst schafft ihr es nicht, Kehlmann auszuquetschen, dann vermasselt ihr mir meinen Deal mit dem *P.M.K. Paradise*. Und dann lassen wir uns auch noch den Damien Hirst durch die Lappen gehen.«

»Was ist das – *P.M.K. Paradise*?«, fragte Nicolas Wenz neugierig.

»So eine Art ... Geschäftsidee«, antwortete Horzon.

»Aber egal«, rief Mollenkott, »ich brauche diese Villa nicht. Ich besorge mir eine andere Villa. Ich weiss auch schon wie.«

»Und zwar?«

»Pferderennen! Die Saison hat wieder begonnen, und demnächst findet der Grosse Preis von Berlin statt. Da gehen drei Scheichpferde an den Start.«

»Scheichpferde? Was sind Scheichpferde?«, fragte Horzon.

KAPITEL 22

Die Scheichpferde!

Als sie ein paar Wochen später auf dem Weg zur Pferderennbahn Hoppegarten waren, erklärte Mollenkott noch einmal alles ganz genau: »Rennpferde zu züchten ist nur was für reiche Leute, und am reichsten sind natürlich die Ölscheichs. Deshalb haben die auch die besten Pferde. Die schnellsten Pferde. Die Scheichpferde!«

»Dann werde ich nur auf die Scheichpferde setzen«, rief Horzon, während er seine Limousine Richtung Hoppegarten steuerte.

»Das kannst du natürlich machen, aber das machen alle anderen auch«, belehrte ihn Mollenkott. »Und das heisst, wenn das Scheichpferd dann tatsächlich gewinnt, bekommst du keinen Gewinn. Du musst auf einen Aussenseiter setzen, und wenn DER gewinnt, dann wirst du richtig reich.«

»Na gut, dann setze ich eben nur auf Aussenseiter.«

Als sie angekommen waren, besorgte sich Mollenkott sofort das Programmheft und stellte sich am Wettschalter an. Das erste Rennen hatte schon begonnen.

Innerhalb kürzester Zeit hatte Horzon fünfhundert Euro verloren und Mollenkott auf unerklärliche Weise 2000 Euro gewonnen. »Und diese 2000 Euro werde ich für das SCHEICHRENNEN einsetzen, mit einer Dreierwette!«, schrie er, während er die Scheine nachzählte. »Aber jetzt erstmal CHAMPAGNER!«

»Dreierwette?«, fragte Horzon, als Mollenkott mit den Gläsern von der Bar zurückkam.

»Pass auf: Bei einer Dreierwette muss man voraussagen, welches die ersten drei Pferde im Ziel sind.«

»Verstehe.«

»Da ja heute drei Scheichpferde an den Start gehen, ist sonnenklar, dass diese drei Pferde hier als Erste ins Ziel gehen«, erklärte Mollenkott und tippte auf das Programmheft. »*French King*, *Old Persian* und *Communiqué*.«

»Gut, dann setz doch auf diese drei Pferde«, riet Horzon.

»Das Problem ist nur«, fuhr Mollenkott fort, »dass man bei der Dreierwette auch die exakte REIHENFOLGE voraussagen muss, in der die Pferde einlaufen.«

»Ach so?«

»Und da werden wir ein bisschen nachhelfen.« Mollenkott holte schief lächelnd zwei kleine Ampullen mit weissem Pulver heraus und hielt sie Horzon vor die Nase. »Das hier ist Kokain. Und das hier ist Ketamin.«

»Du willst jetzt Drogen nehmen?«

»Ich doch nicht. Wir statten den Scheichpferden einen kleinen Besuch ab und werden *French King* ein bisschen auf die SPRÜNGE helfen. Mit dem Kokain! Das gebe ich dir jetzt schon mal. Hier, aber Vorsicht, nichts verschütten.«

Horzon nahm die Ampulle, hielt sie gegen das Licht, schüttelte das weisse Pulver ein bisschen hin und her und steckte die Ampulle dann in die Hosentasche.

»Und das Ketamin hier, das ist ja tatsächlich auch ein Pferdebetäubungsmittel, das verabreichen wir *Communiqué*. Das macht ihn ein bisschen GEMÜTLICHER. Damit er als Dritter von den Scheichpferden durchs Ziel geht.«

»Und wie willst du das Zeug verabreichen? Willst du den Pferden Lines legen?«

»Mensch, Rafi, Blödsinn«, zischte Mollenkott. »Wenn wir bei den Pferden sind, schütten wir uns das Pulver in die Hand und tätscheln ihnen damit ein bisschen die Schnauze, kapiert?«

»Kapiert«, sagte Horzon und lachte verschlagen.

»Oder, noch besser, wir blasen den Hengsten das Pulver direkt in die Nüstern. Du gibst *French King* also einen Luftkuss.« Mollenkott führte die Prozedur pantomimisch vor. »Pulver auf die Hand, schön pusten, und dann sollst du mal sehen, wie er losrast!«

»Verstehe«, sagte Horzon und lachte verschlagen.

»Wir müssen bloss mit dem Ketamin aufpassen, dass *Communiqué* nicht mitten im Rennen einschläft«, erklärte Mollenkott.

»Stimmt«, sagte Horzon und lachte verschlagen.

»Und dann ist sonnenklar, dass die Reihenfolge so aussieht: Platz 1: *French King*, Platz 2: *Old Persian*, Platz 3: *Communiqué*. Kapiert?«

»Kapiert.«

In der Schlange vor dem Wettschalter zählte Mollenkott nochmal seine Scheine. »Ich setze meine 2000, und du hast doch auch noch ein paar tausend übrig von den vielen Sternenbildern, die du verkauft hast, oder?«

»Na klar, ich setze jetzt einfach die gesamten 4000 Euro, die ich noch habe. Dann gewinnen wir noch mehr Geld.«

»Das nenne ich Unternehmergeist, Rafael. Und das Gute ist: Wir haben eine GEWINNGARANTIE«, sagte Mollenkott und klopfte auf seine Brusttasche mit der Ketamin-Ampulle.

»Wie viel gewinnen wir denn jetzt eigentlich?«, wollte Horzon noch wissen.

»Bei einer Quote von 10:1 bekommen wir 60 000 Euro ausgezahlt! Minus 6000 Euro Einsatz gleich 54 000 Euro Reingewinn!«

»Leicht verdientes Geld!«, rief Horzon begeistert.

Nachdem sie ihre Wette platziert hatten, setzten sie sich die Sonnenbrillen auf und schlenderten unauffällig in Richtung Pferdestall.

»Die Scheichpferde werden im Scheichstall wahrscheinlich von den Scheichknechten bewacht«, erklärte Mollenkott, »aber ich spreche ja Gott sei Dank Arabisch. Und ausserdem habe ich ja noch meine arabische Chefkette. Lass mich das also regeln.«

»*Aye, aye, Captain!*«

So wie Mollenkott es vorausgesehen hatte, wurde der Scheichstall von einem sehr breit gebauten Anzugträger bewacht.

»*Inshallah, merhaba*, mein Bruda«, sagte Mollenkott zur Begrüssung. Horzon prustete sofort los.

»Was soll das, was wollt ihr hier?«, fragte der Anzugträger missgelaunt und stellte sich breitbeinig vor das Stalltor.

»Lass uns rein, *habibi*, Sesam öffne dich, wir sind gute Freunde vom Scheich«, sagte Mollenkott und wedelte ein bisschen mit seiner Chefkette.

»Ja genau, vom Scheich ...«, wiederholte Horzon überflüssigerweise.

»Von welchem Scheich?«, rief der Anzugträger misstrauisch.

»Na, von diesem Scheich, wie heisst der nochmal?«, sagte Mollenkott. »Dieser Scheich, der seine Feinde immer zerstückelt und dann grillt ...«

»WAS sagst du da?«, schrie der Anzugträger.

Mollenkott nahm seine Chefkette ab und liess sie in die Brusttasche des Anzugträges gleiten. »Na, wie sieht's jetzt aus, Bruda, lässt du uns jetzt da rein, in diesen Stall?«

Der Anzugträger zückte seine schallgedämpfte Pistole und schoss in die Luft. »Verschwindet, und lasst euch hier nie wieder blicken!«

»Easy, Bruda!«, rief Mollenkott erschrocken. »Kann ich dann wenigstens meine Chefkette wiederhaben?«

»Ich zeig dir, was ich mit deiner Chefkette mache«, rief der Anzugträger, fummelte die Kette aus seiner Brusttasche und schleuderte sie in hohem Bogen auf einen Misthaufen. Dann schoss er noch zweimal in die Luft.

»Das hat jetzt nicht so gut geklappt«, sagte Horzon, als sie zur Rennbahn zurückgingen. »Vielleicht hättest du das mit dem Zerstückeln und Grillen nicht sagen sollen, da hat man irgendwie richtig gesehen, wie er schlechte Laune bekommen hat.«

»Verdammt«, sagte Mollenkott, »jetzt können wir nur hoffen, dass die Scheichpferde trotzdem in der richtigen Reihenfolge einlaufen. Ansonsten sind wir erledigt.«

Das eigentliche Rennen dauerte nur wenige Minuten. *Communiqué* ging nach wenigen hundert Metern in Führung. »Oh, Gott, was MACHT er denn«, schrie Mollenkott verzweifelt, »warum läuft er denn bloss so schnell? Was soll denn das?« Dann schob sich *French King* auf Platz eins. »Sehr gut, sehr gut, sehr gut!«, schrie Mollenkott. »*French King* liegt vorne und baut seine Führung aus«, rief der Rennbahn-Sprecher. »Auf Platz zwei sehen wir *Communiqué*, auf Platz drei *Old Persian*, aber *Old Persian* holt auf, *French King* weiter auf Platz eins, dahinter *Old Persian* und *Communiqué* gleichauf, *French King* baut seine Führung weiter aus, dahinter *Old Persian* und *Communiqué* weiter gleichauf, *French King* bleibt weiter in Führung und hinter ihm *Old Persian* und *Communiqué*, und hier kommt der Zieleinlauf: Sieg für *French King*, *Old Persian* auf Platz zwei und *Communiqué* auf Platz drei!«

»SIEG!«, schrie Mollenkott, »SIEG, SIEG, SIEG! Wir sind reich! Wir sind reich! Wir sind reich!«

»Haben wir gewonnen?«, rief Horzon.

»Ja!«, schrie Mollenkott, »SECHZIGTAUSEND EURO! Wir sind REICH! REICH! REICH!«

»Beziehungsweise sehe ich gerade«, rief der Rennbahn-Sprecher, »die Video-Auswertung des Zieldurchlaufs läuft noch, wir haben möglicherweise eine Änderung ... Einen Moment bitte, ich warte auf die Bestätigung ...«

»Was sagt der Sprecher?«, fragte Horzon.

»Keine Ahnung«, rief Mollenkott und zeigte auf die Anzeigentafel. »Da steht es doch: Platz eins: *French King*, Platz zwei: *Old Persian*, Platz drei: *Communiqué*!«

»Und wir haben tatsächlich eine Änderung«, sagte jetzt der Rennbahn-Sprecher. »Die Video-Auswertung hat ergeben: Platz eins: *French King*, Platz zwei: *Communiqué*, Platz drei: *Old Persian*!«

»Wir sind vernichtet«, flüsterte Mollenkott und liess sich auf den Rasen fallen.

»Was ist los?«, rief Horzon.

»Wir sind vernichtet«, flüsterte Mollenkott noch einmal. »Unser Geld ist weg ... Unser GANZES Geld ist weg.«

KAPITEL 23

Schwarze Löcher im All

»Also gut, hört genau zu«, sagte Horzon zu seinem Verkaufsteam, bestehend aus Nicolas Wenz und Andy Kassier. »Wir haben zwar viel Geld verdient mit den ganzen Sternenbildern für Holger Friedrich, aber das meiste davon ist ja direkt ans Finanzamt gegangen. Und der Rest ist auch schon wieder weg.«

»Wieso denn eigentlich?«, fragte Nicolas Wenz.

»Pferderennen«, antwortete Horzon. »Und dann natürlich diese blödsinnige Börsenspekulation. Mollenkott hatte da einen Tipp, aber Uran ist vielleicht doch keine so sichere Sache.«

»Uran?« Andy Kassier konnte es nicht fassen.

»Wie auch immer«, fuhr Horzon fort, »wir haben mit unserem restlichen Geld jetzt nochmal dreissig Sternenbilder abziehen und rahmen lassen, und wenn wir die heute, bei unserem grossen *Sternen-Brunch*, alle verkaufen, dann habe ich ein paar Monate Ruhe und kann endlich mein neues Buch schreiben.«

»Genialer Plan!«, rief Nicolas Wenz euphorisch.

»Dafür müssen wir heute unsere Gäste umgarnen«, erklärte Horzon weiter, »und deshalb habe ich im Internet ein Spezial-Parfüm gekauft, das die Leute sozusagen willenlos macht, sobald sie es riechen. Damit sie dann alle unsere Sternenbilder kaufen!« Horzon holte eine schwarze Flasche aus seinem Trenchcoat und sprühte sein Verkaufsteam von oben bis unten ein.

»Puh, das stinkt!«, rief Andy Kassier.

»Nur am Anfang.« Horzon sprühte unbeirrt weiter. »Das verfliegt ganz schnell, und dann setzt die Wirkung ein.«

Nicolas Wenz fächelte sich begeistert den Spezial-Duft in die Nase. »Ich finde, es riecht richtig gut.«

»Schön, dann gehe ich jetzt mit Andy los, wir holen Zimtschnecken und Champagner für unsere Gäste. Und du, Nicolas, bleibst hier und bewachst die Bilder. Und wenn ein Kunde kommt, sprühst du noch etwas von dem Parfüm in die Luft, verstanden?«

»Verstanden. Meinst du, es kommen viele Gäste?«

»Das denke ich schon, ich habe nämlich den österreichischen Wunderkomponisten Falko Amadeus Stickle eingeladen, er macht heute die musikalische Untermalung.«

»DER Stickle?«, rief Andy Kassier ungläubig staunend.

»Genau der.«

Auf dem Weg zur Garage schärfte Horzon seinem Verkäufer nochmal das Vorgehen ein. »Erst versetzen wir die Gäste mit der Musik, den Zimtschnecken und dem Champagner in einen tranceähnlichen Zustand. Und dann nehmt ihr sie mit eurer Spezial-Duftwolke in die Zange.«

»So machen wir das, Rafael!«, rief Andy Kassier. »Und diese Sternenbilder, hast du die eigentlich selbst gemacht?«

»Selbst fotografiert, meinst du? Nein, nein. Ich habe es als Student mal versucht, das hat aber nicht funktioniert. Und als ich dann 1997 die *Wissenschaftakademie Berlin* eröffnet habe, hatte mich das Thema immer noch nicht losgelassen. Das erste Seminar in meiner Akademie hiess *Schwarze Löcher im All*. Dafür habe ich ein wissenschaftliches Foto aus dem SPIEGEL genommen, das Foto eines schwarzen Lochs. Und das schwarze Zentrum dieses Fotos habe ich vergrössert und riesige Abzüge gemacht, in meiner Dunkelkammer. Riesige, quadratische, komplett schwarze Abzüge. Das habe ich doch im *Weissen Buch* alles genau beschrieben. Hast du das denn nicht gelesen?«

»Doch klar, natürlich.«

»Und dann bin ich ja vor drei Jahren in New York gewesen und habe das *International Center of Photography* besucht. Und damals habe ich besschlossen, das *Deutsche Zentrum für Dokumentarfotografie* zu eröffnen. Und zwar mit Dokumentarfotografien des Sternenhimmels.«

»Wieso eigentlich Dokumentarfotografie?«

»Na ja, um das von Kunstfotografie abzusetzen. Du weisst doch, ich bin kein Künstler.«

»Schon klar … Obwohl auf Wikipedia ja schon wieder genau das steht. Ich habe gestern nochmal nachgeschaut, da steht: *Rafael Horzon ist ein deutscher Künstler und Schriftsteller.*«

»Ich weiss, ich habe es ja auch immer wieder korrigiert und geschrieben: *Rafael Horzon ist ein deutscher Unternehmer und Sachbuchautor.* Aber jetzt haben sie mich bei Wikipedia gesperrt, und ich kann da gar nichts mehr ändern!«

»Und nun?«

»Und nun muss ich Wikipedia verklagen. Ich habe schon eine sehr gute Rechtsanwältin gefunden, die bereitet das gerade alles vor.«

»Und diese Sternenbilder? Wo hast du die jetzt her?«

»Von der Königlichen Sternwarte in Brüssel. Ich habe doch jahrelang nach diesem gigantischen Sternenatlas gesucht, der von der Europäischen Sternwarte in Chile gemacht wurde. Die haben damals von den Anden aus den gesamten südlichen Sternenhimmel abfotografiert, mit unglaublich scharfen Teleskopen. Und diesen Atlas, also die Glasplatten-Negative, haben wir dann schliesslich in Brüssel gefunden. Und dann habe ich diese Glasplatten mit dem Lastwagen nach Berlin geholt. Die lagern jetzt alle in der Torstrasse 94. Und von diesen Negativen haben wir diese riesigen Abzüge machen lassen.«

»Unglaublich!«

»Übrigens habe ich in Brüssel auch gleich noch den Foto-Atlas des nördlichen Sternenhimmels gefunden, den die Amerikaner in den fünfziger Jahren gemacht haben. Den Palomar-Atlas. Den habe ich auch mitgenommen. Und jetzt habe ich das grösste Sternenarchiv der Welt. Man kann sagen: Das gesamte Universum befindet sich jetzt in der Torstrasse 94.«

»Faszinierend!«

Als Horzon und Kassier mit den Zimtschnecken und dem Champagner zurückkehrten, kam Nicolas Wenz ganz blass auf sie zu. »Ein Mann war hier.«

»Ein Mann war hier? Und? Hat er ein Sternenbild gekauft?«, fragte Horzon.

»Nein, er war sehr wütend.«

»Warum?«

»Er kam hier hereingestürmt und hat sich die Sternenbilder angeschaut, und als ich gefragt habe, ob ich ihm was zu den Fotos erklären soll, hat er gesagt: ›NEIN!‹«

»Und dann?«

»Und dann hat er gesagt, dass wir uns über die *Düsseldorfer Schule* lustig machen.«

»*Düsseldorfer Schule*?«, fragte Horzon.

»Das sind diese berühmten Fotografen in Düsseldorf«, erklärte Andy Kassier.

»Ja gut, aber gegen die haben wir doch gar nichts«, sagte Horzon, »ich finde die doch sogar sehr gut, und Andreas Gursky ist sogar ein guter Freund von mir.«

»Dieser Mann war aber richtig wütend«, sagte Nicolas Wenz.

»Das muss er nicht sein«, sagte Horzon, »die Fotografen in Düsseldorf machen Kunst. Und wir zeigen hier Dokumentarfotografie. Da kommen wir uns nicht ins Gehege.«

»Der Mann war wirklich sauer.«

»Unbegründet«, sagte Horzon. »Hat er eine Karte dagelassen?«

»Nein, er wollte seinen Namen nicht verraten.«

»Schon komisch«, sagte Horzon nachdenklich. »Als wir die ersten Wanddekorationsobjekte gemacht haben, die mit den Streifen, da haben ja auch alle gesagt, dass sie aussehen wie die Streifenbilder von Anselm Reyle. Aber Anselm Reyle macht Kunst. Und wir machen Wanddekorationsobjekte.«

»War Anselm Reyle auch so wütend?«, fragte Nicolas Wenz, noch immer blass.

»Nein, er hat sogar mit mir getauscht. Ich habe ein Streifenbild von ihm bekommen, und er ein Wanddekorationsobjekt.«

»Korrekt«, sagte Andy Kassier.

»Ja, korrekt … Aber gut, dann bauen wir jetzt das Büfett auf, und dann sprühe ich euch nochmal von oben bis unten ein, und dann werden Sternenbilder verkauft!«

Eine halbe Stunde später war das *Deutsche Zentrum für Dokumentarfotografie* voller Menschen. Es war so voll, dass man sich kaum noch bewegen konnte. Horzon plauderte scheinbar unbeteiligt mit den Gästen, aber aus den Augenwinkeln verfolgte er, wie Nicolas Wenz und Andy Kassier ein Sternenbild nach dem anderen verkauften. Immer wieder stellte sich Horzon neben sie und sprühte sie unauffällig mit neuem Spezial-Parfüm ein.

»Wo ist eigentlich Philip Mollenkott?«, fragte David Kurt Karl Roth.

»Er tritt heute im polnischen Staatsfernsehen auf.«

»Warum das?«

»Er gilt in Polen als grösster Rennpferd-Experte Europas. Frag mich nicht, warum. Das hat er den Journalisten dort eingeredet. Und heute findet das wichtigste Pferderennen Polens statt, das kommentiert er live im Fernsehen, und danach ist er in der grössten Talkshow des Landes zu Gast.«

»Unfassbar.«

Der Maler Armin Boehm kam auf Horzon zu. »Es riecht so gut in diesem Geschäft. Kann ich auch so ein Sternenbild haben?«

»Bitte wenden Sie sich an unser Verkaufsteam, so wie alle anderen auch«, sagte Horzon und zeigte auf seine Verkäufer, die umringt waren von Interessenten. Auffällig war, dass alle immer wieder tief durch die Nase einatmeten.

»Rafi, darf ich dir meinen Freund Enno vorstellen?«, rief Magnus Resch, der gerade zur Tür hereinkam. Andy Kassier und Nicolas Wenz stellten sich sofort direkt neben diesen Freund. »Kann ich …«, fragte er und sog dabei die parfümgeschwängerte Luft ein, »kann ich auch so ein Sternenbild haben?«

»Bitte wendet euch an mein Verkaufsteam«, rief Horzon. »Alexander Kluge hat auch gerade noch ein Sternenbild bestellt, seine Tochter Sophie auch, der bedeutende Künstler Moritz Frei auch, ihr müsst euch ranhalten, ihr müsst euch in die Liste eintragen, schnell!«

Nach einer Stunde war alles vorbei. Die Gäste waren wie Heuschrecken über das *Deutsche Zentrum für Dokumentarfotografie* hergefallen. Alle Zimtschnecken waren aufgegessen. Alle Champagnerflaschen waren ausgetrunken. Und alle Sternenbilder waren verkauft.

»Moment mal, was habt ihr gerade gesagt?« Horzon konnte nicht fassen, was er soeben gehört hatte.

»Alle dreissig Sternenbilder sind verkauft«, wiederholte Nicolas Wenz.

Andy Kassier nickte zur Bestätigung. »Alles weg!«

»Das war das Spezial-Parfüm«, flüsterte Horzon begeistert. »Und natürlich seid ihr auch sehr gute Verkäufer. Dafür bekommt jeder von euch ein Sternenbild geschenkt.«

KAPITEL 24

Frauen

Zwei Tage nach diesem bemerkenswert erfolgreichen Verkaufstag, der ihm einige sorgenfreie Monate bescheren sollte, sass Rafael Horzon auf seinem Diwan, um endlich sein neues Buch zu beginnen. Er klappte sein neues Laptop auf und tippte unbeholfen mit dem Zeigefinger in die Tastatur:

F-R-A-U-E-N

Er dachte einen Moment nach, dann schrieb er, mit ein paar Zeilen Abstand, darunter:

Ein Sachbuch von Rafael Horzon.

Zufrieden lehnte er sich zurück und betrachtete, was er geschrieben hatte. Sehr schön! *FRAUEN*. Ein guter Titel! Da hat Mollenkott recht gehabt, viel besser als einfach nur *BUCH*.

Horzon schloss die Augen und versuchte, sich den Umschlag des Buches vorzustellen, aber es gelang ihm nicht. Macht nichts, dachte er, ich habe bekanntlich kein Vorstellungsvermögen. Und viel wichtiger ist jetzt sowieso der Inhalt des Buches. Als Erstes muss ich recherchieren, genauso wie Daniel Kehlmann. Auch er sammelt Material, bevor er ein Buch beginnt, das hat er selbst gesagt: *Ich betreibe Recherche, ich mache Notizen.* Ja, genau, das waren seine Worte gewesen. Und genauso werde ich es jetzt auch machen.

Er dachte ein paar Minuten nach, aber zum Thema

Frauen fiel ihm traurigerweise rein gar nichts ein. Er grübelte noch ein wenig – ergebnislos. Es hat keinen Sinn, nur faul auf dem Diwan herumzusitzen, dachte Horzon. Man muss laufen. Nietzsche hat recht gehabt, neue Gedanken müssen ERGANGEN werden. Ächzend wuchtete er sich vom Diwan hinunter und begann, im Kreis zu laufen. Allerdings ohne gedankliches Ergebnis. Ratlos lief er zum Fenster und schaute hinaus. Es war schönes Wetter. Und es gab kaum Verkehr. Eigentlich gab es gar keinen Verkehr, denn die Torstrasse war von Polizisten abgesperrt worden. Wahrscheinlich ein Staatsbesuch, dachte Horzon. Aber egal, ich muss Material sammeln. Ich muss über Frauen nachdenken, ich muss recherchieren!

Er lief wieder ein wenig im Kreis herum, dann blieb er plötzlich wie angewurzelt stehen. Ein Geistesblitz hatte ihn ereilt! Vielleicht könnte ich zunächst ja das Äussere der Frauen beschreiben, dachte er. Und das könnte der erste Teil des Buches werden. Ja genau, das wäre doch ein guter Anfang.

Horzon setzte sich zurück auf seinen Diwan und begann wieder zu tippen. *TEIL 1: DAS ÄUSSERE.*

Dann dachte er wieder nach. Das Äussere, das Äussere, das Äussere, was könnte ich dazu schreiben? Was fällt mir dazu ein? Hmmm … dass Frauen schön sind, zum Beispiel … und dass sie sich im Aussehen von Männern unterscheiden … Männer haben einen muskulösen Körper, so wie ich, während Frauen im Allgemeinen zierlich gebaut sind und meistens einen Pferdeschwanz haben … so wie meine neue Mitarbeiterin, Verena. Schade, dass sie heute nicht da ist. Schade, dass sie heute beim Finanzamt ist. Wenn sie jetzt hier wäre, könnte ich nochmal nachschauen, wie Frauen im Allgemeinen so aussehen … wie gross sie im Allgemeinen sind ... wie sie sich bewegen ... wie sie reden ... wie sie telefonieren ... wie sie lächeln ... aber auch wie sie denken ... wie sie fühlen ... obwohl, das könnte ich natürlich nicht sehen ...

Aber das könnte ich sie ja fragen. All diese Dinge könnte ich sie fragen. Doch leider ist sie heute nicht da. Und morgen ist sie leider auch nicht da, denn da ist ja schon wieder Wochenende. Wie schade ...

In diesem Moment wurde Horzon von Schreien auf der Strasse aufgeschreckt. Was war das für ein Lärm? Er sprang auf und lief zum Fenster. Eine Demonstration! Eine Klima-Demonstration! Schön und gut, dachte er, auch so etwas muss manchmal sein – aber doch nicht auf der Torstrasse! Und doch nicht jetzt! Ausgerechnet jetzt, wo ich ENDLICH anfangen will, mein neues Buch zu schreiben!

Am nächsten Morgen frühstückte Horzon ausgiebig und setzte sich dann mit einer Tasse Marzipan-Cappuccino auf seinen Diwan. Kaum hatte er sein Laptop aufgeklappt, um sein neues Buch weiterzuschreiben, begannen die Fensterscheiben zu vibrieren. Ein tiefes Dröhnen kam von der Strasse. Horzon sprang auf und lief zum Fenster. Eine Demonstration! Eine Bauern-Demonstration! Mit tausenden von Treckern! Schön und gut, dachte er, auch Bauern-Demonstrationen müssen manchmal sein – aber doch nicht auf der Torstrasse! Und doch nicht mit tausenden von Treckern! Ausgerechnet jetzt, wo ich ENDLICH anfangen will, mein neues Buch zu schreiben!

Als am nächsten Morgen auch noch ein Marathon durch die Torstrasse führte, mit vierhunderttausend Läufern, die von fünfhunderttausend Zuschauern mit Schreien und Pfiffen angetrieben wurden, reichte es Horzon endgültig. Bleich vor Wut griff er zum Telefon und wählte die Nummer von Nicolas Wenz. »Bitte hol Angebote ein, ich muss meine gesamte Wohnung mit Korkplatten verkleiden.«

»Mit Korkplatten?«

»Ja, du weisst doch: Marcel Proust! Ich habe dir doch das Buch gegeben, von seiner Haushälterin. Wo sie beschreibt, wie seine ganze Wohnung mit Korkplatten verkleidet wird. Damit er nicht von Geräuschen gestört wird beim Schreiben.«

»Ach so, bei der Stelle bin ich jetzt noch nicht, aber ich hole sofort Angebote ein. Korkplatten sollen es sein, richtig?«

»Ja, Korkplatten. Bitte schnell!«

Drei Tage später meldete sich Nicolas Wenz zurück. »Ich habe ein Angebot bekommen!«, rief er ins Telefon. »Und zwar ist das eine Firma aus Salamanca in Portugal. Dort gibt es den besten Kork der Welt.«

»Ausgezeichnet!«, rief Horzon begeistert.

»Die Firma kommt nächste Woche mit einem LKW voller Korkplatten nach Berlin und verkleidet deine gesamte Wohnung von oben bis unten mit Kork, auch die Decken.«

»Ausgezeichnet!«, rief Horzon noch einmal. »Und was soll das kosten?«

»Einen Moment, hier unten steht es irgendwo ... warte mal ... ah ja, hier! Gesamtsumme: 37 000 Euro.«

»37 000 Euro?«, schrie Horzon entsetzt. »Das ist doch viel zu teuer! Bestell das sofort wieder ab! Und um 14 Uhr fahren wir in den Baumarkt. Dämmplatten kaufen!«

Die Auswahl in der Dämmstoff-Abteilung war gigantisch. In den Regalen stapelten sich Dämmstoffplatten in wunderschönen Farben: Rosa, Pastellgelb, Pistaziengrün. Und auf dem Gewerbehof türmten sich babyblaue Dämmstoffplatten bis in den Himmel.

»Es ist eine Schande, dass all diese herrlichen Farben unter Putz und Farbe verschwinden sollen«, rief Horzon, während sie über den Gewerbehof marschierten.

»Wie meinst du das?«, fragte Nicolas Wenz.

»Diese Dämmstoffplatten werden normalerweise auf die Fassaden von Häusern geklebt. Und dann werden sie verputzt und übermalt. Aber wir werden es natürlich anders machen! Erstens werden wir diese Platten nicht auf die Fasssade kleben, sondern in den INNENRAUM. Und zweitens werden wir sie natürlich NICHT übertünchen! Schau dir doch mal an, wie gut man die Farben kombinieren kann. Rosa und Pistaziengrün. Vanille und Blaubeereis. Das ist doch wunderschön! Und wir sind die Ersten, die dieses Potenzial der Dämmstoffplatten entdeckt haben.«

»Einfach genial!«, rief Nicolas Wenz. »Vielleicht eine neue Geschäftsidee?«

»Genau das dachte ich gerade«, sagte Horzon nachdenklich. »Mit diesen Platten können wir die Wohnungen der Menschen gleichzeitig dämmen und dekorieren. Die Vorteile unseres Systems sind akustisch, optisch und thermodynamisch!«

»Wer DAS nicht versteht und sofort bestellt, ist selber schuld«, urteilte Nicolas Wenz.

»Ich schlage vor, wir nennen die Firma *Horzon's Dämm + Deko*!«

Die nächsten Wochen verbrachten Horzon und Wenz mit der Ausarbeitung ihrer Geschäftsidee. Als Erstes wurde ein Wandstück der grossen Halle in der Torstrasse 94 mit Dämmstoffplatten verkleidet. Dann wurden Werbefotos hergestellt, auf denen Nicolas Wenz das Anbringen der Dämmstoffplatten vorführte. Schliesslich wurde die gesamte grosse Halle mit rosa- und pistazienfarbenen Dämmstoffplatten verkleidet. Das Ergebnis war überwältigend.

»Ich habe selten eine so perfekte Einheit von Schönheit und Funktion gesehen!«, rief Horzon begeistert.

»Ja, das sieht wirklich fantastisch aus«, bestätigte Nicolas Wenz, »willst du es nicht doch lieber als Kunst verkaufen? Da könnten wir doch auch viel mehr Geld verlangen.«

»Das wäre doch viel zu einfach, und viel zu langweilig«, antwortete Horzon.

»Warum ist es eigentlich so einfach, Kunst zu machen?«, fragte Nicolas Wenz. »Warum kann jeder alles als Kunst bezeichnen? Liegt es an Duchamp?«

»Nein, mein lieber Nicolas, am Anfang war natürlich ... Nietzsche.«

»Ach so?«

»Nietzsche hat gezeigt, dass Kategorien wie Gut und Böse gar nicht naturgegeben sind, oder gottgegeben, wie alle immer dachten, sondern dass es einfach nur Konventionen sind, die bestimmte Menschen sich ausdenken, um sie dann allen anderen Menschen aufzuerlegen. Haben sie ein Recht dazu? Nein, natürlich nicht! Nicht mehr als jeder andere Mensch auch.«

»Ja, ok, aber ...«

»Und genau dieses Prinzip hat Duchamp dann auf

die Kunst übertragen: Was ist Kunst und was ist keine Kunst? Gibt es objektive Kriterien, die darüber entscheiden? Nein! Sondern es sind Konventionen, die bestimmte Menschen sich ausdenken, zum Beispiel Kunstkritiker. Und diese Menschen entscheiden, ob etwas als Kunst gelten darf oder nicht. Haben sie ein Recht dazu? Nein, natürlich nicht! Nicht mehr als jeder andere Mensch auch.«

»Hmmm ...«

»Und genau diese Überlegungen haben Duchamp zum bekannten Ergebnis geführt: ALLES, was ein Künstler, oder ein Mensch, der sich als Künstler versteht, als Kunst bezeichnet, IST auch Kunst. Weil niemand es widerlegen kann. Weil es keine objektiven Kriterien dafür gibt, was Kunst ist und was nicht.«

»Verstehe ...«

»Und das war natürlich hundert Jahre lang interessant. Am Anfang mehr, zum Ende hin weniger. Und jetzt ist es nur noch eins: langweilig.«

»Deshalb möchtest du kein Künstler sein?«

»Richtig.«

»Deshalb möchtest du keine Dinge zu Kunst erklären?«

»Richtig.«

»Also, wenn ich es richtig verstehe: Früher haben die Menschen Dinge zu Kunst erklärt, die zu ihrer Zeit nicht als Kunst verstanden wurden, wie zum Beispiel Pissoirs, Suppendosen oder Staubsauger. Das war damals interessant. Dann wurde es langweilig. Und jetzt findest du es interessanter, Dinge zu nehmen, die andere Menschen als Kunst verstehen, diese dann aber nicht als Kunst zu bezeichnen, sondern als das, was sie natürlich auch sind: Wanddekorationsobjekte, Dokumentarfotografien oder Dämmstoffplatten. Du hast es alles umgedreht!«

»Ich habe keine Ahnung, Nicolas ... Ich weiss nur, dass ich alles anders machen möchte als alle anderen. *Ich wohne in meinem eignen Haus. Hab Niemandem nie nichts nachgemacht.* Ich möchte gar nichts mit Kunst zu tun haben. Ich möchte nur ein einfacher Möbelhändler sein. Ich möchte einfach nur Dokumentarfotografien zeigen. Ich möchte einfach nur Dämmstoffplatten verkaufen. Und jetzt lass uns schnell noch die Halle fegen. Meine neue Mitarbeiterin Verena kommt doch gleich. Ich möchte, dass alles perfekt aussieht, wenn sie kommt!«

»Oh, là, là, du möchtest sie wohl beeindrucken? Kann das sein?«, fragte Nicolas Wenz und zwinkerte Horzon zu.

»Was meinst du?«, fragte Horzon einfältig.

»Kann es vielleicht sein, dass du ein Auge auf deine neue Mitarbeiterin geworfen hast?«

»Wie kommst du darauf? Ich möchte sie einfach nur befragen.«

»Befragen?«

»Sie ist eine Frau, weisst du? Deshalb muss ich sie befragen. Für mein neues Buch. *FRAUEN.*«

Drei Wochen später, es war nun schon Ende Oktober und Horzon hatte für sein Mammutprojekt *FRAUEN* weder seine Mitarbeiterin befragt noch irgendein anderes weibliches Wesen, fand die Gala zur Eröffnung der neuen Firma *Horzon's Dämm + Deko* statt.

Horzon hatte sein Verkaufsteam wieder mit dem bewährten Spezial-Parfüm eingesprüht, und diesmal war auch Philip Mollenkott wieder dabei. Allerdings nicht als Verkäufer, sondern als Magier. Niemand konnte sich erklären, wie er es anstellte, aber er schaffte es tatsächlich, seinen kleinen Terrier von einer Sekunde auf die andere

einfach verschwinden zu lassen. Um ihn wenige Sekunden
später an einer völlig anderen Ecke der grossen Halle wieder auftauchen zu lassen.

Ganz Berlin war an diesem Abend gekommen, und
kurz nach Beginn der Veranstaltung war auch schon die
Polizei erschienen, weil hunderte von Menschen erst den
Bürgersteig versperrten und anschliessend auch noch die
Strasse. Die Stimmung war hervorragend, denn Horzon
hatte als DJs die Betreiber des skandalumwitterten Labels
Live from Earth eingeladen. Jetzt traten auch noch DJ Gigola und ihre Freundin Anna Liset an die Plattenspieler,
die Eröffnungsparty erreichte ihren Höhepunkt. Horzon
rieb sich vergnügt die Hände. Es sah alles nach einem
grossen Verkaufserfolg aus!

Und jetzt kam auch noch seine neue Mitarbeiterin Verena auf die Veranstaltung! Das war die grosse Chance, sie
endlich für sein neues Buch zu befragen. Zuerst könnte
er ihre Körpergrösse in Erfahrung bringen. Horzon ging
sofort auf sie zu.

»Entschuldigen Sie, Verena ...«

»Ja, bitte?«, fragte die junge Management-Expertin.

»Ich möchte Sie etwas fragen. Etwas sehr Persönli-
ches ...«

»Ja, was denn?«

Horzon holte mit zitternden Händen einen Zollstock
hervor. »Ich recherchiere für mein neues Buch FRAUEN
und wollte Sie fragen, ob ich mal nachmessen könnte, wie
gross ungefähr ...«

In diesem Moment wurde Horzon angerempelt und
quer durch den völlig überfüllten Raum getrieben. Im Nu
hatte er seine Mitarbeiterin aus den Augen verloren. Dafür kamen jetzt die Skandalautorinnen Johanna Adorján,

Jackie Thomae, Helene Hegemann, Ronja von Rönne und Kat Kaufmann herein. Horzon wurde ganz heiss vor Aufregung. Das war die perfekte Gelegenheit, gleich fünf Frauen auf einmal für sein neues Buch zu befragen! Zuerst könnte er mit seinem Zollstock ihre Körpergrösse messen und daraus einen Mittelwert für Frauen im Allgemeinen ableiten. Und dann könnte sich daraus vielleicht ein informatives Gespräch entspinnen. Aber wie sollte er sie jetzt ansprechen? Mit feuchten Fingern faltete Horzon seinen Zollstock auseinander. »Guten … ähm … guten Abend, meine … ähm … Damen«, stotterte er und ging mit eigenartig zuckenden Bewegungen, die zitternde Messlatte in der Hand, auf die Autorinnen zu. »Dürfte ich wohl einmal Ihre Körpergrösse ausmessen …«

Helene Hegemann stiess Horzon empört weg. »Sag mal, spinnst du?«

»Iiih, was ist denn mit *dem* los?«, rief Ronja von Rönne.

»Creepy!«, rief Johanna Adorján.

Helene Hegemann riss Horzon den Zollstock aus der Hand, packte ihn am Arm und zog ihn beiseite. »Was machst du denn da, Rafi?«

»Ich wollte doch nur eure Körpergrösse ausmessen«, verteidigte sich Horzon.

»Das sah aber total freaky aus, wie du da zitternd mit dem Zollstock ankamst. Und wofür willst du jetzt überhaupt Frauen AUSMESSEN? Das ist doch total IRRE.«

»Für mein neues Buch, es soll *FRAUEN* heissen, weisst du?«

Helene Hegemann schüttelte fassungslos den Kopf. »Und diesem Thema, dem Thema *Frauen*, wolltest du dich mit einem ZOLLSTOCK annähern? Das ist sowas von KRANK, Rafael.«

»Ja, aber wie soll ich es denn sonst machen? Du weisst doch selber, dass ich noch nie mit einer Frau …«

»Hör jetzt endlich auf mit diesem Blödsinn«, schnitt ihm Helene Hegemann das Wort ab.

»Wie wäre es denn eigentlich«, schlug Horzon jetzt vor, »wenn DU einfach das Buch für mich schreibst, dann bekommst du auch wieder die Hälfte vom Geld ab, so wie damals beim *Weissen Buch*, ok?«

Helene Hegemann schob Horzon genervt beiseite. »Ich muss jetzt zurück zu den anderen.«

Jemand tippte Horzon von hinten auf die Schulter. »Sag mal, habe ich das gerade richtig verstanden?«, fragte Nicolas Wenz. »Helene Hegemann hat das *Weisse Buch* geschrieben?«

Horzon lächelte schief. »Das glaubst du doch nicht im Ernst, oder?«

»Na ja, keine Ahnung, ich habe nur gerade gehört, wie du zu ihr gesagt hast …«

»Wie läuft denn eigentlich der Verkauf?«, fiel Horzon ihm ins Wort. »Haben wir schon viele Kunden?«

Nicolas Wenz kratzte sich verlegen am Kopf. »Also, deshalb wollte ich ja auch mit dir reden, Rafael …«

»Was ist denn los?«

»Es sind so viele Menschen hier, aber wir haben bisher noch keinen einzigen Kunden. Alle sind interessiert, aber niemand möchte seine Wohnung wirklich mit unseren Platten dämmen und dekorieren lassen.«

Horzon legte ihm väterlich eine Hand auf die Schulter. »Ich will dir mal eine kleine Geschichte erzählen, Nicolas … Als Kind war ich sehr fasziniert von der Figur des Dagobert Duck …«

»Ich auch!«, rief Nicolas Wenz.

»Und am allerschönsten fand ich es, wenn er in seinem Geldbunker auf den Sprungturm kletterte und dann hinuntersprang in dieses Meer aus Goldmünzen.«

»Ich auch!«

»Und jetzt überleg doch mal: Meinst du, es ist wirklich so schön, aus fünf Metern Höhe auf einem Berg aus Goldmünzen aufzuschlagen?«

»Das ist sicherlich sehr schmerzhaft.«

»Ganz genau, mein lieber Nicolas! Vielleicht ist die Vorstellung, Geld zu besitzen, nämlich viel schöner, als es dann tatsächlich zu haben.«

»Das könnte natürlich sein.«

»Deswegen mach dir nicht immer so viele Gedanken über das Geld. Vielleicht werden wir heute Abend kein Geld verdienen«, rief Horzon, dann breitete er die Arme aus und drehte sich lächelnd einmal um sich selbst, »aber hier geht es doch auch um etwas ganz anderes. Hier wird heute Abend GESCHICHTE geschrieben!«

KAPITEL 25

Eine Falschbezeichnung

Einige Tage nach diesem finanziell bemerkenswert erfolglosen Eröffnungstag sass Horzon mit Amédée Till am Frühstückstisch.

»Schön hast du es hier, mit dieser rosa-grünen Wandverkleidung«, sagte der bärtige junge Mann und betrachtete bewundernd die Dämmstoffplatten, mit denen sämtliche Wände in Horzons Wohnung verschalt waren. »Es ist nur etwas dunkel, so ganz ohne Fenster …«

»Ja, die Fenster musste ich natürlich auch verschalen«, antwortete Horzon und schlürfte genüsslich seinen Marzipan-Cappuccino, »denn die meisten Geräusche dringen ja über die Fenster ein. Ausserdem habe ich so ein vollkommen einheitliches Bild, wie du siehst. Es wäre ja nicht so schön, wenn dieses gleichmässige rosa-grüne Muster von Fenstern unterbrochen wäre.«

»Das verstehe ich«, sagte der junge Mann. »Ich habe übrigens von Johanna gehört, dass die Eröffnung von *Horzon's Dämm + Deko* ein grosser Erfolg war, herzlichen Glückwunsch!«

»Ja, es war wirklich sensationell!«

»Allerdings hat es wohl einen Zwischenfall gegeben, du hast angeblich versucht, mit einem Zollstock die Körbchengrösse …«

»Die Körpergrösse!«, rief Horzon. »Ich wollte einfach nur die Körpergrösse der Frauen abmessen!«

»Ja, aber warum denn bloss?«

»Na ja, ich möchte doch ein Buch schreiben mit dem Titel *FRAUEN*, aber ich bin mir auch schon gar nicht mehr sicher, ob das wirklich so eine gute Idee ist. Weil ich nämlich relativ wenig Informationen über Frauen habe. Ausser natürlich, dass sie schön sind und zierlich und dass sie einen Pferdeschwanz haben. So wie meine Mitarbeiterin, Verena, du kennst sie ja auch, glaube ich.«

»Ja, klar.«

»Deshalb wollte ich also am Eröffnungsabend etwas Feldforschung betreiben, mit dem Zollstock. Das hat nur leider nicht so gut geklappt.«

»Hmmm …«

»Aber heute Abend kommt Philip Mollenkott vorbei. Er sagt, er hat sehr viele Informationen über Frauen. Auch viele Fotos.«

»Fotos?«

»Ja, eigentlich hauptsächlich Fotos … oder sogar *nur* Fotos, sagte er, glaube ich … Fotos, die er wohl aus dem Internet hat … Er meinte, wenn das mit dem Text so schwierig ist, könnte man ja auch einfach ein Fotobuch zum Thema Frauen herausbringen. Das würde sich eh besser verkaufen als ein Buch, das nur aus Text besteht.«

»Könnte natürlich sein. Aber ob Suhrkamp da noch mitspielt …«

»Ja, eben, das ist fraglich. Ich habe jetzt auch schon seit fast einem Jahr nicht mehr mit Suhrkamp gesprochen.«

»Das klingt nicht gut.«

»Ich war ja im Januar bei denen, da haben wir eigentlich ein sehr gutes Gespräch gehabt. Auch über den Vorschuss hatten wir uns schon geeinigt.«

»Ach so, du hast den Vorschuss schon bekommen?«

»Nein, das jetzt nicht, direkt. Ich muss ja erstmal ein Konzept abgeben und zwei oder drei Probekapitel.«

»Na, dann mach doch!«

»Ja! Klar! Ich denke ja auch schon seit über elf Monaten darüber nach. Und ich war auch schon ein paarmal kurz davor anzufangen. Aber es kommt halt immer irgendwas dazwischen.«

»Hmmm …«

»Jedenfalls bis jetzt! Jetzt ist es zum ersten Mal so, dass die äusseren Umstände eigentlich perfekt sind. Zum ersten Mal seit einem Jahr könnte ich völlig ungestört schreiben. Ich habe die gesamte Wohnung gedämmt und abgedunkelt, man hört wirklich absolut gar nichts mehr von draussen! Ich habe einen grossen Vorrat an Fertigsuppen und Süssigkeiten angelegt, damit ich nicht mehr zum Einkaufen gehen muss. Ausserdem hat meine neue Mitarbeiterin, Verena, die mit dem Pferdeschwanz – du kennst sie doch, oder?«

»Ja doch!«

»Also, sie hat jedenfalls auch alle Probleme mit dem Finanzamt geregelt, mit dem Geld von den Sternenbildern. Meine Möbelfabrik läuft nach wie vor sehr gut, das ist ja sowieso am wichtigsten. Also, es gibt eigentlich überhaupt nichts, was mich jetzt noch vom Schreiben abhalten könnte.«

»Perfekt!«

»Da müsste schon eine Naturkatastrophe über uns hereinbrechen.«

»Ha, ha, ha!«

»Eine Seuche oder sowas.«

»Auf was für Ideen du immer kommst, Rafael.«

»Und einen Titel für das neue Buch habe ich ja auch schon. Einen guten Titel!«

»*FRAUEN* …«

»Genau! Das EINZIGE, woran es jetzt noch scheitern könnte, ist der INHALT des Buches. Da hängt jetzt also alles an Mollenkott!«

»Dann wollen wir mal hoffen, dass es gute Fotos sind, die Mollenkott heute Abend mitbringt. Anregende Fotos. Inspirierende Fotos.«

»Mollenkott hat gesagt, dass es wirklich sehr interessante Fotos sind. Er sagte auch, dass es im Grunde Dokumentarfotos sind und dass man sie dann auch im *Deutschen Zentrum für Dokumentarfotografie* zeigen könnte.«

»Prima!«

»Dann könnten wir damit auch noch eine schöne Stange Geld verdienen.«

»Ist doch perfekt. Das freut mich! Ich habe übrigens im Zug von Paris auch diesen Artikel über dich gelesen, Johanna hat ihn mir zugeschickt. Ganzseitig! Fantastisch!«

»Der Artikel ist gut, oder? Obwohl der letzte Satz, aus dem bin ich nicht so richtig schlau geworden … Ich fürchte, ich werde den Journalisten verklagen müssen.«

»Apropos: deine Klage gegen Wikipedia, bravo! Ich habe heute Morgen nochmal reingeschaut, und es steht da jetzt tatsächlich: *Rafael Horzon ist ein deutscher Unternehmer.* Kein Wort mehr von Künstler. Wie hast du das nur geschafft?«

»Meine Rechtsanwältin ist sehr intelligent. Ich hole mal den Brief, den sie an Wikipedia geschickt hat, Moment.«

Horzon schlurfte in sein ebenfalls völlig mit Dämmstoffplatten verkleidetes Arbeitszimmer und kehrte mit einem fünfseitigen Schreiben zurück. »Hier, lies mal! Oder warte, ich lese dir einfach die besten Passagen daraus vor, hör zu!«

»Schiess los!«

»Also: *Wie Ihnen bereits durch diverse Vorkorrespondenz bekannt ist, wehrt sich unser Mandant insbesondere gegen die Bezeichnung als Künstler. Weder erfüllt unser Mandant die Voraussetzungen eines Künstlers, noch betrachtet er sich selbst als ein solcher.*«

»Schon mal sehr gut«, rief Amédée Till.

»Es wird aber noch besser: *Unser Mandant ist weder künstlerisch noch als Schriftsteller tätig. Vielmehr wird er tätig als Unternehmer mit diversen Unternehmen, als Autor von Sachbüchern und als Designer.*«

»Ach so, stimmt, als Schriftsteller darfst du jetzt ja auch nicht mehr bezeichnet werden. Warum denn eigentlich nicht?«

»Das hat die Rechtsanwältin auch ganz genau begründet. Hör zu: *Auch als Schriftsteller ist unser Mandant nicht tätig, sondern als Autor von Sachbüchern sowie seiner Autobiografie. Fiktionale Bücher hat unser Mandant nie verfasst, so dass die Bezeichnung Schriftsteller auf ihn keine Anwendung finden kann. Als Verfasser von Sachbüchern und damit von Fakten und Wissen ist er vielmehr als Autor zu bezeichnen, um auch hier eine deutliche Abgrenzung von künstlerischen Werken klar darzustellen. Eine Autobiografie fällt nicht unter den Begriff der Belletristik, sondern stellt vielmehr ebenfalls ein Sachbuch dar. Dies wurde bereits gerichtlich klar entschieden. Daher kann unser Mandant nicht als Schriftsteller betrachtet werden. Bei der Verwendung dieses Begriffs handelt es sich vielmehr um eine Falschbezeichnung, die von unserem Mandanten nicht hinzunehmen ist.*«

»Eine FALSCHBEZEICHNUNG«, rief Amédée Till.

»Das ist wirklich der schönste Text aller Zeiten. Sind da noch mehr solche Perlen?«

Horzon blätterte in dem Schreiben der Anwältin. »Ja hier, pass auf, da begründet sie, warum ich kein Künstler bin: *Unser Mandant hat sich selbst zu keinem Zeitpunkt als Künstler bezeichnet, ebenso nicht die von ihm herge-stellten Gegenstände als Kunst oder Kunstwerk. Auch wurden seine Gegenstände nie in Galerien oder Ausstel-lungen als Kunst dargestellt.*«

»Ist das wirklich nie geschehen?«, fragte Amédée Till.

»Darauf achte ich seit dreissig Jahren penibel! Ich habe immer alles abgesagt, was im Kunstkontext stattfinden sollte. Alleine in diesem Jahr habe ich zwei grosse Aus-stellungen abgesagt, wo meine Möbelentwürfe gezeigt werden sollten.«

»Warum?«

»Bei der einen Ausstellung in Leipzig, zum Thema Deutschland, kam irgendwann heraus, dass auch Künstler mitmachen sollen.«

»Geht natürlich nicht.«

»Und die andere Ausstellung, in Düsseldorf, zum The-ma Design, soll in einer Halle stattfinden, in der es auch schon Kunstausstellungen gegeben hat.«

»Geht natürlich auch nicht.«

»Nein, geht nicht, denn alles, was im Kunstkontext stattfindet, ist automatisch ja auch Kunst.«

»Ja, da hast du natürlich recht«, sagte Amédée Till nachdenklich.

»So, aber jetzt kommen wir zum Kernpunkt dieses his-torischen Schreibens«, rief Horzon. »Hör zu: *Namens und in Vollmacht unseres Mandanten haben wir Sie da-her aufzufordern, es zu unterlassen, wörtlich oder sinn-*

gemäss zu verbreiten und / oder verbreiten zu lassen, dass unser Mandant ein Künstler sei und / oder er künstlerisch tätig ist. Sie werden zudem aufgefordert, es zu unterlassen, wörtlich oder sinngemäss zu verbreiten und / oder verbreiten zu lassen, dass unser Mandant ein Schriftsteller sei und / oder er als solcher tätig ist.«

»Was für Sätze!«, rief Amédée Till beeindruckt. »Für andere wären sie das Todesurteil, aber für dich sind sie das Lebenselixier!

KAPITEL 26

Supernova

Der 18. Dezember war Jakobs Geburtstag. Wie jedes Jahr wurde er mit Jakobs besten Freunden in der Paris Bar gefeiert. Dieses Jahr allerdings zum ersten Mal ohne Jakob. Seltsamerweise war es aber gar keine traurige Veranstaltung. Das hätte Jakob auch nicht gewollt, da waren sich alle einig. Deshalb hatten sich alle Freunde auch ganz pflichtbewusst schon zu Beginn der Feier so betrunken, dass sie kaum noch geradeaus sehen konnten.

Als Horzon das Restaurant betrat, standen Philip Mollenkott und Moritz von Uslar gerade an der Bar und tauschten als Freundschaftsgeste ihre Lesebrillen.

»Eins Komma fünf, auf beiden Augen?«, rief Uslar und setzte sich Mollenkotts Brille auf.

»Ganz genau, auf beiden Augen!«

»Perfekt!«, rief Uslar und schaute in den Spiegel hinter der Bar. »Wir sehen doch jetzt beide viel besser aus als mit unseren eigenen Brillen.« Dann drehte er sich wieder zum Restaurantbesitzer Michel Würthle, um mit ihm weiterzuplaudern.

Mollenkott schwankte Horzon entgegen. »Guten Tausch gemacht«, raunte er ihm zu. »Die Brille von Uslar ist aus Schildpatt, verstehst du?«

»Und deine?«, fragte Horzon.

»Keine Ahnung«, lallte Mollenkott, »ich weiss noch nicht mal, ob das überhaupt meine war.«

»Und sag mal, hast du die neuen Chefketten dabei, von Saskia Diez?«, fragte Horzon.

»Natürlich!« Mollenkott griff in seine Hosentasche und holte zwei dicke Goldketten hervor. »Hier, mein Lieber, was sagst du jetzt?«

»Wow, sind die dick!«

»Ja, das sind sogenannte *Panzerketten*«, erklärte Mollenkott und legte Horzon seine Kette um, »die kann man nicht einfach so abreissen und auf den Misthaufen werfen.«

»Perfekt!«, rief Horzon und betrachtete sich zufrieden im Spiegel. »Hast du auch noch die dritte? Für Timon?«

»Natürlich!«

»Schöne Ketten habt ihr da.« Moritz von Uslar bestaunte die Panzerketten mit seiner neuen Brille. »Richtig schön dick.«

»Moritz, könnte ich meine Brille zurückhaben, bitte?«, fragte jetzt Michel Würthle.

»Ach, das ist deine?«, fragte Uslar verdutzt.

»Komm, nimm einfach meine«, sagte Mollenkott gönnerhaft und setzte Uslar die Schildpattbrille wieder auf die Nase.

»Und, wie läuft's, Raf?«, fragte Uslar und klopfte Horzon auf den Rücken. »Wie läuft's mit dem neuen Buch?«

Horzon schüttelte traurig den Kopf. »Es wird kein neues Buch geben!«

»Wieso denn das?«

»Ach, weisst du, ich habe jetzt ein Jahr lang versucht, anzufangen, aber ich weiss ja noch nicht mal, worüber ich schreiben soll.«

»Aber Mollenkott hat mir doch gerade noch erzählt, dass das Buch *FRAUEN* heissen soll und dass er dir wertvolle Informationen dafür liefern konnte.«

»Wertvolle Informationen?« Horzon lachte gereizt auf. »Das war doch einfach nur ein Stapel Fotos.«

»Ja, das hat er mir auch erzählt. Exquisite Fotos sollen das sein.«

»Moritz, ganz im Ernst: Das waren zwar Fotos von Frauen, ja, aber diese Frauen, wie soll ich sagen, die waren recht leicht bekleidet.«

Uslar kicherte.

»Eigentlich waren sie überhaupt nicht bekleidet!«

Uslar kicherte weiter.

»Damit kann ich doch unmöglich zu Suhrkamp gehen!« Uslar kicherte immer noch und schaute zu Mollenkott hinüber, der an der Geburtstagstafel gerade seinen kleinen Hund Kunststücke vorführen liess. »Mollenkott hat mir gerade noch erzählt, dass du ohne seine Hilfe das neue Buch nie im Leben zustande bringen könntest.«

»Wieso schreibt ER dann nicht gleich das Buch?«, rief Horzon verärgert. Dann tippte er sich nachdenklich mit dem Finger ans Kinn. »Obwohl – vielleicht wäre das ja wirklich das Beste. Vielleicht sollte Mollenkott das neue Buch schreiben! Er schreibt gar nicht schlecht. Er hat mir neulich eine Kurzgeschichte gegeben, die war wirklich nicht übel.«

»Ja, frag ihn!«, rief Uslar und setzte sich mit Horzon an die Geburtstagstafel. »Oder lass Kracht doch das neue Buch schreiben. Ich habe ja sowieso immer den Verdacht gehabt, dass Kracht auch schon *Das Weisse Buch* geschrieben hat. Ich habe ihn irgendwann sogar mal ganz direkt gefragt.«

»Und was hat er gesagt?«, fragte Horzon.

»Er hat mich einfach nur angeschaut und an seiner Zigarette gezogen und Ringe in die Luft geblasen.«

»Vielleicht kannst DU ja das neue Buch für mich schreiben«, schlug Horzon vor.

»Also, Zeit hätte ich natürlich«, rief Uslar. »Ich habe mein Buch nämlich gerade fertig geschrieben. Aber weisst du, was ich glaube?«

»Was denn?«

»Ich glaube, du brauchst einfach nur ein bisschen Ruhe. Du kannst dich doch ein paar Wochen auf Sophienreuth einquartieren, in der Gästewohnung. Überhaupt kein Problem.«

»Ach, vielen Dank, das wäre natürlich ...«

Uslar klopfte Horzon auf die Schulter. »Es ist immer schwer, ein neues Buch anzufangen. Auf jeden Fall gibt es aber EINE gute Nachricht, Raf, dass nämlich ALLE auf dein neues Buch warten!«

»Das stimmt!«, rief Boris Radczun, der das Gespräch mitgehört hatte. »ALLE warten auf dein neues Buch, Rafi. Und wenn du willst, kannst du dich zum Schreiben in meinem Landhaus einquartieren. So ein Schloss, das ist doch viel zu kalt! Bei mir ist es warm und gemütlich. Wir sitzen vor dem Kamin, ich lege ein paar Jazz-Platten auf, und du schreibst dein Buch. Oder – DU schreibst sein Buch.« Hier drehte er sich zu Helene Hegemann, die neben ihm sass. »Stimmt's Helene?«

Die hochintelligente Autorin schaute Horzon wortlos an.

In diesem Moment gab es ein grosses Geschrei am anderen Ende der Geburtstagstafel. Der Fotograf Peter Kaaden und Philip Mollenkott waren gleichzeitig von ihren Stühlen gefallen und hatten dabei die Tischdecke mit unzähligen Gläsern vom Tisch gezogen. Die Gäste von den Nachbartischen standen auf und beschwerten sich, Mollenkott sah sich gezwungen, die Wogen auf diplomatische Weise zu glätten. »Dann geht doch woandershin, wenn es euch nicht gefällt, wie wir hier feiern!«, schrie er wild gestikulierend. »Heute ist der 35. Geburtstag unseres besten Freundes! Und da müssen wir ein bisschen lauter sein, damit unser bester Freund uns auch hört! Der ist nämlich da oben! Im Himmel!«

Die Gäste von den Nachbartischen setzten sich mit betretenen Mienen wieder auf ihre Plätze.

Tim Peters hielt es jetzt trotzdem für klüger, seine grosse Geburtstagsrede nicht im Restaurant, sondern auf dem Bürgersteig vor der Paris Bar zu halten. »Liebe Freunde, wir sind heute Abend hier zusammengekommen ...«, begann er, als alle Freunde sich endlich draussen versammelt hatten.

Horzon beugte sich zu Gias bester Freundin Alyssa hinüber. »Wie geht es eigentlich Gia?«

»Gia? Gia ist sehr tapfer, und auch sehr busy. Sie gründet doch jetzt diese Organisation. Die Carl Jakob Haupt Foundation!«

»Ah, das ist doch sehr gut!«

»Aber ansonsten, wie soll es ihr wohl gehen?«Alyssa schaute mit Horzon zu Gia hinüber, die genau in diesem Moment über eine Anekdote in Tim Peters' Rede lachen musste.

»Aber heute geht es ihr gut, weil ...«

»Weil DU für sie da bist«, fiel Horzon ihr ins Wort.

»Ich bin doch sowieso immer für sie da«, sagte Alyssa. »Aber heute ist sie glücklich, weil IHR alle da seid.«

Philip Mollenkott schaute streng zu ihnen herüber und hielt sich den Zeigefinger an die Lippen.

Tim Peters war jetzt auch schon fast am Ende seiner

Rede angelangt. »…und dann schaute Jakob mich an und sagte zu mir: *Tim, verstehst du das denn nicht? Wir sind alle Freunde! Und wir werden alle immer Freunde bleiben. Weil wir Freunde fürs Leben sind. Verstehst du? FREUNDE FÜRS LEBEN!*« Tim Peters hob sein Glas und schaute in die Runde: »Und darauf möchte ich mit euch anstossen!«

Begeistert stiessen alle ihre Gläser in die Höhe. »Auf Jakob! Auf die Freundschaft!«

Eine schöne Rede, dachte Horzon, aber es ist besser, ich gehe nicht wieder zurück in die Bar, sonst wird es ewig gehen, so verlangen es nun mal die ewigen Gesetze der Freunde Jakobs. Und ich muss doch noch auf so viele Partys.

Zuerst stattete er Alicja Kwade und Gregor Hildebrandt einen kurzen Besuch ab. Es gab Raclette und Birnenschnaps. Horzon ass in kurzer Zeit reichlich, ging danach aber auch mit Timon Karl Kaleyta für mehrere Sekunden auf den Hometrainer, der im Wohnzimmer aufgebaut war. Dann zog er weiter zum Kitchen-Rave von Kolja Reichert in einem denkmalgeschützten Hochhaus im Tiergarten. Der Ausnahme-Journalist trug auf seiner nackten Brust eine überdimensionale Kette aus goldenen Pailetten. Christian Jankowski erzählte Horzon euphorisch von seiner neuen Lieblingsstadt Bukarest.

Doch auch hier konnte Horzon nicht bleiben, er musste ja noch weiter, weiter nach Mitte, zur Weihnachtsfeier von Lisa Zeitz. Ihr hochbegabter Mann, der Illustrator Christoph Niemann, sass im Kerzenschein am Piano, während die Gäste um ihn herumstanden und sangen. Es war eine herzergreifende Szene, Horzon kämpfte mit den

Tränen und schob sich durch die Menge direkt zur Bar, um sich einen Gin Tonic mixen zu lassen. Hinter ihm in der Schlange standen zwei Männer, die sich sehr angeregt über Sportwagen und Spielcasinos unterhielten. Wie sich herausstellte, handelte es sich um die Journalisten Niklas Maak und Peter Richter. Vor ihm in der Schlange stand ein nervös tänzelnder, athletisch gebauter Mann. Kaum hatte er sein Getränk bekommen, drehte er sich viel zu schnell um und stiess mit Horzon zusammen, wobei die Hälfte seines Protein-Shakes auf Horzons Anzug landete. »Oh, Entschuldigung!«, rief der nervöse Gast, es war Daniel Kehlmann. Eine Zeitlang plauderten sie über die Muskelaufbaupräparate Beta Alanin und Creatin Monohydrat, dann wechselte Kehlmann, wie Horzon schon die ganze Zeit befürchtet hatte, urplötzlich das Thema. »Wie läuft es mit dem neuen Buch? Hast du endlich einen Titel gefunden?«

Nun musste er also heraus mit der traurigen Wahrheit. Er musste gestehen, dass er, Rafael Horzon, nicht in der Lage war, ein Buch zu verfassen. Dass er es seit einem Jahr noch nicht einmal geschafft hatte, ein Thema zu finden. Dass es nicht nur offiziell und notariell beglaubigt war, dass er kein Schriftsteller war – das war ja sogar noch in seinem Sinne –, sondern dass er es nicht einmal schaffte, ein *Sachbuch* zu einem wirklich nicht zu hoch gegriffenen Thema wie *FRAUEN* zu verfassen. Einem Thema, zu dem nun wirklich JEDER irgendetwas zu sagen hatte. Jeder, ausser Rafael Horzon.

»Das neue Buch …«, fing er also an, wurde aber in genau diesem Moment von Kulturstaatssekretär Dr. Thomas Girst so heftig angerempelt, dass er Kehlmann in die Arme flog.

Kehlmann starrte ihn entgeistert an. Dann nickte er fast schon übertrieben heftig. »*Das Neue Buch* – das ist natürlich brillant!«

Horzon sah ihn verdutzt an. »Was denn, was ist brillant?«

»Na, dass das neue Buch DAS NEUE BUCH heissen soll. Das ist ja völlig logisch. So naheliegend. Wie sollte es auch sonst heissen? Aber dass du als Einziger darauf gekommen bist, es so zu nennen, das ist schon toll!«

»Ach so«, sagte Horzon, der jetzt langsam verstand. »Ja genau, das neue Buch heisst … *Das Neue Buch*! Es IST das neue Buch, und es HEISST auch *Das Neue Buch*.«

»Sehr gut! Bravo! Ganz toll!«, sagte Kehlmann und nahm einen tiefen Schluck aus seinem Glas. »Und wovon wird es handeln?«

Das war die zweite Frage, die Horzon befürchtet hatte. Er konnte jetzt unmöglich wieder mit den schmierigen Pornofotos von Philip Mollenkott anfangen. Kehlmann war schliesslich ein ernstzunehmender Autor. Am besten war es, ihm jetzt die ganze Wahrheit zu beichten: dass er seit genau einem Jahr erfolglos versuchte, ein Thema für sein neues Buch zu finden, dass er über die verschiedensten Themen nachgedacht hatte, dass sich aber alle als völlig belanglose Albernheiten herausgestellt hatten …

»Also, Anfang Januar …«, fing Horzon zögernd an, »Anfang Januar bin ich ja bei Suhrkamp gewesen … um zu verkünden, dass ich ein neues Buch schreiben möchte …«

»Anfang Januar, ok«, sagte Kehlmann und rührte nervös mit dem Löffel in seinem leeren Protein-Glas herum. Horzon bemerkte schwitzend, dass er viel zu langsam für Kehlmann dachte und redete und dass Kehlmann offensichtlich wünschte, dass dieses Gespräch nun endlich zu einem herzlichen, aber schnellen Ende kommen würde.

»Und jetzt ist ja Ende Dezember …«, fuhr Horzon schleppend fort. »Und die … ganze Zeit dazwischen …«

Eigentlich wollte er ja erzählen, dass er die ganze Zeit dazwischen erfolglos versucht hatte, ein Thema zu finden, aber so weit kam er nicht, denn Kehlmann war schon lange der Geduldsfaden gerissen und er hatte längst viel weiter gedacht, als Horzon jemals hätte denken können.

»Sehr gut!«, rief der Schriftsteller. »Du beschreibst also, was du in diesem Jahr erlebt hast. Angefangen mit deinem Besuch bei Suhrkamp bis … bis jetzt! Bis zu unserem Gespräch hier sozusagen, was?« Kehlmann lachte herzlich und hielt Horzon sein Glas entgegen. »*Cheers*, tolle Idee!«

Horzon stiess verdattert mit Kehlmann an. »Ja, *cheers* … Genau … das war die Idee … Ich schildere einfach alles, was mir in diesem Jahr passiert ist.«

Kehlmann stellte ungeduldig lächelnd sein Glas auf dem Büfett ab. »Ich freue mich schon sehr, das nächstes Jahr zu lesen. Aber jetzt muss ich leider los, morgen früh reisen wir in die Schweiz. Also frohes neues Jahr und viel Erfolg mit dem *Neuen Buch*!«

»Ja, danke … Danke, Daniel! Frohes neues Jahr!«

Horzon winkte Kehlmann noch kurz hinterher, dann schaute er in sein Glas, schwenkte die halb geschmolzenen Eiswürfel hin und her und schüttete den letzten Schluck hinunter. Ich sollte jetzt sofort nach Hause gehen und anfangen, dieses Buch zu schreiben, dachte er, während er die Treppe zur Garderobe hinunterging. Bevor wieder irgendetwas dazwischenkommt. Ich muss ja einfach nur erzählen, was passiert ist. Das ist ja nicht so schwer. Ich muss mir nichts ausdenken, alles nur nacherzählen. Und wenn ich nicht einmal das schaffe, dann frage ich eben Christian oder Helene oder Daniel, ob sie das Buch für mich schreiben können. Oder Philip! Philip wäre eigentlich am einfachsten, dem muss ich nicht mal erzählen, was alles passiert ist, er hat es ja selbst miterlebt. Ja genau, das wäre doch am einfachsten …

Horzon raffte seinen Mantel von der Garderobe, legte sich seinen Schal um, zog seine Handschuhe an und stand plötzlich vor seiner neuen Mitarbeiterin Verena.

»Du auch hier? Ich muss nach Hause. Ich muss mein neues Buch schreiben.«

»Ja, ich weiss. Ein Buch über Frauen. Und das Buch heisst *FRAUEN*.«

»Nein, nein, es heisst jetzt anders, es heisst einfach nur *Das Neue Buch*! Und bevor wieder irgendwas dazwischenkommt, gehe ich lieber sofort nach Hause und fange an zu schreiben!«

Beide schauten sich an, dann fingen sie gleichzeitig an zu sprechen, so dass sich ihre Stimmen überschnitten.

Kann ich vielleicht dabei helfen?

Willst du vielleicht mitkommen?

Drei Sekunden lang herrschte Stille. Dann sagte die neue Mitarbeiterin:

»Ja, ich will!«

Auf dem Weg zu Horzons Wohnung kamen sie am Rosenthaler Platz vorbei. Wie immer waren die Gleisarbeiter damit beschäftigt, die gebogenen Gleise zu schweissen und zu schleifen. Funkenfontänen sprühten in die Nacht. Horzon und seine Mitarbeiterin sahen staunend in den unnatürlich klaren Sternenhimmel. Über dem Rosenthaler Platz ging gerade der Mond auf. Und dann sah man, wie sich ein zweiter Mond ins Bild schob, sich auf den ersten zubewegte und mit diesem verschmolz. Und dann erschien plötzlich noch ein dritter riesiger Himmelskörper am Firmament. Ein helles, freundlich grinsendes Gesicht. Es war Jakob! Er schob seine rechte Hand ins Bild und streckte den Daumen nach oben. Dann zwinkerte er. Und dann verschwand er mit Lichtgeschwindigkeit im Nachthimmel.

Horzon und seine Mitarbeiterin sahen sich an, ihre Gesichter waren nur als dunkle Silhouetten zu sehen, die sich von dem Funkenregen der Gleisarbeiter abhoben.

Ihre Köpfe bewegten sich aufeinander zu.

Und als sie sich berührten, schossen die Fontänen der Gleisarbeiter noch höher als sonst in den Nachthimmel und leuchteten wie eine Supernova.

ENDE

– Raum für eigene Notizen –

TEXTNACHWEISE

Thomas Mann, Der Tod in Venedig
© 1924, S. Fischer Verlag GmbH, Frankfurt am Main

F. Scott Fitzgerald, Der große Gatsby
Aus dem Englischen von Reinhard Kaiser
© 2011, Insel Verlag Berlin